Steuerwissenschaftliche Schriften

Herausgegeben von

Prof. Dr. Dr. Lars P. Feld, Walter Eucken Institut, Freiburg i. Br.
Prof. Dr. Ekkehart Reimer, Universität Heidelberg
Prof. Dr. Christian Waldhoff, Humboldt-Universität zu Berlin

Band 79

Bernd Kissling

Die einkommensteuerliche Behandlung börsengehandelter Optionsgeschäfte im Rahmen privater Vermögensverwaltung

Nomos

C.H.BECK

Onlineversion
Nomos eLibrary

Die Deutsche Nationalbibliothek verzeichnet diese Publikation in der Deutschen Nationalbibliografie; detaillierte bibliografische Daten sind im Internet über http://dnb.d-nb.de abrufbar.

Zugl.: Heidelberg, Univ., Diss., 2021

ISBN 978-3-8487-8686-2 (Print)
ISBN 978-3-7489-3080-8 (ePDF)

1. Auflage 2022
© Nomos Verlagsgesellschaft, Baden-Baden 2022. Gesamtverantwortung für Druck und Herstellung bei der Nomos Verlagsgesellschaft mbH & Co. KG. Alle Rechte, auch die des Nachdrucks von Auszügen, der fotomechanischen Wiedergabe und der Übersetzung, vorbehalten. Gedruckt auf alterungsbeständigem Papier.

Meiner Familie

Vorwort

Die vorliegende Arbeit wurde der Juristischen Fakultät der Ruprecht-Karls-Universität Heidelberg im Sommersemester 2019 als Dissertation vorgelegt und von dieser im Sommersemester 2021 angenommen. Die mündliche Doktorprüfung fand am 5. Juli 2021 statt. Das Manuskript wurde für die Veröffentlichung aktualisiert. Rechtsprechung und Neuerscheinungen in der Literatur wurden bis Ende November 2021 berücksichtigt.

Herzlich danken möchte ich zuallererst meinem Doktorvater, Herrn Professor Dr. *Ekkehart Reimer*, der mich während meiner Studienzeit für das Steuerrecht begeisterte und anschließend die Betreuung dieser Arbeit übernahm. Er hat mich mit wertvollen Anregungen und einem stets offenen Ohr begleitet.

Herrn Professor Dr. *Bernd Heuermann*, VorsRiBFH a.D., gilt mein Dank für die sehr rasche Erstellung des Zweitgutachtens und die konstruktiven Anregungen.

Bedanken möchte ich mich auch bei Herrn Professor Dr. *Hanno Kube*, LL.M. (Cornell), der den Prüfungsvorsitz in der Disputation führte.

Von ganzem Herzen danke ich meiner Familie. Diese Arbeit wäre nie entstanden, wenn ich nicht auf meine Familie hätte bauen können. Meinen Eltern *Doris* und *Gerhard Kissling* danke ich für die Unterstützung meines akademischen Weges. Und ganz besonders bedanke ich mich bei meiner Frau *Anastassia Kissling* für ihre uneingeschränkte Unterstützung und liebevolle Begleitung zu jeder Zeit. Sie hat mich stets ermutigt und mir immer den Rücken gestärkt.

Heidelberg, im Dezember 2021 *Bernd Kissling*

Inhaltsverzeichnis

A. Einleitung	19
I. Problemstellung	20
II. Ziel der Untersuchung	21
III. Gang der Untersuchung	22
IV. Umfang der Untersuchung	22
B. Grundlagen	23
I. Begriffsbestimmungen sowie rechtliche und wirtschaftliche Grundlagen	23
1. Optionen	23
a) Kaufoption (Call)	24
b) Verkaufsoption (Put)	25
c) Basiswerte	25
d) Optionsstile	26
e) Abwicklung	26
f) Börsengehandelte Optionen und außerbörsliche Optionen (OTC)	27
g) Abgrenzung zu verbrieften Optionen (Optionsscheine)	31
h) Abgrenzung zur Optionsanleihe	31
2. Grundzüge der zivilrechtlichen Einordnung des Optionsgeschäfts	32
3. Vier Grundpositionen	36
4. Beendigung eines Optionsgeschäfts	37
5. Motivation/Ziele der Marktteilnehmer	38
a) Absicherungsgeschäfte	39
b) Spekulationsgeschäfte	39
c) Arbitragegeschäfte	40
6. Bildung des Optionspreises	40
7. Optionsstrategien und Kombinationsgeschäfte	41
a) Optionsstrategien	42
i) Spreads	42
ii) Straddle	43
iii) Strangle	43

- b) Kombination zwischen Optionsgeschäft und einer bereits im Depot gehaltenen Position zur Generierung von zusätzlichem Cashflow 44
  - i) Covered Call Writing 44
  - ii) Cash Secured Put 45
  - iii) Poor Man's Covered Call (PMCC) 45
- II. Rechtshistorische Entwicklung und Grundlagen der Besteuerung 46
  - 1. Entwicklung bis zur Abgeltungsteuer 46
    - a) Rechtslage bis zum 31.12.1998 47
    - b) Rechtslage bis zum 31.12.2008 47
  - 2. Einführung der sogenannte Abgeltungsteuer zum 01.01.2009 48
    - a) Zweck der Abgeltungsteuer 49
    - b) Normenkomplex der Abgeltungsteuer 50
      - i) Aufzählung der Einkünfte aus Kapitalvermögen – § 20 EStG 50
      - ii) Gesonderter Steuertarif – § 32d EStG 50
      - iii) Kapitalertragsteuer – §§ 43 ff. EStG 51
  - 3. Abgrenzung gewerblichen Optionshandels von privater Vermögensverwaltung 51
    - a) Abgrenzung nach den Kriterien des § 15 Abs. 2 Satz 1 EStG unter besonderer Berücksichtigung der Rechtsprechung zum Handel mit Wertpapieren 52
      - i) Selbstständigkeit 53
      - ii) Nachhaltigkeit 53
      - iii) Gewinnerzielungsabsicht 54
      - iv) Teilnahme am allgemeinen wirtschaftlichen Verkehr 55
      - v) Überschreiten rein privater Vermögensverwaltung 56
        - (1) Übergreifende Aspekte 57
        - (2) Wertpapierhandel im Allgemeinen 58
        - (3) Kriterien der älteren Rechtsprechung 59
        - (4) Kriterien der neueren Rechtsprechung 59
        - (5) Optionsgeschäfte 61
    - b) Zwischenergebnis 61

C. Einkommensteuerliche Behandlung de lege lata 63
I. Stillhalter 63
1. Schreiben einer Option 63
   - a) Besteuerungstatbestand – § 20 Abs. 1 Nr. 11 Hs. 1 EStG 63
   - b) In Fremdwährung eingenommene Stillhalterprämie 64
   - c) Besteuerungszeitpunkt 65
2. Beendigung eines Stillhaltergeschäfts durch Glattstellung 67
   - a) Begriffsdefinition 67
     - i) Rechtliche (beendende) Glattstellung 68
     - ii) Wirtschaftliche (einfache) Glattstellung 69
     - iii) Finanzverwaltung 71
     - iv) Rechtsprechung 71
     - v) Stellungnahme und eigene Ansicht 71
   - b) Abziehbarkeit von Glattstellungsprämien 76
     - i) Qualifikation der Glattstellungsprämien als Werbungskosten oder negative Einnahmen? 76
     - ii) Zwischenergebnis: Durchbrechung des Werbungskostenabzugsverbots nach § 20 Abs. 9 Satz 1 Hs. 2 EStG 79
     - iii) Verstoß gegen Prinzip der Bruttobesteuerung? 80
     - iv) Verstoß gegen allgemeinen Gleichheitssatz (Art. 3 Abs. 1 GG)? 80
     - v) Verstoß gegen Prinzip der Folgerichtigkeit? 81
     - vi) Rechtfertigung des Verstoßes gegen das Prinzip der Folgerichtigkeit 82
   - c) Abziehbarkeit von sonstigen Aufwendungen im Zusammenhang mit der Stillhaltertätigkeit 84
     - i) Berücksichtigung von sonstigen Aufwendungen bei der Minderung der eingenommenen Stillhalterprämie 84
     - ii) Keine Berücksichtigung sonstiger Aufwendungen bei der Minderung der eingenommenen Stillhalterprämie 85
     - iii) Stellungnahme 86
     - iv) Verstoß gegen allgemeinen Gleichheitssatz (Art. 3 Abs. 1 GG)? 87
   - d) Höhe der Abziehbarkeit 90

- e) Gewinnermittlung bei mehreren gleichartigen Stillhalterpositionen ... 91
- f) Glattstellungsprämien in Fremdwährungen ... 93
- g) Besteuerungszeitpunkt ... 93
  - i) Strikte Berücksichtigung im Abflusszeitpunkt ... 94
  - ii) Berücksichtigung im Veranlagungszeitraum der vereinnahmten Stillhalterprämie ... 94
  - iii) Stellungnahme ... 95
- h) Steuerliche Behandlung der wirtschaftlichen Glattstellung ... 97
- i) Zwischenergebnis zur Glattstellung ... 98
3. Beendigung eines Stillhaltergeschäfts durch Ausübungsentscheidung ... 99
  - a) Physische Lieferung des Basiswerts ... 100
    - i) Ausübung einer Kaufoption ... 100
      - (1) Gedeckte Position ... 100
        - (a) Problem: Umfang der Einnahmen aus der Veräußerung des Basiswerts ... 101
          - (aa) Getrennte Betrachtung von Options- und Basisgeschäft ... 103
          - (bb) Einheitliche Betrachtung von Options- und Basisgeschäft ... 103
          - (cc) Stellungnahme: Berücksichtigung beim Basisgeschäft ... 105
        - (b) Stillhalterprämien in Fremdwährung: Umrechnung in Euro ... 107
        - (c) Besteuerungszeitpunkt ... 108
      - (2) Ungedeckte Position (Leerverkauf) ... 108
        - (a) Stillhalterprämien in Fremdwährung: Umrechnung in Euro ... 109
        - (b) Besteuerungszeitpunkt – Sonderregel für inländische Broker in § 43a Abs. 2 Satz 7 EStG ... 109
    - ii) Ausübung einer Verkaufsoption ... 110
      - (1) Steuerliche Behandlung der Stillhalterprämie als Anschaffungskosten des Basiswerts? ... 111
        - (a) Getrennte Betrachtung von Options- und Basisgeschäft ... 111

        (b) Einheitliche Betrachtung von Options- und Basisgeschäft   111
        (c) Stellungnahme: Berücksichtigung beim Basisgeschäft   112
    (2) Umrechnung in Euro bei Stillhalterprämien in Fremdwährung, § 20 Abs. 4 Satz 1 Hs. 2 EStG   115
    (3) Besteuerungszeitpunkt   115
  iii) Zwischenergebnis zur Ausübung einer Option mit physischer Lieferung des Basiswerts   115
b) Zahlung eines Differenzausgleichs   116
  i) Grundsätze der Besteuerung beim Differenzausgleich aus rechtshistorischer Sicht   116
  ii) Steuerliche Behandlung nach Einführung des UntStReformG 2008   117
    (1) Differenzausgleichszahlung steuerlich unbeachtlich   118
    (2) Differenzausgleichszahlung nach § 20 Abs. 1 Nr. 11 Hs. 2 EStG analog zu berücksichtigen   118
    (3) Differenzausgleichszahlung nach § 20 Abs. 2 Satz 1 Nr. 3 Buchst. b) EStG zu berücksichtigen   119
    (4) Differenzausgleichszahlung nach § 20 Abs. 2 Satz 1 Nr. 3 Buchst. a) EStG zu berücksichtigen   120
  iii) Stellungnahme   121
    (1) Analoge Anwendung von § 20 Abs. 1 Nr. 11 Hs. 2 EStG   121
    (2) Zur Anwendung von § 20 Abs. 2 Satz 1 Nr. 3 Buchst. b) EStG   122
    (3) Kritik an einer Anwendung des § 20 Abs. 2 Satz 1 Nr. 3 Buchst. a) EStG auf den Differenzausgleich   123
  iv) Bewertung und Fazit   125
  v) Gewinnermittlung nach § 20 Abs. 4 Satz 5 EStG, insbesondere im Hinblick auf die Stillhalterprämie   129
    (1) BFH geht auf Thematik nicht ein   130
    (2) Eigene Auffassung   131
    (3) Zwischenergebnis   135

vi) Sonstige abzugsfähige Aufwendungen ... 136
vii) Fremdwährungen im Rahmen von § 20 Abs. 4 Satz 5 EStG ... 137
viii) Besteuerungszeitpunkt ... 137
ix) Zwischenergebnis zum Differenzausgleich ... 138
c) Differenzausgleich zusätzlich zur Lieferung der Basiswerte ... 139
d) Zwischenergebnis zur Ausübung ... 141
4. Beendigung eines Stillhaltergeschäfts durch Verfall ... 142
5. Zwischenergebnis zur steuerlichen Behandlung des Stillhalters ... 142
II. Optionsinhaber ... 145
1. Erwerb der Option ... 146
2. Beendigung eines Optionsgeschäfts durch Glattstellung ... 147
a) Rechtliche Glattstellung ... 147
i) Kaufoption (Call) – keine Anwartschaft i.S.d. § 20 Abs. 2 Satz 1 Nr. 1 Satz 2 EStG ... 148
ii) Steuerliche Erfassung nach § 20 Abs. 2 Satz 1 Nr. 3 Buchst. b) EStG ... 151
(1) Option – ein als Termingeschäft ausgestaltetes Finanzinstrument ... 151
(2) Glattstellung als „Veräußerung" ... 152
b) Besteuerungsumfang – Gewinnermittlung nach § 20 Abs. 4 EStG ... 155
c) Gewinnermittlung bei mehreren gleichartigen Optionspositionen ... 157
d) Glattstellungsprämien in Fremdwährungen ... 159
e) Besteuerungszeitpunkt ... 159
f) Steuerliche Behandlung der wirtschaftlichen Glattstellung ... 160
g) Zwischenergebnis zur Glattstellung ... 160
3. Beendigung eines Optionsgeschäfts durch Ausübungsentscheidung ... 161
a) Physische Lieferung des Basiswerts ... 161
i) Ausübung einer Kaufoption ... 161
(1) Steuerliche Beachtlichkeit der Optionsprämie auf Ebene des angeschafften Basiswerts? ... 162
(a) Getrennte Betrachtung von Options- und Basisgeschäft ... 163

		(b)	Einheitliche Betrachtung	164
		(c)	Stellungnahme: Berücksichtigung beim Basisgeschäft	165
	(2)	„Vorteil" wegen günstigen Kaufs des Basiswerts		166
		(a)	Separate Vorabbesteuerung des „Erfolgs" einer Kaufoption	166
		(b)	Keine separate steuerliche Behandlung des „Erfolgs" einer Kaufoption	167
		(c)	Stellungnahme	168
	(3)	Zwischenergebnis		169
	(4)	Aufgewandte Optionsprämien in Fremdwährung: Umrechnung in Euro		170
	(5)	Besteuerungszeitpunkt		170
ii)	Verkaufsoptionen			170
	(1)	Gedeckte Position		171
		(a)	Problem: Verbuchung der gezahlten Optionsprämien	172
		(b)	Problem: „Vorteil" aufgrund besseren Verkaufspreises	173
		(c)	Problem: Umrechnung in Euro bei in Fremdwährung aufgewandten Optionsprämien bei Verkaufsoptionen	174
		(d)	Besteuerungszeitpunkt	175
		(e)	Zwischenergebnis gedeckte Position	175
	(2)	Ungedeckte Position (Leerverkauf)		176
		(a)	Aufgewandte Optionsprämien in Fremdwährung: Umrechnung in Euro	176
		(b)	Besteuerungszeitpunkt	177
		(c)	Zwischenergebnis ungedeckte Position	178

b) Zahlung eines Differenzausgleichs 178
 i) Besteuerungstatbestand 179
 ii) Gewinnermittlung 180
 iii) Fremdwährungen im Rahmen von § 20 Abs. 4 Satz 5 EStG 181
 iv) Besteuerungszeitpunkt 182
 v) Zwischenergebnis Differenzausgleich 182
c) Differenzausgleich zusätzlich zur Lieferung der Basiswerte 182

4. Beendigung eines Optionsgeschäfts durch Verfall 183
   a) Problem: Berücksichtigung der Optionsprämien und weiterer Nebenkosten 183
      i) Rechtliche Entwicklung seit 1999 184
      ii) Verfall als Veräußerung in Form der Rückzahlung i.S.d. § 20 Abs. 2 Satz 2, Satz 1 Nr. 3 Buchst. b) EStG 186
      iii) Steuerliche Erfassung nach § 20 Abs. 2 Satz 1 Nr. 3 Buchst. a) EStG 186
      iv) Entscheidungen des BFH vom 12.01.2016 187
   b) Stellungnahme 188
      i) Anwendung von § 20 Abs. 2 Satz 1 Nr. 3 Buchst. b) EStG 188
      ii) Anwendung von § 20 Abs. 2 Satz 1 Nr. 3 Buchst. a) EStG 189
   c) Eigene Auffassung – Differenzierung zwischen auf Lieferung und auf Differenzausgleich gerichteten Optionen 190
      i) Keine Erfassung von auf physische Lieferung gerichteten Optionen nach § 20 Abs. 2 Satz 1 Nr. 3 Buchst. a) EStG 190
      ii) Erfassung der aufgewandten Optionsprämien bei verfallenen, auf Lieferung gerichteten Optionen nach den Vorschriften des Basisgeschäfts 192
         (1) Aktienoptionen 194
         (2) Futureoptionen 194
   d) Verlustverrechnungsbeschränkung für vergeblich aufgewandte Optionsprämien? 195
   e) Sonstige abzugsfähige Aufwendungen 197
   f) Behandlung von Fremdwährungen beim Verfall 197
   g) Besteuerungszeitpunkt der vergeblich aufgewandten Optionsprämien samt Transaktionskosten 199
   h) Zwischenergebnis zum Verfall 199
5. Zwischenergebnis zur steuerlichen Behandlung beim Optionsinhaber 200
III. Optionsstrategien und Optionen im Zusammenspiel mit Positionen im Basiswert 201
   1. Kombination von Optionen als Optionsstrategie 202
      a) Zur alten Rechtslage bis zum 31.12.2008 203
      b) Aktuelle Rechtslage seit dem 01.01.2009 203

2. Kombination von Option und Basiswert ... 206
   a) Kombination mit dem Ziel, Einkünfte zu generieren ... 206
      i) Covered Call Writing ... 207
         (1) Verfallene Kaufoptionen ... 207
         (2) Ausgeübte Kaufoption ... 208
      ii) Covered Put Writing ... 208
         (1) Verfallene Verkaufsoptionen ... 209
         (2) Ausgeübte Verkaufsoption ... 209
   b) Kombination zur Absicherung (Absicherungsgeschäfte) ... 210
      i) Absicherung mit auf Differenzausgleich ausgerichteten Optionen ... 210
      ii) Absicherung mit auf physische Lieferung gerichteten Optionen ... 212
3. Zwischenergebnis zu Optionsstrategien und Kombinationsgeschäften ... 213
IV. Ergebnisse de lege lata ... 214

D. Vorschlag de lege ferenda ... 220
  I. Ergänzung des Wortlauts von § 20 Abs. 1 Nr. 11 EStG ... 220
  II. Ergänzung des Wortlauts von § 20 Abs. 4 Satz 5 EStG ... 221
  III. Ergänzung des Wortlauts von § 20 Abs. 4 Satz 1 Hs. 2 EStG ... 222

E. Thesenartige Zusammenfassung der Ergebnisse ... 223

Literaturverzeichnis ... 227

A. Einleitung

Der Börsenhandel mit Derivaten hat in den letzten Jahren immer weiter zugenommen. Das Handelsvolumen an börsengehandelten Optionen war im Jahr 2016 weltweit bereits etwa achtmal so groß wie noch im Jahr 2000.[1]

Lange Zeit führte der Optionshandel durch private Händler ein Schattendasein. Während Finanzinstitute im Rahmen der aktuellen Niedrigzinsphase[2] keine oder kaum noch Guthabenzinsen auf Spargutaben zahlen, zieht es nun auch immer mehr private Anleger zu alternativen Anlageprodukten. Optionen sind eine davon.

Dabei spielt der außerbörsliche Handel[3] für private Händler jedoch keine Rolle. Ihnen bleibt in aller Regel nur der Handel über eine regulierte Terminbörse: Dreh- und Angelpunkt des Optionshandels in Europa ist die EUREX[4].

Ein weitaus größerer Umsatz an Optionsgeschäften als in Europa ist jedoch in den Vereinigten Staaten von Amerika zu verzeichnen. Der Börsenhandel mit Optionen ist dort weitaus populärer. Insbesondere auch Privatanleger handeln in den USA mit Optionen, da dort – im Gegensatz zu

---

1 *Bundeszentrale für politische Bildung*: Börsengehandelte und außerbörslich gehandelte Finanzderivate, <www.bpb.de/nachschlagen/zahlen-und-fakten/globalisierung/5 2602/finanzderivate>, abgerufen am 16.07.2019.
2 Zwischen 2007 und 2009 erschütterte eine weltweite Banken- und Finanzkrise die internationalen Finanzmärkte. Infolgedessen senkten die großen Zentralbanken (die Europäische Zentralbank (EZB), die amerikanische Notenbank FED und die Zentralbanken von Japan und Großbritannien) die Leitzinsen. Seit 2008 sank der EZB-Leitzinssatz fast kontinuierlich von damals 4,25 Prozent auf 0 Prozent seit März 2016, siehe *European Central Bank*: Key ECB interest rates, <www.ecb.europa.eu/stats/policy_and_exchange_rates/key_ecb_interest_rates/html/index.en.html>, abgerufen am 06.04.2019.
3 Sogenannter *Over-the-counter* oder kurz OTC-Handel.
4 Kurzform für European Exchange, betrieben von der Eurex Frankfurt AG, Eschborn, Deutschland.

A. Einleitung

Europa – Knock-out-Zertifikate[5], Optionsscheine[6] oder ähnliche Produkte nicht zum Handel zugelassen sind. Im Jahr 2020 hat die größte Clearingstelle[7] der USA, die Options Clearing Corporation (OCC), insgesamt 7,467 Mrd. Optionskontrakte abgewickelt.[8]

I. Problemstellung

Im Rahmen des Handels mit Optionen verfolgen die einzelnen Akteure die unterschiedlichsten Ziele. Optionen kommen zum einen eigenständig als Finanzinstrument zur Spekulation zum Einsatz. Zum anderen lassen sich durch gleichzeitige Kombination mehrerer Optionen sogenannte Optionsstrategien mit unterschiedlichsten Chance-Risiko-Profilen verwirklichen. Verwendung finden Optionsgeschäfte auch in Kombination mit den Basiswerten zur zusätzlichen Kapitalzuflussgenerierung oder Absicherung. In der Praxis entstehen dadurch vielfältige Sachverhaltskonstellationen, in denen Verluste und Gewinne anfallen.

Der Gesetzgeber hat die normativen Rahmenbedingungen dafür, wie börsengehandelte Optionen im Rahmen privater Vermögensverwaltung steuerlich zu behandeln sind, durch verschiedene Reformen neu gegliedert. Diese lassen sich zeitlich grob in drei chronologische Abschnitte gliedern: Erstens den Zeitraum bis zum Steuerentlastungsgesetz 1999/2000/2002 (StEntlG 1999/2000/2002)[9] mit Wirkung ab dem 01.01.1999, zweitens den Zeitraum der Geltung des StEntlG 1999/2000/2002 bis zum 31.12.2008 und drittens den Zeitraum ab der Ein-

---

5 Sie ermöglichen dem Anleger eine Spekulation auf verschiedene Basiswerte (z.B. Aktien, Indizes, Währungen, Rohstoffe), mit hohen Hebeln und weitgehend ohne den Einfluss der Volatilität vorzunehmen. Jedoch verfallen diese Zertifikate wertlos oder nahezu wertlos, wenn der Basiswert einen bestimmten Kurs (Knock-out-Schwelle) erreicht, vgl. hierzu *Redert*, in: Fuhrmann/Kraeusel/Schiffers, 360° EStG eKommentar, § 20, Rn. 385.
6 Zur Begrifflichkeit und Abgrenzung gegenüber Optionen vgl. Ausführungen unter Punkt B.I.1.g: Abgrenzung zu verbrieften Optionen (Optionsscheine).
7 Zur Begrifflichkeit und Funktionsweise siehe Ausführungen unter Punkt B.I.1.f: Börsengehandelte Optionen und außerbörsliche Optionen (OTC).
8 *The Options Clearing Corporation (OCC)*: OCC Clears Record-Setting 7.52 Billion Total Contracts in 2020, <www.theocc.com/Newsroom/Press-Releases/2021/01-05-OCC-Clears-Record-Setting-7-52-Billion-Total>, abgerufen am 10.12.2021.
9 Steuerentlastungsgesetz 1999/2000/2002 vom 01.01.1999, BGBl I, S. 402–496.

führung der Abgeltungsteuer durch das Unternehmensteuerreformgesetz 2008 (UntStReformG 2008)[10] mit Wirkung ab dem 01.01.2009.

Trotz der Umstellung des Besteuerungskonzeptes in Bezug auf die Einkünfte aus Kapitalvermögen durch das UntStReformG 2008 hat sich die steuerliche Behandlung von Optionsgeschäften nicht vereinfacht, im Gegenteil: Es sind nach wie vor Brüche im System vorhanden.

Hinzu kommen spezifische Fragen einer globalisierten und digitalisierten Finanzwirtschaft: Aufgrund der immer weiter fortschreitenden Technologisierung ist es heutzutage auch für Privatanleger ohne Probleme möglich, an ausländischen Börsenplätzen (z. B. in den USA) mit Optionen zu handeln. Vor diesem Hintergrund ist insbesondere die ganz spezifische Frage aufgeworfen, wie das deutsche Steuerrecht darauf reagiert, dass die eingenommenen und aufgewandten Optionsprämien in Fremdwährung anfallen.

II. Ziel der Untersuchung

Ziel der Untersuchung ist es, die steuerliche Behandlung börsengehandelter Optionsgeschäfte im Rahmen privater Vermögensverwaltung zu untersuchen – und zwar in sämtlichen Varianten und Verästlungen –, offene Fragen aufzudecken, zu erörtern und einer konsistenten und praxisgerechten Lösung zuzuführen.

Ein Fokus liegt dabei auf der Frage, ob die bisher vorhandenen Rechtsnormen eine steuerliche Behandlung der börsengehandelten Optionsgeschäfte im Rahmen privater Vermögensverwaltung – in ihren vielfältigen Ausprägungen – auf eine Weise gewährleisten, die mit verfassungsrechtlichen Grundsätzen im Einklang steht, oder ob es vielmehr angezeigt ist, das Steuerrecht für den (zunehmenden) Optionshandel im Rahmen der Vermögensverwaltung durch Private fortzuentwickeln. Dabei beleuchtet die Untersuchung bei sämtlichen Varianten der unterschiedlichen Geschäftsvorfälle auch die Frage, wie Optionsgeschäfte steuerlich zu behandeln sind, die in Fremdwährungen getätigt werden.

Sollte sich im Rahmen der Prüfung der Rechtslage *de lege lata* herausstellen, dass das geltende Recht gegen Verfassungsrecht verstößt oder Regelungslücken aufweist, stellt die Arbeit auch weiterführende Überlegungen *de lege ferenda* an.

---

10 Unternehmensteuerreformgesetz 2008, BGBl I, S. 1912–1938.

A. Einleitung

III. Gang der Untersuchung

Der *erste Teil* der Arbeit stellt zivilrechtliche und wirtschaftliche Aspekte des Optionshandels an Terminbörsen vor und definiert die erforderlichen Begrifflichkeiten. Außerdem wirft er einen Blick auf die neuere steuerrechtliche Geschichte im Umgang mit Optionsgeschäften im Privatvermögen, soweit dies für das Verständnis der Thematik unerlässlich ist. Es folgt ein grober Überblick über die Abgeltungsteuer, die der Gesetzgeber zum 01.01.2009 eingeführt hat, sowie eine Abgrenzung der privaten Vermögensverwaltung vom gewerblichen Optionshandel.

Im *zweiten Teil* der Arbeit steht die einkommensteuerrechtliche Behandlung börsengehandelter Optionsgeschäfte *de lege lata* im Mittelpunkt. Die Darstellung gliedert sich zunächst nach den Personen, die am Optionsgeschäft beteiligt sind: Stillhalter und Optionsinhaber. Der analytische Blick folgt dabei den chronologischen Schritten im Optionshandel: Vom Schreiben einer Option bis hin zu den unterschiedlichen Arten, ein Stillhaltergeschäft zu beenden (mit sämtlichen Untervarianten). Nachdem beantwortet ist, wie das Optionsgeschäft für Stillhalter und Optionsinhaber steuerlich einzuordnen ist, wechselt der Fokus auf die Frage, wie das Steuerrecht Optionsstrategien und Optionen in Kombination mit dem Basiswert einordnet. Der zweite Teil schließt mit einer zusammenfassenden Darstellung der Untersuchungsergebnisse *de lege lata*.

Im *dritten Teil* folgen weiterführende Überlegungen zur Besteuerung börsengehandelter Optionsgeschäfte *de lege ferenda*. Die Arbeit mündet darin, konkrete Lösungsvorschläge für eine Reform des Steuerrechts für Optionsgeschäfte zu unterbreiten.

IV. Umfang der Untersuchung

Den Schwerpunkt der Untersuchung bildet die Frage, wie börsengehandelte Optionsgeschäfte materiell-rechtlich im Rahmen der Einkommensteuer zu behandeln sind. Auf die Verfahren der Kapitalertragsteuer und Veranlagung geht sie nur insoweit ein, als sie für die materiell-rechtliche Behandlung relevant sind. Der Untersuchung liegt dabei durchgängig die Annahme zugrunde, dass der Steuerpflichtige in Deutschland unbeschränkt einkommensteuerpflichtig ist.

B. Grundlagen

Um das Phänomen des Optionshandels an Terminbörsen rechtlich und steuerlich exakt einordnen zu können, sind in einem ersten Schritt zunächst zentrale Begrifflichkeiten (I.) und sowohl zivilrechtliche als auch wirtschaftliche Aspekte zu klären. Anschließend sind die Grundlagen der Besteuerung börsengehandelter Optionen darzustellen (II.). Nach einem kurzen Abriss über die rechtsgeschichtliche Entwicklung der einkommensteuerlichen Behandlung von Optionsgeschäften im Privatvermögen fällt der analytische Blick auf die mit Wirkung zum 01.01.2009 eingeführte Abgeltungsteuer. Schließlich folgt eine Abgrenzung der privaten Vermögensverwaltung zum gewerblichen Optionshandel.

I. Begriffsbestimmungen sowie rechtliche und wirtschaftliche Grundlagen

Zunächst sollen die im Rahmen des Optionshandels verwendeten Begriffe dargestellt und für die vorliegende Arbeit definiert werden. Zudem werden die zivilrechtlichen und wirtschaftlichen Grundzüge des Optionshandels vorgestellt.

1. Optionen

Umgangssprachlich spricht man von einer „Option", wenn jemand die Möglichkeit hat, zwischen verschiedenen Handlungsweisen zu wählen. In der Rechtssprache beschreibt der Begriff „Option" einen Unterfall der sogenannten bedingten Termingeschäfte.[11] Letztere zeichnen sich dadurch aus, dass sie einer Vertragspartei das Wahlrecht einräumen, das Geschäft zum vereinbarten Erfüllungszeitpunkt zu den vereinbarten Konditionen zu erfüllen.[12] Der Gedanke, dass jemand wählen darf, ist also sowohl

---

11 *BMF*, v. 18.01.2016 – IV C 1-S 2252/08/10004:017//2015/0468306, BStBl I 2016, S. 85 (Rn. 10); *Gstädtner*, Die Besteuerung privater Kapitalanlagen, S. 233; *Haisch*, in: Haisch/Helios, Rechtshandbuch Finanzinstrumente, § 1, Rn. 8.
12 *BMF*, v. 18.01.2016 – IV C 1-S 2252/08/10004:017//2015/0468306, BStBl I 2016, S. 85 (Rn. 10); *Bösch*, Derivate, S. 35.

B. Grundlagen

dem allgemeinen als auch dem juristischen Sprachgebrauch eigen. Ein Wahlrecht ist auch das wesentliche Element der Optionsgeschäfte, die im Mittelpunkt dieser Untersuchung stehen:[13] Eine Option ist ein Vertrag zwischen zwei Parteien, bei denen der Inhaber einer Option (= Käufer) bestimmte Wahlrechte erwirbt;[14] seine Option wird er (vernünftigerweise) immer dann wahrnehmen, wenn dies für ihn vorteilhaft erscheint.[15] In anderen Worten: Ein Käufer übt seine Option aus, wenn er sich davon ökonomische Vorteile verspricht.

Die Rechte aus einer Option erhält der Käufer in aller Regel nicht kostenlos. Vielmehr zahlt der Käufer dafür einen Preis an den Verkäufer der Option: den Optionspreis, synonym auch Optionsprämie oder Stillhalterprämie genannt.[16] Der Verkäufer verpflichtet sich im Gegenzug, die Rechte des Käufers zu erfüllen, wenn dieser die Option ausübt.[17] Da der Verkäufer in tatsächlicher Hinsicht abwarten bzw. „still halten" muss, bis sich der Käufer der Option entscheidet, firmiert er auch unter dem Namen „Stillhalter" der Option.[18]

Zwei Grundtypen von Optionen können unterschieden werden: Kaufoptionen (= Call) und Verkaufsoptionen (= Put).[19]

a) Kaufoption (Call)

Eine Kaufoption räumt dem Inhaber das Recht ein,
- einen zugrunde liegenden Basiswert (auch *underlying* genannt)
- in einer bestimmten Menge (Kontraktgröße)
- zu oder bis zu einem bestimmten Zeitpunkt (Fälligkeit)

---

13 Vgl. *Bösch*, Derivate, S. 35; *Bossert*, Derivate im Portfoliomanagement, S. 44–45.
14 Vgl. Ausführungen unter Punkt B.I.1.e: Abwicklung.
15 *Bösch*, Derivate, S. 35.
16 Vgl. *Bösch*, Derivate, S. 35; *Gstädtner*, Die Besteuerung privater Kapitalanlagen, S. 233; *Jachmann-Michel/Lindenberg*, in: Lademann, EStG, § 20, Rn. 475; *Jochum*, in: Kirchhof/Mellinghoff/Kube, EStG, § 20, C/11 4; *Moritz/Strohm*, in: Moritz/Strohm, Handbuch Besteuerung privater Kapitalanlagen, S. 129–297 (Rn. 237); die Begriffe werden in der vorliegenden Untersuchung synonym verwendet.
17 Vgl. *BMF*, v. 18.01.2016 – IV C 1-S 2252/08/10004:017//2015/0468306, BStBl I 2016, S. 85 (Rn. 11).
18 Vgl. *BMF*, v. 18.01.2016 – IV C 1-S 2252/08/10004:017//2015/0468306, BStBl I 2016, S. 85 (Rn. 11); *Bösch*, Derivate, S. 35.
19 Vgl. *BMF*, v. 18.01.2016 – IV C 1-S 2252/08/10004:017//2015/0468306, BStBl I 2016, S. 85 (Rn. 11).

I. Begriffsbestimmungen sowie rechtliche und wirtschaftliche Grundlagen

- zu einem bestimmten Preis (Ausübungspreis oder auch Basispreis)
- *kaufen* zu dürfen.[20]

b) Verkaufsoption (Put)

Spiegelbildlich dazu räumt eine Verkaufsoption dem Inhaber das Recht ein,
- einen zugrunde liegenden Basiswert (*underlying*)
- in einer bestimmten Menge (Kontraktgröße)
- zu oder bis zu einem bestimmten Zeitpunkt (Fälligkeit)
- zu einem bestimmten Preis (Ausübungspreis, Basispreis)
- *verkaufen* zu dürfen.[21]

c) Basiswerte

Als Basiswerte bei börsengehandelten Optionen kommen insbesondere Aktien[22], ETF-Anteile[23] und Futures[24] in Betracht.[25]

---

[20] Vgl. *BMF*, v. 18.01.2016 – IV C 1-S 2252/08/10004:017//2015/0468306, BStBl I 2016, S. 85 (Rn. 11); *Bösch*, Derivate, S. 36; *Gstädtner*, Die Besteuerung privater Kapitalanlagen, S. 233.

[21] Vgl. *BMF*, v. 18.01.2016 – IV C 1-S 2252/08/10004:017//2015/0468306, BStBl I 2016, S. 85 (Rn. 11); *Bösch*, Derivate, S. 36; *Gstädtner*, Die Besteuerung privater Kapitalanlagen, S. 233.

[22] Optionen auf Aktien werden auch als Aktienoptionen bezeichnet.

[23] Ausführlich zu Exchange Traded Funds (ETFs): *Harrer*, Exchange Traded Funds (ETFs).

[24] Futures sind zu standardisierten oder individuell vereinbarten Bedingungen abgeschlossene Verträge, die nach außen die Lieferung bestimmter Basisgüter wie z.B. Aktien auf Termin zum Gegenstand haben, vgl. *Buge*, in: Herrmann/Heuer/Raupach, EStG, § 20, Rn. 472. Im Gegensatz zu Optionen besteht bei Futures für Käufer und Verkäufer die feste vertragliche Verpflichtung, nach Ablauf einer vereinbarten Frist den Basiswert zum vorab vereinbarten Preis zu kaufen oder zu liefern (unbedingte Termingeschäfte), vgl. *BMF*, v. 18.01.2016 – IV C 1-S 2252/08/10004:017//2015/0468306, BStBl I 2016, S. 85 (Rn. 36); *Rhodius/Lofing*, Kapitalertragsteuer und Abgeltungsteuer verstehen, S. 390. Optionen auf Futures werden auch Futureoptionen genannt.

[25] Vgl. ausführlich hierzu *Bösch*, Derivate, S. 36; *Gstädtner*, Die Besteuerung privater Kapitalanlagen, S. 233; *Hull*, Optionen, Futures und andere Derivate, S. 281–282.

B. Grundlagen

d) Optionsstile

Verschiedene Optionsgeschäfte unterscheiden sich in der Art ihrer Ausübungsmodalitäten (Optionsstil).
Bei „american style"-Optionen kann der Inhaber die Optionsrechte an jedem Tag während der Laufzeit der Option ausüben.[26]
Bei „european style"-Optionen ist die Ausübung des Optionsrechts durch den Optionsinhaber nur mit Wirkung zum oder am Ende der Laufzeit zum Fälligkeitszeitpunkt möglich.[27]

e) Abwicklung

Optionen lassen sich auch nach der Art ihrer Abwicklung unterscheiden. Bei der sogenannten physischen Abwicklung[28] erfolgt die tatsächliche Lieferung des Basiswerts gegen Zahlung des vereinbarten Basispreises bei Laufzeitende oder Ausübung der Option.[29] Es existieren aber auch Optionen, bei denen die Parteien nur die Zahlung eines Geldbetrags vereinbaren – in der Regel die Differenz zwischen Basispreis und Marktpreis des Basiswerts zum Ausübungszeitpunkt.[30] Dann ist von Differenzausgleich,

---

26 *Bösch*, Derivate, S. 36; *Gstädtner*, Die Besteuerung privater Kapitalanlagen, S. 233; *Haisch*, Derivatebesteuerung im Privatvermögen ab 2009, S. 48.
27 *Bösch*, Derivate, S. 36; *Gstädtner*, Die Besteuerung privater Kapitalanlagen, S. 233; *Haisch*, Derivatebesteuerung im Privatvermögen ab 2009, S. 48.
28 *BMF*, v. 18.01.2016 – IV C 1-S 2252/08/10004:017//2015/0468306, BStBl I 2016, S. 85 (Rn. 11); *Gstädtner*, Die Besteuerung privater Kapitalanlagen, S. 233; *Haisch*, Derivatebesteuerung im Privatvermögen ab 2009, S. 47.
29 Beispiel: Kunde K erwirbt eine Kaufoption über die Lieferung von 100 Aktien der A-AG zu einem Basispreis von € 100. Zum Verfallstag beträgt der Börsenkurs der A-AG € 110. K entschließt sich daher, seine Kaufoption auszuüben. K zahlt an den Stillhalter je Aktie € 100 und bekommt von diesem 100 Aktien der A-AG geliefert. Im Falle einer von K erworbenen Verkaufsoption sieht das Beispiel wie folgt aus: Kunde K erwirbt eine Verkaufsoption über die Lieferung von 100 Aktien der A-AG zu einem Basispreis von € 100. Zum Verfallstag beträgt der Börsenkurs der A-AG € 90. K entschließt sich daher, seine Verkaufsoption auszuüben. K liefert an den Stillhalter 100 Aktien der A-AG und erhält von diesem je Aktie € 100 gezahlt.
30 *Haisch*, Derivatebesteuerung im Privatvermögen ab 2009, S. 48; *Jachmann-Michel/Lindenberg*, in: Lademann, EStG, § 20, Rn. 574.

Barausgleich oder *cash-settlement* die Rede.[31] In diesem Fall besteht bei börsengehandelten Optionen kein Recht auf Lieferung des Basiswerts.[32]

f) Börsengehandelte Optionen und außerbörsliche Optionen (OTC)

Optionsgeschäfte können auch inhaltlich unterschiedlich determiniert sein. Einerseits gibt es Optionen in standardisierter Form, die an Terminbörsen[33] gehandelt werden. Dabei gibt die Terminbörse die Optionsvertragsinhalte Kontraktgröße, Erfüllungszeitpunkt und -modalitäten sowie die Abwicklung vor. Von diesen Vorgaben können die Parteien beim Handel nicht abweichen.[34] Andererseits können Käufer und Verkäufer den Optionsvertragsinhalt auch individuell aushandeln (sogenannte außerbörsliche Optionsgeschäfte oder Englisch *over-the-counter*, kurz OTC).[35]

Der Handel mit standardisierten Optionen an einer Terminbörse hat für die Teilnehmer zwei wesentliche Vorteile gegenüber OTC-Optionen. Die Terminbörsen bieten zum einen eine höhere Liquidität, sodass es leichter fällt, sich von der eingegangenen Position zu lösen.[36] Da der Handelsablauf an einer Terminbörse konkret vorgezeichnet ist, entfällt zum anderen das Risiko, dass die Gegenpartei ihren Verpflichtungen nicht nachkommt.[37] Denn beim Handel ist stets die sogenannte Clearingstelle[38] zwischengeschaltet und über sie erfolgt die Abwicklung der Geschäfte.

---

31 Vgl. *BMF*, v. 18.01.2016 – IV C 1-S 2252/08/10004:017//2015/0468306, BStBl I 2016, S. 85 (Rn. 12); *Gstädtner*, Die Besteuerung privater Kapitalanlagen, S. 233–243; *Haisch*, Derivatebesteuerung im Privatvermögen ab 2009, S. 48.
32 Im Gegensatz hierzu besteht im Rahmen von individuellen Optionsvereinbarungen grundsätzlich die Möglichkeit, nach Wahl des Optionsinhabers den Differenzausgleich an Erfüllung statt durch die Lieferung von Basiswerten, insbesondere Aktien, zu leisten, vgl. hierzu *Haisch/Danz*, DStR 2005, 850 (852) m.w.N.
33 Beispielhaft European Exchange (kurz: Eurex), Chicago Mercantile Exchange (CME), Chicago Board of Trade (CBOT), Chicago Board Options Exchange (CBOE) oder New York Mercantile Exchange (NYMEX).
34 *Bösch*, Derivate, S. 13.
35 Vgl. *Beckenhaub*, Einkommensteuerbarkeit von Optionsgeschäften, S. 135–137; *Hull*, Optionen, Futures und andere Derivate, S. 27–28, 295.
36 *Blum*, Derivative Finanzinstrumente im Ertragsteuerrecht, S. 39; *Schick*, Die Besteuerung von Optionsgeschäften, S. 10 m.w.N.
37 Sogenanntes Counter-Part-Risk, vgl. *Blum*, Derivative Finanzinstrumente im Ertragsteuerrecht, S. 39; *Rieger*, Optionen, Derivate und strukturierte Produkte, S. 52; *Schick*, Die Besteuerung von Optionsgeschäften, S. 10.
38 Die Clearingstelle garantiert, dass die Stillhalter ihren Verpflichtungen aus den Optionsgeschäften nachkommen und übernimmt die Abwicklung, Marginver-

B. Grundlagen

Privatkunden können nicht direkt an der Terminbörse Aufträge aufgeben. Vielmehr bedürfen sie dafür stets einer Bank oder eines Brokers. Diese müssen eine Handelszulassung für die Terminbörse besitzen sowie Mitglied der Clearingstelle sein. Der Handel mit Optionen an einer Terminbörse gestaltet sich demnach wie folgt:

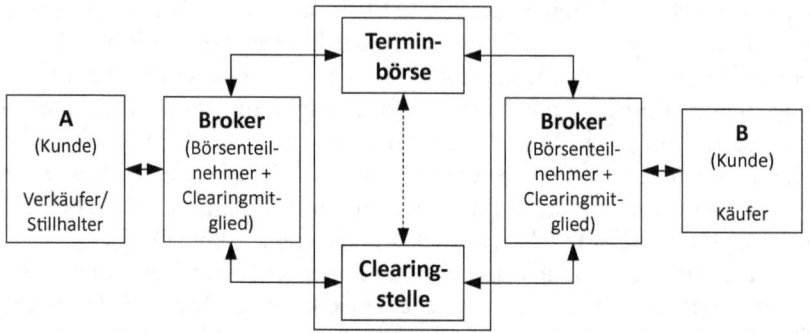

[vgl. Bösch, Derivate, S. 14; Dahm/Hamacher, Termingeschäfte im Steuerrecht, S. 156]

Die Kunden A und B müssen ihre Aufträge über Broker an die Terminbörse weiterleiten. Die Broker treten dabei – zivilrechtlich betrachtet – als Kommissionäre[39] auf.[40] Kommt es an der Terminbörse zu einer „Einigung" über den Geschäftsgegenstand (Option) und den Optionspreis, so tritt auf beiden Seiten automatisch die Clearingstelle zu den Konditionen (Menge und Preis) ein, auf die sich die Parteien vorher geeinigt haben.[41] Dabei geht der Kunde einen Optionsvertrag mit seinem Broker ein, woraufhin dieser einen spiegelbildlichen Vertrag mit der Clearingstelle

---

waltung und Abwicklung abgeschlossener Geschäfte. Für den Handel an der Eurex ist dies die Eurex Clearing AG, Frankfurt und in den USA vorwiegend die Options Clearing Corporation (OCC), Chicago, IL, USA; hierzu näher *Hull*, Optionen, Futures und andere Derivate, S. 291–292; *Rieger*, Optionen, Derivate und strukturierte Produkte, S. 52.

39 Kommissionär ist, wer es gewerbsmäßig übernimmt, Waren oder Wertpapiere für Rechnung eines anderen (des Kommittenten) in eigenem Namen zu kaufen oder zu verkaufen (§ 383 Abs. 1 HGB).

40 *Bösch*, Derivate, S. 13; *Wagner*, Spekulative Optionsgeschäfte aus vertragsrechtlicher, handelsbilanzrechtlicher und steuerrechtlicher Sicht, S. 71–72.

41 Vgl. beispielhaft *Eurex Clearing AG*: Kapitel I der Clearing-Bedingungen der Eurex Clearing AG: Allgemeine Bedingungen: Stand 11.07.2019, Ziff. 1.2, <www.eur

abschließt.[42] Die jeweiligen Erfüllungsansprüche von A und B sind also gegen die jeweils beauftragten Broker gerichtet, während diese ihre Ansprüche gegen die Clearingstelle richten.[43] Aus streng formal-rechtlicher Sicht ist daher die Aussage, dass A und B an der Börse „kaufen" oder „verkaufen", nicht zutreffend. Denn A und B treten weder in unmittelbare vertragliche Beziehungen miteinander noch mit der Clearingstelle, noch mit dem anderen beteiligten Broker. Jedoch handeln A und B wirtschaftlich betrachtet über die Terminbörse, da die jeweiligen Broker die Erfüllungsansprüche von A und B aufgrund ihres Vertragsverhältnisses mit der Clearingstelle nur an diese weiterreichen.[44] Wirtschaftlich betrachtet nimmt die Clearingstelle die jeweilige Gegenposition von A und B ein: Aus Sicht des Verkäufers nimmt sie die Funktion des Käufers (Optionsberechtigten) und aus Sicht des Käufers die Funktion des Verkäufers (Stillhalters) ein.[45]

Wie lässt sich ein Optionsgeschäft an einer Terminbörse jedoch beenden? Sowohl Verkäufer und Käufer haben *a priori* ein Interesse daran, sich von der eingegangenen Verpflichtung zu lösen oder die Berechtigung im Falle gestiegener Optionspreise (entgeltlich) aufgeben zu können. Die Terminbörsen erfüllen diese Interessen, indem sogenannte Marketmaker[46] jederzeit Kurse bereitstellen müssen, zu denen sie Positionen an- und ver-

---

exchange.com/resource/blob/278426/3e196d1952a9dc01b9f843dd20e13c20/data/k01-kapitel01_ab_2019_07_11.pdf>, abgerufen am 16.07.2019.

42 Vgl. beispielhaft für den Handel an der EUREX *Eurex Frankfurt AG*: Bedingungen für den Handel an der Eurex Deutschland: Stand 02.05.2019, Ziff. 2.3, <www.eurexchange.com/resource/blob/311274/e2c143d82ccfdbb551262d61a7700482/data/handelsbedingungenpdf_ab-20190502.pdf>, abgerufen am 16.07.2019; *Dahm/Hamacher*, Termingeschäfte im Steuerrecht, S. 155–156; *Dreyer/Broer*, RIW 2002, 216 (221); *Wagner*, Spekulative Optionsgeschäfte aus vertragsrechtlicher, handelsbilanzrechtlicher und steuerrechtlicher Sicht, S. 71–72.

43 Vgl. *Bösch*, Derivate, S. 13–14; *Dreyer/Broer*, RIW 2002, 216 (221).

44 Vgl. *Bösch*, Derivate, S. 13–14.

45 *Dahm/Hamacher*, Termingeschäfte im Steuerrecht, S. 155; vgl. hierzu auch *The Options Clearing Corporation (OCC)*: Understanding Stock Options, unter dem Punkt „Guaranteed Contract Performance", <www.cboe.com/learncenter/pdf/understanding.pdf>, abgerufen am 16.07.2019.

46 Marketmaker sind in der Regel Großbanken oder Börsenmakler, die für eine bestimmte Option auf Anfrage eines Börsenteilnehmers verbindliche An- und Verkaufskurse mitteilen. Der Verkaufskurs liegt dabei immer über dem Ankaufskurs. Dieser Differenzbetrag wird als Geld-Brief-Spanne bezeichnet. Die Marketmaker erzielen ihren Gewinn aus der Geld-Brief-Spanne, vgl. hierzu ausführlich *Dahm/Hamacher*, Termingeschäfte im Steuerrecht, S. 156; *Fend*, Gewinnen mit Optionsstrategien, S. 189; *Hull*, Optionen, Futures und andere Derivate, S. 287.

B. Grundlagen

kaufen. Bei der Abwicklung nimmt dann wiederum die Clearingstelle die Gegenposition ein.

Will sich also etwa A aus seiner Stillhalterposition lösen, so kauft er eine Option, die mit den Kontraktspezifikationen der zuvor verkauften Option identisch ist. Indem die Clearingstelle als rechtlicher Vertragspartner für alle Transaktionen zwischengeschaltet ist, kann der Broker (und damit mittelbar der Kunde) jederzeit die Closing-Transaktion mit demjenigen Vertragspartner abschließen, mit dem er zuvor auch die Ausgangstransaktion abgeschlossen hatte.[47] Daraufhin erlischt die ursprüngliche Verpflichtung des Verkäufers, da er nun gegenüber dem gleichen Vertragspartner (Broker) gleichzeitig Berechtigter und Verpflichteter hinsichtlich desselben Vertragsgegenstandes (Optionsrecht) ist. Rechtstechnisch ist darin ein Aufhebungsvertrag zu sehen, der durch konkludentes Handeln der beiden Vertragspartner zustande kommt.[48] Der Stillhalter kann so verhindern, dass er aus der Option in Anspruch genommen und dadurch verpflichtet wird, den Basiswert zu liefern, abzunehmen oder gar einen Differenzausgleich leisten zu müssen.[49] Im Übrigen kann auch der Käufer seine Position durch die permanente Stellung von Verkaufskursen seitens der Marketmaker jederzeit glattstellen.

Um den Optionshandel gegen Ausfälle abzusichern, verlangt die Clearingstelle dem Broker ab, eine Sicherheitsleistung (= Margin) bereitzustellen. Der Broker wiederum fordert Sicherheiten von seinem Kunden, die mindestens so hoch sein müssen wie die Sicherheiten, welche die Clearingstelle ihm abverlangt.[50] In der Praxis erfolgt die Sicherheitsleistung in der Regel dadurch, dass der Kunde Geld hinterlegt: Der Broker „sperrt" einen Teil des Geldes, das der Kunde bei ihm eingezahlt hat, von der Rückauszahlung an diesen.

---

47 Vgl. *Dahm/Hamacher*, Termingeschäfte im Steuerrecht, S. 156.
48 Ausführlich *Häuselmann/Wiesenbart* 1990, 641 (643); *Reiner*, Derivative Finanzinstrumente im Recht, S. 345. *Beckenhaub*, Einkommensteuerbarkeit von Optionsgeschäften, S. 132 und *Dahm/Hamacher*, Termingeschäfte im Steuerrecht, S. 156–157 sehen hierin auch einen Verrechnungsvertrag.
49 Die Glattstellung durch den Stillhalter hat keinerlei Auswirkungen auf die Position des ursprünglichen Käufers der Option. Er kann seine erworbene Optionsposition unabhängig glattstellen, ausüben oder verfallen lassen.
50 Vgl. *Bösch*, Derivate, S. 14; *Hull*, Optionen, Futures und andere Derivate, S. 289–291; *Rieger*, Optionen, Derivate und strukturierte Produkte, S. 53.

g) Abgrenzung zu verbrieften Optionen (Optionsscheine)

Optionsgeschäfte untergliedern sich auch danach, wie sie verkörpert sind: Es gibt verbriefte und unverbriefte Optionen.[51] Erstere sind als Optionsscheine[52] Inhaberschuldverschreibungen im Sinne der §§ 793 ff. BGB.[53] Die rechtlichen Probleme, die sich mit Optionsscheinen verbinden, sind von denjenigen mit unverbrieften Optionen verschieden und würden den Rahmen der Untersuchung sprengen. Gegenstand der weiteren Untersuchung sind daher allein die unverbrieften Optionen.

h) Abgrenzung zur Optionsanleihe

Um die begrifflichen und tatsächlichen Konturen des Forschungsgegenstands der Untersuchung weiter zu schärfen, bedarf es einer Abgrenzung zwischen Optionen und Optionsanleihen. Bei einer Optionsanleihe steht dem Inhaber neben dem Recht auf Rückzahlung des Nominalbetrags ein – in einem Optionsschein verbrieftes – Recht zu, innerhalb der Optionsfrist eine bestimmte Anzahl eines Basiswerts zu einem festgelegten Basispreis zu erwerben.[54]

Inhaltlich unterscheiden sich Optionsanleihen von Optionen häufig nicht nur dadurch, dass sie verbrieft sind. Bei Optionsanleihen besteht auch ein Anspruch gegen die emittierende Gesellschaft auf Ausgabe neuer Anteile an dieser. Demgegenüber besteht bei den standardisierten Börsenoptionen (die alleiniger Forschungsgegenstand dieser Untersuchung sind) lediglich das Recht auf Veräußerung (Kaufoption) oder Abnahme (Verkaufsoption) bereits ausgegebener Anteile.[55]

---

51 *Haisch*, Derivatebesteuerung im Privatvermögen ab 2009, S. 49.
52 *BMF*, v. 03.06.2021 – IV C 1-S 2252/19/10003:002, 2021/0005928, BStBl I, S. 723 (Rn. 8); *Casper*, Der Optionsvertrag, S. 295.
53 *Casper*, Der Optionsvertrag, S. 298 m.w.N.; *Haisch*, Derivatebesteuerung im Privatvermögen ab 2009, S. 49 m.w.N.; *Mülbert/Böhmer*, WM 2006, 937 (944) m.w.N.; *Vogel*, in: BeckOGK, § 793 BGB, Rn. 127.
54 *BMF*, v. 18.01.2016 – IV C 1-S 2252/08/10004:017//2015/0468306, BStBl I 2016, S. 85 (Rn. 6).
55 Zur steuerlichen Behandlung von Wandel- und Optionsanleihen (Wandelschuldverschreibungen) vgl. *Altenburg*, Die Besteuerung von Wandelschuldverschreibungen im deutschen und niederländischen Steuerrecht.

B. Grundlagen

2. Grundzüge der zivilrechtlichen Einordnung des Optionsgeschäfts

In den Optionsvereinbarungen legen Käufer und Verkäufer den Ausübungspreis (Basispreis), den Basiswert, das Verfallsdatum, die Ausübungsmodalitäten sowie die Kontraktgröße fest.

Über die Frage, wie das Optionsgeschäft zivilrechtlich einzuordnen ist, besteht indes Uneinigkeit in Rechtsprechung und Literatur. Es kursieren eine Einheitstheorie sowie unterschiedliche Zweivertragstheorien.

Nach der Einheitstheorie handelt es sich bei der Optionsvereinbarung und der späteren Basisvereinbarung um einen einheitlichen Vertrag.[56] Wenn die Parteien die Optionsvereinbarung abschließen, kommt ein aufschiebend bedingter Kauf- bzw. Verkaufsvertrag zustande, der erst wirksam wird, wenn der Optionsinhaber die Willenserklärung zur Ausübung der Option abgibt.[57]

Die Zweivertragstheorien sind sich darin einig, zwischen Optionsvereinbarung und Basisvereinbarung[58] zu unterscheiden: Sie wollen beide Rechtsgeschäfte getrennt voneinander betrachten.[59] Unter ihnen ist jedoch umstritten, welche Rolle das eingeräumte Optionsrecht in rechtlicher Hinsicht spielt: Handelt es sich um eine Festofferte, die der Optionsnehmer lediglich annehmen muss, damit die Basisvereinbarung zustande kommt?[60] Oder ist in der Optionsvereinbarung ein Gestaltungsrecht *sui generis* zu sehen, durch dessen Ausübung der Optionsnehmer die Basisvereinbarung mittels einseitigem Rechtsgeschäft begründet?[61]

Eine Kombination beider Ansichten vertritt *Wagner*. Nach ihrer Ansicht handelt es sich bei einem Optionsgeschäft um einen zusammengesetzten Vertrag, der aus dem Stillhalter- und einem aufschiebend bedingten

---

56 *BGH*, Urt. v. 22.10.1984 – II ZR 262/83, juris, Rn. 11; Urt. v. 16.04.1991 – XI ZR 88/90, juris, Rn. 15; Urt. v. 20.03.2001 – XI ZR 213/00, juris, Rn. 12; *Canaris*, WM. Sonderbeilage Nr. 10 (1988), 3 (7).
57 *Maurer*, BWNotZ 2004, 57 (62); *Philipowski*, DStR 2011, 1298 (1299).
58 Auch Zielvertrag über den Basiswert.
59 Vgl. *BFH*, Urt. v. 18.12.2002 – I R 17/02, juris, Rn. 18; Urt. v. 24.06.2003 – IX R 2/02, juris, Rn. 16; Urt. v. 17.04.2007 – IX R 40/06, juris, Rn. 14. Eine ausführliche Aufarbeitung der unterschiedlichen Spielarten der Zweivertragstheorien (= Trennungstheorien) findet sich bei *Casper*, Der Optionsvertrag, S. 46–49.
60 So etwa *Henrich*, Vorvertrag, Optionsvertrag, Vorrechtsvertrag, S. 241–242; *Ebenroth/Einsele*, ZIP 1988, 205 (209).
61 Vgl. *Georgiades*, in: Paulus, Festschrift für Karl Larenz zum 70. Geburtstag, S. 409 (421–424); *Arnim*, AG 1983, 29 (40); *Casper*, Der Optionsvertrag, S. 66–69.

Hauptvertrag besteht.[62] Die rechtliche Konstruktion des zusammengesetzten Vertrags treffe am ehesten den Kern dessen, wovon die Vertragsparteien bei Abschluss des Optionsgeschäfts ausgehen.[63] Denn bei einem zusammengesetzten Vertrag sind zwei Verträge auf eine Weise miteinander verbunden, dass die Parteien sie nur als Ganzes wollten. Sie sollen also miteinander stehen und fallen.[64] Bei einem Optionsgeschäft sei zivilrechtlich deshalb davon auszugehen, dass eine vertragliche Einheit bestehe.[65]

Von vornherein nicht zu überzeugen vermag die Einheitstheorie. Für sie wird zwar vorgebracht, dass die Leistungsbeziehung einseitig sei und sich deshalb kein zusätzlicher Schuldvertrag im Zusammenhang mit der Ausübungsentscheidung (insbesondere bei Optionen mit Differenzausgleich[66]) konstruieren lasse.[67] Dagegen spricht jedoch, dass ein Zielvertrag nicht lediglich – wovon die Gegenansicht ausgeht – in einem Kauf- oder Tauschvertrag bestehen muss, sondern auch die Möglichkeit besteht, eigenständige Zahlungsvereinbarungen zu treffen.[68]

Gegen die Einheitstheorie spricht zudem, dass sie die rechtlichen Konsequenzen, die mit der Übertragung eines Optionsrechts zusammenhängen, mit ihrem rechtsdogmatischen Konstrukt kaum sachgerecht bewältigen kann.[69] So entspricht es in aller Regel dem Willen der Parteien, dass dem Optionsinhaber die Möglichkeit offensteht, leicht über das Optionsrecht zu verfügen und es auf Dritte zu übertragen. Eine solche einfache Abtretung kann die Einheitstheorie allerdings nicht adäquat abbilden, da bei einem einheitlichen Vertrag auch bereits aufschiebend bedingte Pflichten des Optionsinhabers bestünden. So wäre er im Falle der Ausübung einer Kaufoption, die auf eine physische Lieferung gerichtet ist, dazu verpflich-

---

62 *Wagner*, Spekulative Optionsgeschäfte aus vertragsrechtlicher, handelsbilanzrechtlicher und steuerrechtlicher Sicht, S. 92.
63 *Wagner*, Spekulative Optionsgeschäfte aus vertragsrechtlicher, handelsbilanzrechtlicher und steuerrechtlicher Sicht, S. 92.
64 *Wagner*, Spekulative Optionsgeschäfte aus vertragsrechtlicher, handelsbilanzrechtlicher und steuerrechtlicher Sicht, S. 85, 92.
65 *Wagner*, Spekulative Optionsgeschäfte aus vertragsrechtlicher, handelsbilanzrechtlicher und steuerrechtlicher Sicht, S. 229.
66 Zur Begrifflichkeit vgl. unter Punkt B.I.1.e: Abwicklung.
67 *Haisch*, in: Haisch/Helios, Rechtshandbuch Finanzinstrumente, § 1, Rn. 23; *Reiner*, Derivative Finanzinstrumente im Recht, S. 15; *Wagner*, Spekulative Optionsgeschäfte aus vertragsrechtlicher, handelsbilanzrechtlicher und steuerrechtlicher Sicht, S. 53.
68 Vgl. *Wagner*, Spekulative Optionsgeschäfte aus vertragsrechtlicher, handelsbilanzrechtlicher und steuerrechtlicher Sicht, S. 92.
69 Vgl. *Mülbert/Böhmer*, WM 2006, 937 (944).

B. Grundlagen

tet, den vereinbarten Basispreis zu zahlen und den Basiswert abzunehmen. Bei einer Verkaufsoption hätte er wiederum die Pflicht, den Basiswert zu liefern. Die Optionsvereinbarung könnten die Parteien allenfalls in Form eines Schuldübernahmevertrags übertragen.[70] Bei dieser Form müsste jedoch auch der Stillhalter zustimmen, was einer einseitigen und einfachen Übertragung durch den Optionsinhaber widerspricht.

Außerdem ist die Einheitstheorie außerstande, die Verbriefung des Optionsrechts nach § 793 BGB (Optionsschein) abzubilden: Als aufschiebend bedingter Zielvertrag brächte die (verbriefte) Vertragsposition zwingend mit sich, dass nicht nur das Optionsrecht, sondern auch die Pflichten des Optionsinhabers zu verbriefen sind. Dabei würde es sich bei Kaufoptionen mit physischer Lieferung des Basiswerts sowohl um die Pflicht, den vereinbarten Basispreis zu bezahlen, als auch um die Pflicht, den Basiswert abzunehmen, handeln. Bei Verkaufsoptionen wäre es die Pflicht des Optionsinhabers, den Basiswert zu liefern. In beiden Fällen käme es dann zu einer Konsequenz, die dem § 793 BGB wesensfremd ist.[71] Denn § 793 BGB sieht vor, dass die Pflichten des Schuldners (= Rechte des Gläubigers) einseitig zu verbriefen sind, nicht aber auch diejenigen des Gläubigers.

Zudem entstünde ein nicht sachgerechtes Ergebnis, wenn die Vertragsparteien den Hauptvertrag aufgrund einer Störung, die keine von ihnen zu vertreten hat (z. B. unverschuldeter Untergang des Basiswerts nach Ausübung der Option aber vor Erfüllung), rückabwickeln müssten. Da bei einem einheitlichen Vertrag grundsätzlich das gesamte Schuldverhältnis rückabzuwickeln ist, müsste auch der Stillhalter die eingenommene Stillhalterprämie zurückzahlen – schließlich könnte er sich dann auf keine Rechtsgrundlage mehr stützen.[72] Das Resultat stünde im Widerspruch zu der Tatsache, dass der Stillhalter seiner Stillhalteverpflichtung nachgekommen ist und die Störung nicht zu vertreten hat.[73] Sofern eine Option verfällt, vermag die Einheitstheorie nicht zu erklären, auf welcher Rechtsgrundlage der Stillhalter die eingenommene Stillhalterprämie behalten darf: Dann kommt es gerade nicht zu einer Ausübung des Optionsrechts, die zur Folge hat, dass auch der aufschiebend bedingt geschlossene Opti-

---

70 *Casper*, Der Optionsvertrag, S. 56–57.
71 Vgl. *Kornwachs*, in: Kube/Reimer, Heidelberger Beiträge zum Finanz- und Steuerrecht 2016, S. 133 (135).
72 *Casper*, Der Optionsvertrag, S. 56.
73 *Casper*, Der Optionsvertrag, S. 56; *Wagner*, Spekulative Optionsgeschäfte aus vertragsrechtlicher, handelsbilanzrechtlicher und steuerrechtlicher Sicht, S. 53.

onsvertrag nicht zustande kommt und seine Rechtsfolgen entfaltet.[74] Aus einem bedingten Verpflichtungsgeschäft werden vor Bedingungseintritt aber keine Leistungsansprüche geschuldet.[75] Der Wille der Parteien ist es jedoch, dass der Optionsinhaber die Optionsprämie mit Abschluss der Optionsvereinbarung an den Stillhalter zahlen muss und der Stillhalter sie auch bei Verfall des Optionsrechts behalten darf.[76]

Gegen die Auffassung, dass bei Optionsgeschäften ein zusammengesetzter Vertrag vorliegt, bestehen im Grundsatz die gleichen Bedenken, die auch die Einheitstheorie ins Wanken bringen. Denn auch bei zusammengesetzten Verträgen handelt es sich zivilrechtlich letztlich um einen einzigen Vertrag: Sie sind eine besondere Erscheinungsform sogenannter gemischter Verträge, bei denen Elemente verschiedener gesetzlich geregelter Vertragstypen in einem Vertrag kombiniert werden. Bei einem zusammengesetzten Vertrag fassen die Parteien mehrere Abreden, die auch Gegenstand selbstständiger Vereinbarungen sein könnten, zu einer rechtlichen Einheit im Sinne des § 139 BGB zusammen.[77]

Unklar bleibt ohnehin, welche Position *Wagner in concreto* selbst vertritt, um das Optionsgeschäft zivilrechtlich einzuordnen: Einerseits spricht sie von Stillhalter*vertrag* und aufschiebend bedingtem Kauf*vertrag* bzw. aufschiebend bedingtem Differenz*vertrag* [Hervorhebungen hinzugefügt][78] – andererseits davon, dass zivilrechtlich eine vertragliche Einheit vorliege[79]. Dadurch entstehen und manifestieren sich unauflösbare Widersprüche. Im Ergebnis liegt es deshalb näher, direkt auf eine der Zweivertragstheorien zurückzugreifen.

Gegenüber der Konstruktion einer Festofferte ist das Gestaltungsrecht *sui generis* vorzugswürdig. Nur auf diese Weise ist es möglich, die Optionsausübung durch einseitiges Rechtsgeschäft zu begründen. Bei einer

---

74 *Wagner*, Spekulative Optionsgeschäfte aus vertragsrechtlicher, handelsbilanzrechtlicher und steuerrechtlicher Sicht, S. 53.
75 *Casper*, Der Optionsvertrag, S. 54 m.w.N.
76 *Wagner*, Spekulative Optionsgeschäfte aus vertragsrechtlicher, handelsbilanzrechtlicher und steuerrechtlicher Sicht, S. 53.
77 Vgl. zum Ganzen: *Emmerich*, in: MüKo-BGB, § 311, Rn. 33.
78 *Wagner*, Spekulative Optionsgeschäfte aus vertragsrechtlicher, handelsbilanzrechtlicher und steuerrechtlicher Sicht, S. 85–86.
79 *Wagner*, Spekulative Optionsgeschäfte aus vertragsrechtlicher, handelsbilanzrechtlicher und steuerrechtlicher Sicht, S. 229.

B. Grundlagen

Festofferte ist es weiterhin notwendig, dass eine Partei sie anbietet und die andere sie annimmt – es bedarf also eines zweiseitigen Rechtsgeschäfts.[80]

Hinzu kommt, dass die Interessen bei einer Festofferte von Antragendem und Angebotsempfänger einerseits und Stillhalter und Optionsinhaber andererseits völlig unterschiedlich sind. Dem Antragenden geht es in erster Linie darum, einen Vertrag abzuschließen: Dem Angebotsempfänger will er lediglich deshalb eine längere Überlegungsfrist einräumen, um ihm einen zusätzlichen Anreiz zum Vertragsschluss zu geben.[81] Auf der anderen Seite ist der spekulative Stillhalter daran interessiert, dass der Optionsinhaber die Option nicht ausübt und mithin auch kein Vertrag über das Basisgeschäft abgeschlossen wird: Dann schlägt die eingenommene Stillhalterprämie bei ihm als Gewinn zu Buche.[82] Im Ergebnis zeigt sich, dass die Konstruktion einer Festofferte die Belange der Parteien und das Wesen des Optionsrechts nicht richtig erfasst – ansonsten wäre es bereits obsolet gewesen, das Optionsrecht als selbstständige Rechtsfigur zu entwickeln.[83]

Im Ergebnis erweist es sich als sachgerechte und dogmatisch präziseste Lösung, der Zweivertragstheorie in Form des Gestaltungsrechts *sui generis* den Vorzug einzuräumen.

3. Vier Grundpositionen

Im Rahmen des Handels mit Optionen kommen im Wesentlichen vier Grundpositionen vor[84]:
1) Kauf einer Kaufoption (*Long Call*),
2) Kauf einer Verkaufsoption (*Long Put*),

---

80 Vgl. *Georgiades*, in: Paulus, Festschrift für Karl Larenz zum 70. Geburtstag, S. 409 (420 f.); *Kornwachs*, in: Kube/Reimer, Heidelberger Beiträge zum Finanz- und Steuerrecht 2016, S. 133 (135).

81 *Georgiades*, in: Paulus, Festschrift für Karl Larenz zum 70. Geburtstag, S. 409 (412 f.); *Arnim*, AG 1983, 29 (40); *Wagner*, Spekulative Optionsgeschäfte aus vertragsrechtlicher, handelsbilanzrechtlicher und steuerrechtlicher Sicht, S. 50.

82 *Georgiades*, in: Paulus, Festschrift für Karl Larenz zum 70. Geburtstag, S. 409 (413); *Arnim*, AG 1983, 29 (40); *Wagner*, Spekulative Optionsgeschäfte aus vertragsrechtlicher, handelsbilanzrechtlicher und steuerrechtlicher Sicht, S. 50.

83 *Georgiades*, in: Paulus, Festschrift für Karl Larenz zum 70. Geburtstag, S. 409 (411 f.); *Wagner*, Spekulative Optionsgeschäfte aus vertragsrechtlicher, handelsbilanzrechtlicher und steuerrechtlicher Sicht, S. 50.

84 Vgl. *BMF*, v. 18.01.2016 – IV C 1-S 2252/08/10004:017//2015/0468306, BStBl I 2016, S. 85 (Rn. 15); *Bösch*, Derivate, S. 38.

I. Begriffsbestimmungen sowie rechtliche und wirtschaftliche Grundlagen

3) Verkauf einer Kaufoption (*Short Call*) und
4) Verkauf einer Verkaufsoption (*Short Put*).

Bei einem *Long Call* erwirbt der Optionskäufer eine Kaufoption – erwartet also steigende Kurse. Infolge partizipiert er unbeschränkt an Kurssteigerungen, während sich sein Verlustrisiko auf die gezahlte Optionsprämie beschränkt.

Der Käufer einer Verkaufsoption (*Long Put*) erwartet hingegen fallende Kurse und partizipiert hieran. Sein Verlustrisiko ist auf die gezahlte Optionsprämie begrenzt.

Der Verkauf einer Kaufoption (*Short Call*) bietet sich bei der Erwartung gleichbleibender oder nachgebender Kurse an. Übt der Optionskäufer die Option nicht aus, muss der Stillhalter für die an ihn gezahlte Optionsprämie keine Gegenleistung erbringen. Sein maximaler Gewinn ist die eingenommene Optionsprämie, während er ein theoretisch unbegrenztes Verlustrisiko für den Fall trägt, dass der Käufer die Option ausübt.

Der Verkauf einer Verkaufsoption (*Short Put*) bietet sich wiederum an, wenn der Käufer unveränderte oder ansteigende Kursen erwartet. Auch hier ist der maximale Gewinn des Stillhalters die eingenommene Optionsprämie, während sein maximales wirtschaftliche Risiko für den Fall, dass der Käufer seine Option ausübt, darin liegt, die Differenz aus Basispreis und Preis des Basiswerts abzüglich der vereinnahmten Optionsprämie zu verlieren.[85]

4. Beendigung eines Optionsgeschäfts

Ein Optionsgeschäft, das die Vertragsparteien über eine Terminbörse abgeschlossen haben, kann auf drei Arten zu einem Ende kommen. Es wird beendet, indem Stillhalter oder Optionsinhaber ihre Position entweder glattstellen oder der Optionsinhaber seine Position ausübt oder die Option verfallen lässt.[86] Falls sich ein Anleger dafür entscheidet, seine Option auszuüben, muss er dies zunächst seinem Broker mitteilen. Daraufhin platziert der Broker eine sogenannte Ausübungsorder bei der Clearingstelle,

---

[85] Zum Ganzen *Blum*, Derivative Finanzinstrumente im Ertragsteuerrecht, S. 33–36; *Dahm/Hamacher*, Termingeschäfte im Steuerrecht, XV; *Fend*, Gewinnen mit Optionsstrategien, S. 35–42; *Schick*, Die Besteuerung von Optionsgeschäften, S. 12.
[86] Vgl. *BMF*, v. 18.01.2016 – IV C 1-S 2252/08/10004:017//2015/0468306, BStBl I 2016, S. 85 (Rn. 13).

B. Grundlagen

die dann per Zufall eines ihrer Mitglieder mit einer offenen *Short* Position in derselben Option auswählt. Das Mitglied der Clearingstelle (= Broker) wählt nun seinerseits per Zufall einen seiner Kunden aus, der die Option verkauft hat. Dieser muss dann das Basisgeschäft durchführen.[87]

Durch das Marketmaker-System und das jederzeitige Eintreten der Clearingstelle werden in der Praxis nur noch ca. 3 % der Optionen in voller Konsequenz ausgeübt. Die große Mehrheit der Optionsgeschäfte beenden die Vertragsparteien mittlerweile auf dem Weg der Glattstellung.[88] Will der Optionsinhaber seine Option verfallen lassen, muss er nichts weiter unternehmen. Diese wird mit Ablauf des Verfallsdatums automatisch vom Broker aus dem Depot des Kunden ausgebucht.

5. Motivation/Ziele der Marktteilnehmer

Wer im Rahmen privater Vermögensverwaltung mit Optionen handelt bzw. Optionsgeschäfte abschließt, kann dabei ganz unterschiedliche Ziele verfolgen. Unterscheiden lassen sich im Wesentlichen drei Grundtypen: Absicherungsgeschäfte („hedging", hierzu unter a), Spekulationsgeschäfte (b) und Arbitragegeschäfte (c).

---

[87] Vgl. zu alledem *Hull*, Optionen, Futures und andere Derivate, S. 291–292; *Eurex Frankfurt AG*: Kontraktspezifikationen für Futures-Kontrakte und Optionskontrakte an der Eurex Deutschland: Stand 25.03.2019, Ziff. 2.1.5, <www.eurexchange.com/resource/blob/331530/f037d1d3149664dbcfd8398896fd6c2f/data/contract_specifications_de_ab_2019_07_15.pdf>, abgerufen am 16.07.2019; *Eurex Clearing AG*: Kapitel II der Clearing-Bedingungen der Eurex Clearing AG,: Transaktionen an der Eurex Deutschland (Eurex-Börse): Stand 02.05.2019, Abschnitt 3, <www.eurexchange.com/blob/2388222/101d1f4e11581f5efef26d613296811a/data/k02-kapitel02_ab_2017_05_22.pdf>, abgerufen am 16.07.2019; *dass.*: Ausübung und Zuteilung: Exercise and assignment, unter „Assignment", <www.eurexclearing.com/clearing-en/transaction-management/transaction-management-listed-derivatives/exercise-assignment>, abgerufen am 16.07.2019.
[88] *Dahm/Hamacher*, Termingeschäfte im Steuerrecht, S. 157.

I. Begriffsbestimmungen sowie rechtliche und wirtschaftliche Grundlagen

a) Absicherungsgeschäfte

Optionsgeschäfte können der Risikoreduzierung oder -begrenzung verschrieben sein.[89] So kann der Abschluss eines Optionsgeschäfts z. B. dazu dienen, eine Aktienposition gegen fallende Kurse abzusichern.

Hält ein Privatanleger etwa eine Aktienposition in seinem Depot, für die er zukünftig mit fallenden Kursen rechnet, ohne sie sofort auflösen zu wollen, so kann er sich etwa dadurch absichern, dass er eine Verkaufsoption kauft (*Long Put*).[90] Als Basispreis der Verkaufsoption wird er einen Wert wählen, zu dem er seine vorhandene Aktienposition auf jeden Fall verkaufen möchte.

Die Option bzw. das Optionsgeschäft wirkt in einer solchen Konstellation wie eine Versicherung gegen fallende Kurse. Dabei handelt es sich um einen Effekt, der davon unabhängig ist, ob es sich um Optionen handelt, die auf die physische Lieferung des Basiswerts gerichtet sind, oder um solche, die lediglich einen Differenzausgleich vorsehen. Denn auch bei letzteren lässt sich aus wirtschaftlicher Sicht eine Absicherung erreichen. Anstatt zur tatsächlichen Lieferung oder Veräußerung kommt es dann zu einer Ausgleichszahlung. Der Anleger kann den Basiswert behalten und erhält stattdessen eine Ausgleichszahlung in Höhe der Differenz zwischen Basispreis und Marktpreis des Basiswerts zum Zeitpunkt der Ausübung.

Im Falle einer Leerverkaufsposition[91] ist spiegelbildlich eine Absicherung mithilfe von Kaufoptionen möglich.

b) Spekulationsgeschäfte

Wenn es Marktteilnehmer gibt, die Optionsgeschäfte als Absicherung nutzen, um ihre Risiken weiterzugeben, muss es zwangsläufig auch Marktteilnehmer geben, die bereit sind, diese Risiken zu tragen. Letztere nennt

---

89 Vgl. *Blum*, Derivative Finanzinstrumente im Ertragsteuerrecht, S. 27; *Bösch*, Derivate, S. 9; *Haisch*, Derivatebesteuerung im Privatvermögen ab 2009, S. 51–52; *Schick*, Die Besteuerung von Optionsgeschäften, S. 14, jeweils m.w.N.
90 *Fend*, Gewinnen mit Optionsstrategien, S. 45–47 (Protective Put).
91 Ein Leerverkauf ist eine Transaktion, bei der ein Leerverkäufer ein Finanzinstrument veräußert, das zum Zeitpunkt des Eingehens der Verkaufsvereinbarung nicht in seinem Eigentum steht. Ausführlich hierzu *Schlimbach*, Leerverkäufe, S. 9–31.

B. Grundlagen

man Spekulanten. Sie nutzen Optionsgeschäfte bzw. schließen sie ab, um dadurch Erträge zu erzielen, dass sich der Optionspreis verändert.[92]

Um bei dem Beispiel des Privatkunden zu bleiben, der seine Aktienposition gegen fallende Kurse absichern möchte, wird der Spekulant in einer solchen Lage eine andere Erwartungshaltung hinsichtlich der zukünftigen Preisentwicklung des Basiswerts haben. Er wird also etwa davon ausgehen, dass der Basispreis innerhalb oder zum Ende der Optionslaufzeit nicht erreicht wird, d. h. der Kurs des Basiswerts höher liegen wird als der vereinbarte Basispreis. Sofern sich seine Spekulation bewahrheitet, wird der Optionskäufer seine Option nicht ausüben, sondern verfallen lassen, und der Spekulant könnte die vereinnahmte Optionsprämie (als Risikoprämie) behalten.

c) Arbitragegeschäfte

Optionsgeschäfte treten oftmals auch im Gewand sogenannter Arbitragegeschäfte auf. Die Akteure versuchen dabei, Preisunterschiede in unterschiedlichen Märkten oder Handelsplätzen gewinnbringend zu nutzen.[93] In aller Regel sind die Marktdifferenzen, die es auszunutzen gilt, aber nur sehr gering, sodass Arbitragegeschäfte aufgrund der vorhandenen Transaktionskosten deshalb in erster Linie bei hohen Handelsvolumina profitabel sind. Vor diesem Hintergrund kommt diese Form des Handels für Privatanleger in aller Regel nicht in Betracht, sondern ist lediglich für institutionelle Marktteilnehmer interessant.[94] Auf Arbitragegeschäfte wird daher im Rahmen der Untersuchung nicht weiter eingegangen.

6. Bildung des Optionspreises

Um nachvollziehen zu können, wie und warum sich Optionsgeschäfte auch zur Spekulation an den Terminbörsen eignen, ist es notwendig, zu

---

92 Vgl. *Blum*, Derivative Finanzinstrumente im Ertragsteuerrecht, S. 27; *Bösch*, Derivate, S. 9–10; *Haisch*, Derivatebesteuerung im Privatvermögen ab 2009, S. 52; *Schick*, Die Besteuerung von Optionsgeschäften, S. 13–14, jeweils m.w.N.
93 Vgl. *Blum*, Derivative Finanzinstrumente im Ertragsteuerrecht, S. 28; *Bösch*, Derivate, S. 11–12; *Haisch*, Derivatebesteuerung im Privatvermögen ab 2009, S. 52; *Schick*, Die Besteuerung von Optionsgeschäften, S. 13–14, jeweils m.w.N.
94 Vgl. *Beckenhaub*, Einkommensteuerbarkeit von Optionsgeschäften, S. 122 m.w.N.; *Bösch*, Derivate, S. 11–12.

wissen, wie der Preis einer Option zustande kommt. Dieser setzt sich aus zwei Komponenten zusammen: dem „inneren Wert" und dem „Zeitwert".[95]

Der innere Wert ist die Differenz zwischen dem aktuellen Preis des Basiswerts und dem Basispreis der Option. Er nimmt jedoch niemals einen negativen Wert an, sondern bleibt in diesem Fall bei null.[96] Notiert der Kurs des Basiswerts bei einer Verkaufsoption unter dem Basispreis, spricht man davon, dass die Option „im Geld liegt".[97] Eine Kaufoption liegt also dann im Geld, wenn der Kurs des Basiswerts höher als der Basispreis notiert. Hingegen liegt eine Verkaufsoption „aus dem Geld", wenn der Kurs des Basiswerts über dem Basispreis und bei einer Kaufoption unterhalb des Basispreises notiert.[98]

Der Zeitwert einer Option drückt hingegen die Chancen und Risiken einer Option aus.[99] Die Höhe des Zeitwerts beeinflussen vier Faktoren: Restlaufzeit, Volatilität des Basiswerts, Zinssteigerungen und Dividendenzahlungen. Grob lässt sich sagen: Je kürzer die Restlaufzeit einer Option ist, umso geringer ist auch der Zeitwert. Bei einem volatilen Basiswert ist der Zeitwert der Optionen höher als bei einem weniger volatilen Basiswert.[100]

7. Optionsstrategien und Kombinationsgeschäfte

Da sich der Optionshandel durch eine große Flexibilität auszeichnet, lassen sich insbesondere im Hinblick auf spekulative Geschäfte unterschiedliche Optionsstrategien verwirklichen (a). Optionen bieten sich aber nicht

---

95 *Fend*, Gewinnen mit Optionsstrategien, S. 47.
96 *Fend*, Gewinnen mit Optionsstrategien, S. 48–49. Beispiel für eine Kaufoption: Notiert der Basiswert bei einem Kurs von € 100 und der Basispreis der Kaufoption beträgt € 90, so beträgt der innere Wert der Kaufoption € 10. Notiert der Basiswert hingegen bei einem Kurs von € 80, so beträgt der innere Wert der selben Kaufoption € 0. Bei einer Verkaufsoption beträgt der innere Wert € 0, wenn der Basiswert bei einem Kurs von € 110 notiert. Notiert der Kurs bei € 80, beträgt der innere Wert € 10.
97 Auch in-the-money (ITM); vgl. zur Terminologie *Bösch*, Derivate, S. 61; *Fend*, Gewinnen mit Optionsstrategien, S. 33.
98 Auch out-of-the-money (OTM); vgl. zur Terminologie *Bösch*, Derivate, S. 61; *Fend*, Gewinnen mit Optionsstrategien, S. 33.
99 *Konrad*, Terminbörsengeschäfte, S. 51.
100 Vgl. zum Zeitwert insgesamt *Fend*, Gewinnen mit Optionsstrategien, S. 48–77.

B. Grundlagen

nur zur Spekulation an, sondern können auch in Kombination mit dem Basiswert verwendet werden (b).

a) Optionsstrategien

Der Begriff der Optionsstrategie bezeichnet Szenarien, in denen Kauf und/oder Verkauf mehrerer Kauf- oder Verkaufsoptionen gleichzeitig erfolgen.[101] Aufgrund der großen Flexibilität des Optionshandels lassen sich unterschiedliche Optionsstrategien verwirklichen – insbesondere im Hinblick auf Spekulationsgeschäfte. Durch Kombination lassen sich unterschiedliche Strategien realisieren, die wiederum unterschiedliche Risiko- und Ertragsprofile aufweisen.[102]

Terminbörsen (zum Beispiel die EUREX) bieten verschiedene Optionsstrategien standardisiert an. Die Standardisierung besteht darin, dass die zeitgleichen Einzelaufträge nur abhängig voneinander ausgeführt werden.[103] Optionsstrategien lassen sich jedoch auch in nicht standardisierter Form durch entsprechende Orderaufträge über den Broker realisieren.

In der Praxis treten vorwiegend nachfolgende Optionsstrategien auf:

i) Spreads

Bei Spreads kauft oder verkauft der Inhaber gleichzeitig Optionen, die zwar den gleichen Basiswert, aber einen unterschiedlichen Basispreis und/oder ein anderes Verfallsdatum aufweisen.[104] Ein Vertical Spread liegt vor, wenn ein Akteur einen Kauf und gleichzeitigen Verkauf gleichartiger Optionen mit unterschiedlichen Basispreisen, aber gleichem Verfallsdatum

---

101 *Haisch*, Derivatebesteuerung im Privatvermögen ab 2009, S. 49.
102 Ausführlich zu den Parametern der hier erwähnten Strategien *Bösch*, Derivate, S. 39–55, 95–109; *Fend*, Gewinnen mit Optionsstrategien, S. 171–185. Ausführlich zu Optionsstrategien generell *Fend*, Gewinnen mit Optionsstrategien.
103 *Eurex Frankfurt AG*: Bedingungen für den Handel an der Eurex Deutschland: Stand 02.05.2019, z. B. Ziff. 2.2.4 und 3.8, <www.eurexchange.com/resource/blob/311274/e2c143d82ccfdbb551262d61a7700482/data/handelsbedingungenpdf_ab-20190502.pdf>, abgerufen am 16.07.2019.
104 *BMF*, v. 18.01.2016 – IV C 1-S 2252/08/10004:017//2015/0468306, BStBl I 2016, S. 85 (Rn. 16); *Haisch*, Derivatebesteuerung im Privatvermögen ab 2009, S. 50 m.w.N.

I. Begriffsbestimmungen sowie rechtliche und wirtschaftliche Grundlagen

kombiniert.[105] Durch den gleichzeitigen Kauf einer gleichartigen Option minimiert der Stillhalter sein maximales Risiko: Es beschränkt sich nunmehr auf die Kursdifferenz zwischen dem Basispreis der verkauften Option und dem Basispreis der gekauften Option (abzüglich der vereinnahmten Optionsprämie). Andere Formen von *Spreads* sind *Calendar Spreads*[106] oder *Diagonal Spreads*[107].

ii) Straddle

Ein *Straddle* entsteht beim gleichzeitigen Kauf oder Verkauf einer Kaufoption und einer Verkaufsoption mit jeweils gleichem Basispreis und Verfallsdatum.[108]

iii) Strangle

Bei einem *Strangle* findet eine Kombination aus dem gleichzeitigen Kauf oder Verkauf einer Kaufoption und einer Verkaufsoption mit jeweils unterschiedlichen Basispreisen statt.[109]

---

105 Bspw. *Short Put* mit Basispreis 100 und Laufzeit Y und *Long Put* mit Basispreis 90 und Laufzeit Y. Vgl. *Bösch*, Derivate, S. 97–103.

106 Ein *Calendar Spread* ist eine Optionsstrategie, die aus zwei Optionspositionen mit gleichem Basispreis, aber verschiedenen Laufzeiten besteht. Die Position kann sowohl mit Kauf- oder Verkaufsoptionen errichtet werden. Ein Aufbau mit Kaufoptionen sieht wie folgt aus: *Short Call* mit kurzer Laufzeit und *Long Call* mit langer Laufzeit. Vgl. *Fend*, Gewinnen mit Optionsstrategien, S. 180; *Hull*, Optionen, Futures und andere Derivate, S. 338–339.

107 Ein *Diagonal Spread* ist eine Optionsstrategie, die aus zwei Optionspositionen mit verschiedenen Basispreisen und verschiedenen Laufzeiten besteht. Die Position kann sowohl mit Kauf- als auch mit Verkaufsoptionen errichtet werden. Ein Aufbau mit Kaufoptionen sieht etwa wie folgt aus: *Short Call* mit kurzer Laufzeit und Basispreis 100 und *Long Call* mit langer Laufzeit und Basispreis 110. Vgl. *Fend*, Gewinnen mit Optionsstrategien, S. 181–182; *Hull*, Optionen, Futures und andere Derivate, S. 339–340.

108 Bspw. *Short Put* mit Basispreis 100 und Laufzeit Y und *Short Call* mit Basispreis 100 und Laufzeit Y. Vgl. *BMF*, v. 18.01.2016 – IV C 1-S 2252/08/10004:017//2015/0468306, BStBl I 2016, S. 85 (Rn. 16); *Fend*, Gewinnen mit Optionsstrategien, S. 174.

109 Bspw. *Short Put* mit Basispreis 100 und Laufzeit Y und *Short Call* mit Basispreis 110 und Laufzeit Y. Vgl. *BMF*, v. 18.01.2016 – IV C 1-S

B. Grundlagen

b) Kombination zwischen Optionsgeschäft und einer bereits im Depot gehaltenen Position zur Generierung von zusätzlichem Cashflow

Neben den Optionsstrategien *Spreads*, *Straddle* und *Strangle* kommen Optionen auch im Zusammenhang mit bereits im Depot vorhandenen Positionen des Basiswerts (zum Beispiel Aktienbeständen) zum Einsatz. Hierdurch soll ein zusätzlicher Kapitalzufluss (*Cashflow*) generiert werden. Bedeutung haben hier sogenannte *Covered Calls* (i), *Cash Secured Puts* (ii) und *Poor Man's Covered Calls* (iii).

i) Covered Call Writing

Eine Strategie, um bei bereits im Depot gehaltenen Aktienpositionen zusätzliche Kapitalerträge zu generieren, ist das *Covered Call Writing*. Es läuft in der Regel wie folgt ab: Der Anleger hält eine bestimmte Anzahl von Aktien eines Unternehmens in seinem Depot (der Standard für Aktienoptionen ist die Liefermenge von 100 Stück je Option). In Zeiten, in denen die Aktienkurse nicht stark steigen, verkauft der Anleger Kaufoptionen mit einem Basispreis oberhalb des aktuellen Kurses des Basiswerts und einer Restlaufzeit von ca. 30 Tagen. Liegt der tatsächliche Kurs des Basiswerts am Verfallsdatum unterhalb des Basispreises der Option, wird der Optionskäufer die Option verfallen lassen; die mit dem Verkauf der Option eingenommene Optionsprämie verbleibt beim Stillhalter. Ist der tatsächliche Kurs des Basiswerts zum Verfallsdatum hingegen höher als der Basispreis der Option, wird der Optionsinhaber seine Kaufoption mit der Folge ausüben, dass der Stillhalter zum Verkauf und zur Lieferung des Basiswerts zum vereinbarten Basispreis verpflichtet ist. Der Stillhalter hat dann hinsichtlich der Option kein Risiko, da im Ausübungsfall Aktien veräußert werden, die bereits im Depot vorhanden („covered") sind, und er nicht – wie bei einer „nackten" Option – zuerst den Basiswert im Rahmen eines Deckungskaufes am Markt zum höheren Marktpreis beschaffen muss.[110]

2252/08/10004:017//2015/0468306, BStBl I 2016, S. 85 (Rn. 16); *Fend*, Gewinnen mit Optionsstrategien, S. 175.
110 Vgl. zum Ganzen: *Bösch*, Derivate, S. 44–46; *Fend*, Gewinnen mit Optionsstrategien, S. 43–45.

ii) Cash Secured Put

Bei einem *Cash Secured Put* verkauft der Stillhalter eine Verkaufsoption (*Put*) mit einem Basispreis, zu dem er bereit ist, die Aktie im Falle der Ausübung zu erwerben. Da jeder Optionspreis einen sogenannten Zeitwert[111] besitzt, erhält der Anleger für sein Zuwarten die Optionsprämie und generiert damit zusätzliche Einnahmen. Ein solcher *Put* firmiert unter dem Namen „cash secured", da der Anleger das Kapital besitzt, das er als Kaufpreis an den Optionsinhaber zahlen muss, falls es zur Ausübung kommt. In anderen Worten: Die Optionsposition ist durch Kapital abgesichert. Die Strategie des *Cash Secured Put* ist besonders für solche Anleger interessant, die eine Position in einer bestimmten Aktie zu einem bestimmten Preis erwerben möchten. Anstatt lediglich einen Limit-Kaufauftrag in den Markt zu legen und zu warten, ob dieser ausgeführt wird, kann sich der Anleger durch Schreiben eines *Cash Secured Puts* für die „Wartezeit" bezahlen lassen.

iii) Poor Man's Covered Call (PMCC)

Anstatt den Basiswert tatsächlich zu erwerben, ist die Strategie des *Covered Call Writings* auch mit weniger Kapitaleinsatz möglich: In dem Szenario eines *PMCC* erfolgt der Kauf eines *Call* LEAPS®[112] mit einem Basispreis, der weit unterhalb des aktuellen Kurses des Basiswerts liegt. Damit befindet sich die Option weit „im Geld"[113]. Der Optionspreis setzt sich in diesem Fall zum größten Teil aus dem inneren Wert zusammen, während der Anteil des Zeitwerts vernachlässigbar ist.[114] Der Optionspreis verändert sich damit nahezu 1:1 mit den Kursänderungen des Basiswerts. Dadurch hat der *Poor Man's Covered Call* die gleichen Chancen und Risiken wie der *Covered Call*. Der Kapitaleinsatz für den LEAPS® ist jedoch sehr viel geringer als für den direkten Erwerb des Basiswerts – die Strategie kann

---

111 Vgl. Ausführungen unter Punkt B.I.6: Bildung des Optionspreises.
112 Long Term Equity AnticiPation Security[SM] = eine Option, deren Verfallsdatum über ein Jahr [bis zu mehreren Jahren] in der Zukunft liegt, vgl. *Cboe Options Exchange*: Long-term Equity AnticiPation Securities[SM] (LEAPS®) at Cboe, <www.cboe.com/products/stock-index-options-spx-rut-msci-ftse/s-p-500-index-options/spx-leaps>, abgerufen am 16.07.2019.
113 Vgl. Ausführungen unter Punkt B.I.6: Bildung des Optionspreises.
114 Vgl. Ausführungen unter Punkt B.I.6: Bildung des Optionspreises.

B. Grundlagen

deshalb buchstäblich auch ein armer Mensch („poor man") anwenden.[115] Da Optionen bei dieser Strategie letztlich den Basiswert nachbilden, handelt es sich definitorisch um eine Optionsstrategie. Wirtschaftlich liegt jedoch eine Übereinstimmung mit dem *Covered Call* und damit eine Kombination von Option und Basiswert vor.

II. Rechtshistorische Entwicklung und Grundlagen der Besteuerung

Nachdem die Grundbegriffe und wirtschaftlichen Rahmenbedingungen des Optionshandels geklärt sind, wandert der Blick nun zu den Grundlagen der Besteuerung börsengehandelter Optionen. Zunächst erfolgt ein rechtsgeschichtlicher Abriss (1.), an den sich eine Grobdarstellung der steuerrechtlichen Änderungen mit der Einführung der Abgeltungsteuer durch das UntStReformG 2008 anschließt (2.). In einem weiteren Abschnitt steht die Abgrenzung des gewerblichen Optionshandels vom Handel mit Optionen im Rahmen privater Vermögensverwaltung im Mittelpunkt (3.).

1. Entwicklung bis zur Abgeltungsteuer

Ohne nähere Kenntnisse der gesetzlichen Entwicklung ist die aktuelle Rechtslage – gerade im Steuerrecht – kaum nachvollziehbar, geschweige denn einer adäquaten Auslegung zugänglich. Zunächst steht deshalb im Fokus, wie sich die steuerliche Behandlung von Optionsgeschäften bis zum Inkrafttreten des UntStReformG 2008 und der Einführung der sogenannten Abgeltungsteuer zum 01.01.2009 entwickelt hat. Zugleich würde es den Rahmen der Untersuchung sprengen, auf einzelne Streitpunkte bei der Auslegung und Anwendung der ehemaligen gesetzlichen Normen einzugehen. Sofern sich eine dezidierte Auseinandersetzung mit der historischen Rechtsanwendung als notwendig erweisen sollte, findet sie gegebenenfalls bei der Darstellung und Diskussion von Problemfeldern im Rahmen der heutigen Gesetzeslage (dazu unten C.) statt.

---

115 Vgl. Strategiedarstellung unter *tastytrade, Inc.*: Poor Man's Covered Call, <tastytrade.com/tt/learn/poor-man-covered-call>, abgerufen am 16.07.2019.

a) Rechtslage bis zum 31.12.1998

Die steuerliche Behandlung von Optionsgeschäften im Privatvermögen war bis zum 31.12.1998 in §§ 22 Nr. 2 u. 3, 23 EStG a.F. geregelt.[116] Demnach waren Spekulationsgeschäfte steuerbar. Spekulationsgeschäfte waren als Veräußerungsgeschäfte einzuordnen, bei denen der Zeitraum zwischen Anschaffung und Veräußerung von anderen Wirtschaftsgütern als Grundstücken nicht mehr als sechs Monate[117] betrug (§ 23 Abs. 1 Nr. 1 Buchst. b) EStG a.F.). Als solche anderen Wirtschaftsgüter waren auch Optionsrechte einzuordnen, sodass deren Veräußerung innerhalb der Spekulationsfrist nach §§ 22 Nr. 2, 23 Abs. 1 Nr. 1 Buchst. b) EStG a.F. der Besteuerung unterlag.[118] Bis zum 31.12.1998 bezeichnete der Gesetzgeber solche Gewinne als Spekulationsgewinne.

Die Optionsprämien, die der Stillhalter erzielte, unterlagen nach ständiger Rechtsprechung des Bundesfinanzhofs (BFH) der Besteuerung als sonstige Leistungen nach § 22 Nr. 3 EStG a.F.[119] In der Literatur gab es aber Stimmen, die sich für eine jedenfalls partielle Nichtsteuerbarkeit von Optionsgeschäften aussprachen.[120]

b) Rechtslage bis zum 31.12.2008

Durch das StEntlG 1999/2000/2002 erfolgten einige gesetzgeberische Änderungen. So wurde der Begriff des Spekulationsgeschäfts durch den des privaten Veräußerungsgeschäfts ersetzt. Die Spekulationsfrist verlängerte sich von sechs Monaten auf ein Jahr.

Auch für die Rechtslage unter dem StEntlG 1999/2000/2002 hielt der BFH an seiner bisherigen Rechtsprechung fest und verortete die Steuerbarkeit von Stillhalterprämien weiter in § 22 Nr. 3 EStG a.F.[121] Der BFH

---

116 Vgl. hierzu allgemein *Beckenhaub*, Einkommensteuerbarkeit von Optionsgeschäften; *Harenberg*, NWB 2001, 2835–2846 (2839–2842); *Schick*, Die Besteuerung von Optionsgeschäften.
117 Sogenannte Spekulationsfrist.
118 Vgl. BFH, Urt. v. 24.07.1996 – X R 139/93, juris, Rn. 17; Urt. v. 24.06.2003 – IX R 2/02, juris, Rn. 13.
119 BFH, Urt. v. 28.11.1984 – I R 290/81, juris, Rn. 14; Urt. v. 28.11.1990 – X R 197/87, juris, Rn. 15; Urt. v. 24.06.2003 – IX R 2/02, juris; Urt. v. 29.06.2004 – IX R 26/03, juris; Urt. v. 11.02.2014 – IX R 10/12, juris, jeweils m.w.N.
120 Vgl. *Beckenhaub*, Einkommensteuerbarkeit von Optionsgeschäften, S. 221–241.
121 BFH, Urt. v. 17.04.2007 – IX R 40/06, juris; Urt. v. 11.02.2014 – IX R 10/12, juris.

B. Grundlagen

trennte dabei zwischen Eröffnungs-, Basis- und Gegengeschäft.[122] Das die Prämie auslösende Begeben einer Option und das nachfolgende Geschäft (z. B. Glattstellung oder Basisgeschäft) bildete in der Lesart des BFH also kein einheitliches Termingeschäft. Vielmehr erhalte der Stillhalter die Prämie als Gegenleistung für eine wirtschaftlich und rechtlich selbstständige Leistung – und zwar für seine vertraglich eingegangene Bindung und das damit verbundene Risiko, dass der Optionskäufer ihn in Anspruch nehmen könnte. Er behalte die Stillhalterprämie auch dann, wenn er aus der Option nicht in Anspruch genommen werde und ein Basisgeschäft nicht durchführen müsse. Daher sei die Stillhalterprämie nicht zusammen mit den anderen Optionsgeschäften einheitlich § 23 Abs. 1 Satz 1 Nr. 4 EStG a.F. zuzuordnen. Die Tatbestandsmerkmale der Vorschrift seien nicht erfüllt:[123] § 23 Abs. 1 Satz 1 Nr. 4 EStG a.F. stelle allein auf den Steuerpflichtigen ab. Bei ihm müsse es sich jedoch stets um die Person handeln, die ein Recht, aus dem der Vorteil erwächst, erwirbt – und der Stillhalter sei gerade nicht Erwerber, sondern Verpflichteter.[124]

Die sonstigen Einnahmen im Rahmen von Optionsgeschäften, insbesondere beim Optionsinhaber, waren demgegenüber gemäß § 22 Nr. 2 i.V.m. § 23 Abs. 1 Satz 1 Nr. 4 EStG a.F. steuerbar.[125]

2. Einführung der sogenannte Abgeltungsteuer zum 01.01.2009

Mit der Einführung der sogenannten Abgeltungsteuer durch das UntStReformG 2008 mit Wirkung zum 01.01.2009 sind umfangreiche Änderungen eingetreten. Die Abgeltungsteuer ist keine eigene Steuer, sondern beschreibt den Umstand, dass eine bestimmte Einkunftsart mit einem besonderen Steuersatz endbesteuert wird (sogenannte Schedulensteuer).[126] Die Antwort auf die Frage, wie Optionsgeschäfte im Rahmen der privaten Vermögensverwaltung rechtlich im EStG zu verorten sind, hat sich da-

---

122 Vgl. *BFH*, Urt. v. 24.06.2003 – IX R 2/02, juris, Rn. 16; Urt. v. 17.04.2007 – IX R 40/06, juris, Rn. 14.
123 Vgl. *BFH*, Urt. v. 17.04.2007 – IX R 40/06, juris, Rn. 16; Urt. v. 11.02.2014 – IX R 46/12, juris, Rn. 21.
124 Vgl. *BFH*, Urt. v. 17.04.2007 – IX R 40/06, juris, Rn. 17–18; Urt. v. 11.02.2014 – IX R 10/12, juris, Rn. 36; *Dahm/Hamacher*, Termingeschäfte im Steuerrecht, S. 5; *Heuermann*, DB 2004, 1848 (1852).
125 Vgl. *BFH*, Urt. v. 26.09.2012 – IX R 50/09, juris; Urt. v. 11.02.2014 – IX R 46/12, juris, Rn. 14.
126 Vgl. *Hamacher/Dahm*, in: Korn/Carlé, et al., EStG, § 20, Rn. 31.

durch gänzlich verändert. Das UntStReformG 2008 hat alle Vorschriften, die davon handelten, wie Kapitalanlageinstrumente zu versteuern sind, aus §§ 20 und 23 EStG a.F. im neu gefassten § 20 EStG zusammengeführt. Die Geschäfte mit Wertpapieren und sonstigen Kapitalmarktinstrumenten hat der Gesetzgeber von den privaten Veräußerungsgeschäften in den neuen § 20 EStG überführt.

In systematischer Hinsicht hat der Gesetzgeber das bisherige Leitbild der Besteuerung der privaten Kapitalanlage, die sogenannte Frucht- und Stammtrennung, aufgegeben: Es differenzierte grundsätzlich zwischen laufenden steuerpflichtigen Kapitalerträgen und nur in Ausnahmefällen steuerpflichtigen Vermögenszuwächsen.[127] Nunmehr unterfallen alle laufenden Erträge und alle Veräußerungsgewinne unabhängig von einer Haltedauer dem einheitlichen Steuersatz von 25 %.

a) Zweck der Abgeltungsteuer

Mit der Einführung der Abgeltungsteuer wollte der Gesetzgeber erreichen, dass laufende Einkünfte sowie Gewinne und Verluste, die aus der Veräußerung von Finanzprodukten im privaten Bereich resultieren, einer umfassenden Besteuerung unterliegen – und zwar unabhängig von einer Haltedauer.[128] Indem er einen gesonderten (niedrigeren) Steuersatz von 25 % für Einkünfte aus Kapitalvermögen eingeführt hat, wollte er einen Abfluss privaten Kapitalvermögens ins Ausland stoppen und möglichst erreichen, dass es ins Inland zurückfließt.[129] Zudem wollte der Gesetzgeber mit der Abgeltungsteuer erreichen, dass sich das Besteuerungsverfahren nachhaltig vereinfacht: Private Kapitalerträge werden nun weitgehend an der Einkunftsquelle abgeschöpft.[130] Das legislative Motivbündel ist stets zu berücksichtigen, wenn die Vorschriften, die für die einkommensteuerliche Erfassung von Optionsgeschäften maßgeblich sind, einer Auslegung bedürfen.

---

127 Vgl. *Feyerabend*, in: Feyerabend, Besteuerung privater Kapitalanlagen, Einführung, Rn. 3.
128 BT-Drs. 16/4841, S. 54–55.
129 BT-Drs. 16/4841, S. 2, 30.
130 Vgl. BT-Drs. 16/4841, S. 35.

B. Grundlagen

b) Normenkomplexe der Abgeltungsteuer

Die Abgeltungsteuer besteht im Wesentlichen aus drei Bereichen: Aufzählung der Einkünfte aus Kapitalvermögen (§ 20 EStG, unten i), einem gesonderten Steuertarif (§ 32d EStG, unten ii) und dem Kapitalertragsteuerverfahren (§§ 43 ff. EStG, unten iii).[131]

i) Aufzählung der Einkünfte aus Kapitalvermögen – § 20 EStG

§ 20 EStG regelt den Umfang der Kapitaleinkünfte. Mit der Einführung der Abgeltungsteuer hat er sich erheblich erweitert. Nunmehr sind auch Einkünfte aus Kapitalforderungen (§ 20 Abs. 1 Nr. 7, Abs. 2 Satz 1 Nr. 7 EStG), Einkünfte aus Veräußerungs- und Termingeschäften (§ 20 Abs. 2 Satz 1 Nr. 1 und 3 EStG) sowie Stillhalterprämien (§ 20 Abs. 1 Nr. 11 EStG) umfasst. Die vorher vorhandene Haltefrist,[132] außerhalb derer nicht steuerbare Einkünfte vorlagen, hat der Gesetzgeber abgeschafft. Nach § 20 Abs. 9 Satz 1 Hs. 2 EStG ist es nun auch ausgeschlossen, Werbungskosten bei der Gewinnermittlung von den Einnahmen abzuziehen, sodass die Kapitaleinkünfte grundsätzlich einer Bruttobesteuerung unterliegen.[133] Abzugsfähig bei der Ermittlung der Einkünfte aus Kapitalvermögen ist aber der sogenannte Sparer-Pauschbetrag (§ 20 Abs. 9 Satz 1 Hs. 1 EStG).

ii) Gesonderter Steuertarif – § 32d EStG

Einkünfte aus Kapitalvermögen besteuert § 32d Abs. 1 und 2 EStG grundsätzlich mit einem gesonderten Steuersatz von 25 % (zzgl. Solidaritätszuschlag und ggf. Kirchensteuer). Steuerpflichtige mit einem geringeren persönlichen Steuersatz können den Satz dadurch herabsetzen lassen, dass sie eine sogenannte Günstigerprüfung im Veranlagungsverfahren wählen (§ 32d Abs. 6 EStG).

---

131 Vgl. hierzu *Schlotter/Jansen*, Abgeltungsteuer, S. 2–11.
132 § 23 Abs. 1 Satz 1 Nr. 2 Satz 1 und Nr. 4 Satz 1 EStG a.F.
133 Vgl. *Haisch*, Derivatebesteuerung im Privatvermögen ab 2009, S. 81.

iii) Kapitalertragsteuer – §§ 43 ff. EStG

Die §§ 43 ff. EStG regeln, dass die Einkünfte aus Kapitalvermögen im Wege des Kapitalertragsteuerabzugs bei den Kreditinstituten bzw. Emittenten („Zahlstellen") zu besteuern sind. Die Zahlstellen behalten die Steuer ein. Mit dem Steuerabzug gilt die Einkommensteuer als grundsätzlich abgegolten (§ 43 Abs. 5 EStG); ein Veranlagungsverfahren entfällt. Sofern ein Kapitalertrag dem Steuerabzug bei der Zahlstelle nicht unterlegen hat, muss der Steuerpflichtige ihn in seiner Einkommensteuererklärung angeben (§ 32d Abs. 3 EStG).

3. Abgrenzung gewerblichen Optionshandels von privater Vermögensverwaltung

Diese Untersuchung konzentriert sich ausschließlich auf die Frage, wie Optionsgeschäfte im Rahmen *privater* Vermögensverwaltung steuerlich zu behandeln sind. Durch die Änderungen des UntStReformG 2008 ergeben sich aber erhebliche Differenzen zwischen der steuerlichen Behandlung als Einkünfte aus Gewerbebetrieb und Einkünfte aus Kapitalvermögen. Die rechtliche Einordnung eines Optionsgeschäfts richtet sich also in einem ersten Schritt stets danach, welcher Einkunftsart sie zuzuordnen sind: Handelt es sich um Einkünfte aus Gewerbebetrieb (§ 15 EStG) oder um Einkünfte aus Kapitalvermögen (§ 20 EStG)?

Je nach Zuordnung ergeben sich unterschiedliche rechtliche Konsequenzen. So erhalten Einkünfte aus Kapitalvermögen eine Sonderbehandlung: Sie manifestiert sich in einem gesonderten Steuertarif in Höhe von 25 %, in der Abgeltungswirkung nach §§ 32d, 43 Abs. 5 EStG, den Werbungskostenabzugs- und Verlustverrechnungsbeschränkungen in § 20 Abs. 6 und 9 EStG sowie nicht zuletzt in der fehlenden Gewerbesteuerpflicht[134].[135] Aus § 20 Abs. 8 EStG ergibt sich zudem ausdrücklich die Subsidiarität der Zuordnung gegenüber Einkünften aus Gewerbebetrieb.

Um den Forschungsgegenstand exakt umreißen zu können, sind Einkünfte aus gewerblichen Optionsgeschäften von solchen im Rahmen der

---

134 § 2 Abs. 1 Satz 2 GewStG bestimmt, dass unter Gewerbebetrieb ein gewerbliches Unternehmen i.S.d. EStG zu verstehen ist.
135 Vgl. *Hey*, in: Tipke/Lang, et al., Steuerrecht, Rn. 8.417; *Krumm*, in: Kirchhof/Seer, Einkommensteuergesetz (EStG), § 15, Rn. 131.

B. Grundlagen

privaten Vermögensverwaltung abzugrenzen. Denn nur letztere stehen im Zentrum der weiteren Untersuchung.

a) Abgrenzung nach den Kriterien des § 15 Abs. 2 Satz 1 EStG unter besonderer Berücksichtigung der Rechtsprechung zum Handel mit Wertpapieren

Nach § 15 Abs. 2 Satz 1 EStG liegen Einkünfte aus Gewerbebetrieb vor, wenn der Steuerpflichtige eine selbstständige nachhaltige Betätigung mit Gewinnerzielungsabsicht unternimmt, die sich als Beteiligung am allgemeinen wirtschaftlichen Verkehr darstellt, aber keine Land- und Forstwirtschaft (§ 13 EStG) oder selbstständige Arbeit (§ 18 EStG) darstellt.

Obwohl § 15 Abs. 2 Satz 1 EStG einen Merkmalkatalog enthält, interpretiert die herrschende Meinung in Schrifttum und Rechtsprechung den Begriff des Gewerbebetriebs als Typusbegriff.[136] Daraus ergeben sich zwei Folgen. Einerseits müssen die einzelnen Tatbestandsmerkmale des § 15 Abs. 2 Satz 1 EStG nicht immer alle oder zumindest nicht immer alle mit gleicher Intensität vorliegen. Andererseits ist es möglich, solche Betätigungen auszuscheiden, die zwar die Tatbestandsmerkmale des § 15 Abs. 2 Satz 1 EStG erfüllen, ihrem Bild nach aber nicht dem typischen Gewerbebetrieb entsprechen.[137] Im Ergebnis ist stets auf das Gesamtbild der Verhältnisse der Betätigung und die Verkehrsanschauung abzustellen.[138]

Doch welche Rolle spielen die Merkmale in § 15 Abs. 2 Satz 1 EStG im Rahmen von Optionsgeschäften?

---

136 Vgl. hierzu näher *Hey*, in: Tipke/Lang, et al., Steuerrecht, Rn. 8.415; *Stapperfend*, in: Herrmann/Heuer/Raupach, EStG, § 15, Rn. 1004 jeweils m.w.N. Die Gegenauffassung versteht den Begriff des Gewerbebetriebs als Klassenbegriff, vgl. *Bitz*, in: Littmann/Bitz/Pust, EStG, § 15, Rn. noch 117; *Zacharias/Rinnewitz*, DStR 1984, 193 (198).
137 *Stapperfend*, in: Herrmann/Heuer/Raupach, EStG, § 15, Rn. 1004.
138 *BFH*, Beschluss v. 25.06.1984 – GrS 4/82, juris; Urt. v. 20.12.2000 – X R 1/97, juris; Urt. v. 30.07.2003 – X R 7/99, juris; Urt. v. 28.11.2007 – X R 24/06, juris; Urt. v. 02.09.2008 – X R 14/07, juris; Urt. v. 11.02.2014 – IX R 10/12, juris; Urt. v. 19.01.2017 – IV R 50/14, juris.

i) Selbstständigkeit

Durch das Merkmal der selbstständigen Betätigung unterscheidet sich der Gewerbebetrieb von der Ausübung nichtselbstständiger Arbeit.[139] Eine selbstständige Tätigkeit liegt vor, wenn sie auf eigene Rechnung (Unternehmerrisiko) und in eigener Verantwortung (Unternehmerinitiative) ausgeübt wird.[140] Damit sind Optionsgeschäfte eine selbstständige Tätigkeit, wenn der Steuerpflichtige sie in eigenem Namen tätigt und die Entscheidung über den Kauf oder Verkauf selbst trifft.[141] Die Selbstständigkeit geht auch nicht dadurch verloren, dass der Handelnde einen Vermögensverwaltungsbeauftragten zwischenschaltet, der nach außen die Geschäfte tätigt, soweit der Steuerpflichtige das wirtschaftliche Risiko trägt und die Initiative entfaltet.[142]

ii) Nachhaltigkeit

Eine Tätigkeit wird nachhaltig ausgeübt, wenn sie in der Regel auf eine bestimmte Dauer und auf Wiederholung angelegt ist.[143] Dafür muss die Tätigkeit von der Absicht getragen sein, sie zu wiederholen und daraus eine Erwerbsquelle zu generieren.[144] Ob eine solche subjektive Wiederholungsabsicht besteht, ist aufgrund der objektiven Umstände zu beurteilen. Bei einer Mehrzahl von gleichartigen Handlungen ist das Merkmal der Nachhaltigkeit im Regelfall zu bejahen.[145] Bei erkennbarer Wiederholungsabsicht kann bereits eine einmalige Handlung den Beginn einer fortgesetzten Tätigkeit begründen.[146] Damit eine Tätigkeit nachhaltig ist, bedarf es auch keiner bestimmten Zeitdauer. Deshalb können auch zehn

---

139 *BFH*, Urt. v. 17.01.1973 – I R 191/72, juris, Rn. 12; *Krumm*, in: Kirchhof/Seer, Einkommensteuergesetz (EStG), § 15, Rn. 19.
140 *BFH*, Urt. v. 27.09.1988 – VIII R 193/83, juris, Rn. 20; Urt. v. 22.02.2012 – X R 14/10, juris.
141 Vgl. auch *Schick*, Die Besteuerung von Optionsgeschäften, S. 231.
142 Vgl. *Schick*, Die Besteuerung von Optionsgeschäften, S. 231–232 m.w.N.
143 Vgl. *BFH*, Urt. v. 21.08.1985 – I R 60/80, juris; Urt. v. 15.07.1986 – VIII R 289/81, juris, Rn. 14; Urt. v. 12.07.1991 – III R 47/88, juris.
144 *BFH*, Urt. v. 21.08.1985 – I R 60/80, juris; Urt. v. 15.07.1986 – VIII R 289/81, juris, Rn. 14; Urt. v. 12.07.1991 – III R 47/88, juris; Urt. v. 10.12.1998 – III R 61/97, juris, Rn. 58.
145 *BFH*, Urt. v. 09.12.1986 – VIII R 317/82, juris, Rn. 14; Urt. v. 11.04.1989 – VIII R 266/84, juris, Rn. 30; Urt. v. 07.03.1996 – IV R 2/92, juris.
146 *BFH*, Urt. v. 31.07.1990 – I R 173/83, juris, Rn. 22.

B. Grundlagen

Wertpapiergeschäfte in einem von vornherein für die Dauer von nur fünf Wochen angelegten Zeitraum die Voraussetzung der Nachhaltigkeit erfüllen.[147] Hat der Steuerpflichtige den Entschluss gefasst, regelmäßig Optionsgeschäfte zu tätigen, ist das Kriterium der Nachhaltigkeit objektiv und subjektiv erfüllt.[148]

iii) Gewinnerzielungsabsicht

Damit die Einnahmen aus einem Optionsgeschäft einem Gewerbebetrieb zuzuordnen sind, müssen sie nicht nur selbstständig und nachhaltig erfolgen, sondern auch mit Gewinnerzielungsabsicht. Diese Voraussetzung liegt vor, wenn der Handelnde nach einer Vermögensmehrung in Gestalt eines Totalgewinns strebt. Unter den Begriff des Totalgewinns fällt das positive Gesamtergebnis des Betriebs von der Gründung bis zur Veräußerung, Aufgabe oder Liquidation.[149]

Die Gewinnerzielungsabsicht ist eine innere Tatsache. Ob sie vorliegt, lässt sich nicht ohne Weiteres beweisen. In der Praxis kommt es deshalb vor allem auf die äußeren Umstände an:[150] Sie müssen den Schluss zulassen, dass es dem Steuerpflichtigen darauf ankommt, durch seine Betätigung einen Gewinn zu erzielen. Nach § 15 Abs. 2 Satz 3 EStG reicht es aus, wenn es sich dabei nur um einen Nebenzweck handelt.[151] Schließt der Steuerpflichtige Optionsgeschäfte zur Spekulation ab, um dadurch Erträge zu erzielen, dass sich der Optionspreis verändert, sind diese Geschäft *per se* darauf gerichtet Gewinne zu erzielen.[152]

Mit Blick auf Konstellationen, in denen der Optionshandel als Absicherungsgeschäft (*hedging*)[153] erfolgt, könnte jedoch fraglich sein, ob die Tätigkeit mit der Absicht, einen Gewinn zu erzielen, erfolgt. Denn insoweit will der Handelnde nicht durch Spekulation ein Gewinn erzielen, sondern eine vorhandene Depotposition gegen sich ändernde (häufig fallende) Kur-

---

147 *BFH*, Urt. v. 31.07.1990 – I R 173/83, juris.
148 Vgl. auch *Hamacher/Dahm*, in: Korn/Carlé, et al., EStG, § 20, Rn. 439; *Schick*, Die Besteuerung von Optionsgeschäften, S. 232 m.w.N.
149 *BFH*, Beschluss v. 25.06.1984 – GrS 4/82, juris, Rn. 182–183.
150 *BFH*, Beschluss v. 25.06.1984 – GrS 4/82, juris; Urt. v. 21.08.1990 – VIII R 25/86, juris, Rn. 30; Urt. v. 07.03.1996 – IV R 2/92, juris, Rn. 54.
151 Vgl. *Stapperfend*, in: Herrmann/Heuer/Raupach, EStG, § 15, Rn. 1045.
152 Vgl. Ausführungen unter Punkt B.I.5.b: Spekulationsgeschäfte.
153 Vgl. zum Begriff Ausführungen unter Punkt B.I.5.a: Absicherungsgeschäfte.

se absichern.¹⁵⁴ Mit Hilfe der Absicherungsgeschäfte will er jedoch in der Regel einen bereits eingetretenen Kursgewinn im Basiswert sichern. Bei genauerem Hinsehen unterstützen Absicherungsgeschäfte also durchaus die Gewinnerzielung – wenn auch nur im Basisgeschäft. Sofern der Sicherungsfall eintritt, erfolgt der Gewinn jedenfalls mittelbar aus dem Optionsgeschäft: Eine Gewinnerzielungsabsicht liegt deshalb auch bei Absicherungsgeschäften vor.¹⁵⁵

iv) Teilnahme am allgemeinen wirtschaftlichen Verkehr

Ein Gewerbebetrieb liegt nur dann vor, wenn sich die handelnde Person sowohl am allgemeinen als auch am wirtschaftlichen Verkehr beteiligt.¹⁵⁶

Um am „allgemeinen Verkehr" teilzunehmen, muss die Tätigkeit des Steuerpflichtigen nach außen hin in Erscheinung treten und sich an eine, wenn auch begrenzte, Allgemeinheit wenden.¹⁵⁷ Der Steuerpflichtige tritt auch dann nach außen hin in Erscheinung, wenn er nicht persönlich auftritt, sondern andere Personen beauftragt, für seine Rechnung zu handeln.¹⁵⁸ Daher ist es ihm auch zuzurechnen, wenn ein Broker Optionsgeschäfte auf Rechnung des Steuerpflichtigen an einer öffentlichen und grundsätzlich jedem offenstehenden Terminbörse durchführt.¹⁵⁹ Der Steuerpflichtige tritt mit anderen Marktteilnehmern in Kontakt.¹⁶⁰

Die Teilnahme am „wirtschaftlichen Verkehr" erfordert die Teilnahme am Leistungs- oder Güteraustausch. Dies ist dann der Fall, wenn eine Tätigkeit am Markt gegen Entgelt und für Dritte äußerlich erkennbar angeboten wird.¹⁶¹ Hierdurch werden Tätigkeiten ausgeklammert, die von Gewinnerzielungsabsicht getragen, aber nicht auf einen Leistungs- oder Güteraustausch gerichtet sind. Ausreichend ist es, wenn sich ein Steuerpflichtiger mit seiner (eigenen) Veräußerungsabsicht an den Markt

---

154 Vgl. *Schick*, Die Besteuerung von Optionsgeschäften, S. 232.
155 *Schick*, Die Besteuerung von Optionsgeschäften, S. 232.
156 *BFH*, Urt. v. 09.07.1986 – I R 85/83, juris, Rn. 9.
157 *BFH*, Urt. v. 09.07.1986 – I R 85/83, juris, Rn. 9.
158 *BFH*, Urt. v. 31.07.1990 – I R 173/83, juris, Rn. 26 m.w.N.
159 Ebenso *Schick*, Die Besteuerung von Optionsgeschäften, S. 234 m.w.N.; vgl. Ausführungen unter Punkt B.I.1.f: Börsengehandelte Optionen und außerbörsliche Optionen (OTC).
160 Vgl. *BFH*, Urt. v. 28.11.2007 – X R 24/06, juris, Rn. 39.
161 *BFH*, Urt. v. 09.07.1986 – I R 85/83, juris, Rn. 9; Urt. v. 13.10.1988 – IV R 220/85, juris, Rn. 10; Urt. v. 13.11.1996 – XI R 53/95, juris, Rn. 10.

B. Grundlagen

wendet.[162] Nicht erforderlich ist, dass dies allgemein für das Publikum erkennbar wird, es genügt bereits eine Erkennbarkeit für die beteiligten Kreise.[163] In diesem Zusammenhang wird diskutiert, ob eine Teilnahme am wirtschaftlichen Verkehr immer einen Leistungs- oder Güteraustausch erfordert und daher bloße Differenzgeschäfte (Optionsgeschäfte ohne physische Lieferung) mangels Leistungsaustausch (keine Lieferung oder sonstige Leistung) keine Teilnahme am wirtschaftlichen Verkehr bedeuten.[164] Hiergegen spricht jedoch, dass sowohl aus Sicht eines Stillhalters als auch aus Sicht eines Optionsinhabers Leistungen vorliegen. Die Leistung des Stillhalters liegt im Stillhalten sowie gegebenenfalls der Zahlung eines Differenzausgleichs im Ausübungsfalle. Dies ist ein wirtschaftlich relevantes Verhalten, das als solches marktgerecht vergütet wird.[165] Für den Optionsinhaber liegt die eigenständige wirtschaftliche Bedeutung des Optionsgeschäfts insbesondere darin, dass der Anleger durch den Erwerb von Kaufoptionen mit einem gegenüber dem direkten Erwerb der Basiswerte geringen Kapitaleinsatz an möglichen Kurssteigerungen der Basiswerte teilhaben kann.[166] Im Ergebnis ist daher bei Optionsgeschäften von einer Teilnahme am allgemeinen wirtschaftlichen Verkehr auszugehen.[167]

v) Überschreiten rein privater Vermögensverwaltung

Ein Gewerbebetrieb liegt nach gefestigter Rechtsprechung nur dann vor, wenn die Betätigung über den Rahmen einer privaten Vermögensverwaltung hinausgeht.[168]

Die dogmatische Grundlage für das ungeschriebene Tatbestandsmerkmal „keine private Vermögensverwaltung" ergibt sich aus einer typologischen Auslegung des § 15 Abs. 2 EStG. Sie folgt dem Gedanken, dass eine

---

162 Vgl. *BFH*, Urt. v. 17.01.1973 – I R 191/72, juris, Rn. 15; Urt. v. 31.07.1990 – I R 173/83, juris, Rn. 27.
163 *BFH*, Urt. v. 02.04.1971 – VI R 149/67, juris, Rn. 17; Urt. v. 04.03.1980 – VIII R 150/76, juris, Rn. 40.
164 So *BFH*, Urt. v. 19.02.1997 – XI R 1/96, juris, Rn. 26–27; vgl. zur Thematik auch *Krumm*, in: Kirchhof/Seer, Einkommensteuergesetz (EStG), § 15, Rn. 30 m.w.N.
165 *BFH*, Urt. v. 28.11.2007 – X R 24/06, juris, Rn. 39.
166 *BFH*, Urt. v. 28.11.2007 – X R 24/06, juris, Rn. 39 m.w.N.
167 Vgl. auch *Schick*, Die Besteuerung von Optionsgeschäften, S. 233–234 m.w.N.
168 *BFH*, Beschluss v. 25.06.1984 – GrS 4/82, juris, Rn. 144; Beschluss v. 03.07.1995 – GrS 1/93, juris, Rn. 29; Beschluss v. 10.12.2001 – GrS 1/98, juris, Rn. 24.

II. Rechtshistorische Entwicklung und Grundlagen der Besteuerung

Tätigkeit, die im Rahmen einer privaten Vermögensverwaltung erfolgt, gerade nicht dem Typus eines Gewerbebetriebs entspricht.[169]

Wann eine Tätigkeit im Einzelfall über den Rahmen privater Vermögensverwaltung hinausgeht, ist bereichsspezifisch zu bestimmen. Infolgedessen hat sich eine breite Kasuistik herausgebildet.

(1) Übergreifende Aspekte

Um private Vermögensverwaltung und gewerbliche Betätigung voneinander abzugrenzen, hat sich in der Rechtsprechung ein Grundsatz herausgebildet: Die Grenze zur Gewerblichkeit ist überschritten, wenn es nach dem Gesamtbild der Betätigung und unter Berücksichtigung der Verkehrsauffassung nicht im Vordergrund steht, zu erhaltende Substanzwerte im Sinne einer Fruchtziehung zu nutzen, sondern substantielle Vermögenswerte durch Umschichtung auszunutzen.[170] Den Kernbereich der Vermögensverwaltung grenzt § 14 Satz 3 AO ab, indem die Vorschrift auf Regelbeispiele abstellt: Kapitalvermögen verzinst anlegen und unbewegliches Vermögen vermieten oder verpachten. Bei der gebotenen Abgrenzung kommt es also entscheidend darauf an, ob die Tätigkeit einer privaten Vermögensverwaltung fremd ist, da es dem Bild entspricht, das die Verkehrsauffassung einem Gewerbebetrieb zuschreibt.[171]

---

169 *Stapperfend*, in: Herrmann/Heuer/Raupach, EStG, § 15, Rn. 1004.
170 Ständige Rechtsprechung, z.B. *BFH*, Beschluss v. 03.07.1995 – GrS 1/93, juris, Rn. 30; Urt. v. 20.12.2000 – X R 1/97, juris, Rn. 32 m.w.N.; Beschluss v. 10.12.2001 – GrS 1/98, juris, Rn. 29 m.w.N.; Urt. v. 19.01.2017 – IV R 50/14, juris.
171 Vgl. etwa *BFH*, Beschluss v. 03.07.1995 – GrS 1/93, juris, Rn. 29; Urt. v. 20.12.2000 – X R 1/97, juris, Rn. 35; Urt. v. 30.07.2003 – X R 7/99, juris, Rn. 23; als andere Abgrenzungsmerkmale kursieren in der Literatur: die wirtschaftliche Ursache der Erträge, vgl. *Schmidt-Liebig*, Gewerbliche und private Grundstücksgeschäfte, Rn. 291; die Intensität der Marktteilnahme, vgl. *Bloehs*, Die Abgrenzung privater Vermögensverwaltung von gewerblichen Grundstücks- und Wertpapiergeschäften, S. 115–119; *Jung*, Einkommensteuerliche Abgrenzung des gewerblichen Grundstückhandels, S. 161–206; betriebswirtschaftliche Kriterien, vgl. *Leisner-Egensperger*, FR 2007, 813 (817 f.) oder eine alsbaldige Veräußerungsabsicht, vgl. *Buge*, in: Herrmann/Heuer/Raupach, EStG, § 15, Rn. 1110.

B. Grundlagen

(2) Wertpapierhandel im Allgemeinen

Im Kontext des Optionshandels ist es nicht nur wichtig, ein allgemeines Verständnis gewerblicher Tätigkeit vor Augen zu haben. Es bedarf auch eines kohärenten Konzepts dafür, wie sich die dogmatischen Grundrisse konkret auf den Wertpapierhandel im Allgemeinen auswirken.

„Das Bild des Handels" ist dadurch gekennzeichnet, dass substantielle Werte ausgenutzt werden, indem Vermögenswerte umgeschichtet werden; der Handel unterscheidet sich insofern von der „Vermögensumschichtung im Rahmen privater Vermögensverwaltung", als dass er einen marktmäßigen Umschlag von Sachwerten zum Gegenstand hat.[172] Ob einzelne Veräußerungen noch in den Bereich der privaten Vermögensverwaltung fallen, lässt sich aber nicht für alle Wirtschaftsgüter nach einheitlichen Maßstäben beurteilen. Vielmehr sind die jeweiligen artspezifischen Besonderheiten zu beachten.[173]

Der BFH vertritt die Ansicht, dass der Bereich des Wertpapierhandels grundsätzlich der privaten Vermögensverwaltung zuzuordnen sei: Denn die Fruchtziehung bestehe nicht notwendigerweise darin, dass dem Vermögen Dividenden oder Bezugsrechte zufließen; die Erwartungshaltung des Anlegers könne sich vielmehr auch aus der Kursentwicklung ergeben.[174] Es liege bei Wertpapieren in der Natur der Sache, den Bestand zu verändern, schlechte Papiere abzustoßen, gute zu erwerben und Kursgewinne zu realisieren. Die Tatsache, dass Privatvermögen zunehmend wüchsen, führe dazu, dass sich auch die Anzahl der vermögensverwaltenden Rechtsakte erhöht. Dadurch fallen allgemein betrachtet aber auch Wertpapiergeschäfte selbst in erheblichem Umfang zur privaten Vermögensverwaltung.[175] Von der grundsätzlichen Zuordnung des Wertpapierhandels zur privaten Vermögensverwaltung geht im Grunde auch der Gesetzgeber aus, indem er den Umschlag von Wertpapieren grundsätzlich in § 20 EStG verortet. Vor diesem Hintergrund kann Gewerblichkeit überhaupt nur im Rahmen besonderer Umstände vorliegen:[176] Wertpapierhan-

---

172 Beispielhaft *BFH*, Urt. v. 31.05.2007 – IV R 17/05, juris, Rn. 18 m.w.N.
173 Ständige Rechtsprechung, z.B. *BFH*, Urt. v. 11.10.2012 – IV R 32/10, juris, Rn. 29 m.w.N.
174 Vgl. *BFH*, Urt. v. 20.12.2000 – X R 1/97, juris, Rn. 33 m.w.N.
175 Vgl. *BFH*, Urt. v. 20.12.2000 – X R 1/97, juris, Rn. 35 m.w.N.; Urt. v. 07.09.2004 – IX R 73/00, juris, Rn. 14; Urt. v. 02.09.2008 – X R 14/07, juris, 22, 35; Urt. v. 19.08.2009 – III R 31/07, juris, Rn. 18; *Ritzrow*, EStB 2011, 187 (188).
176 Vgl. *BFH*, Urt. v. 02.09.2008 – X R 14/07, juris, Rn. 22; Urt. v. 19.08.2009 – III R 31/07, juris, Rn. 18.

del als Ausdruck privater Vermögensverwaltung ist also der normative Normalfall.

(3) Kriterien der älteren Rechtsprechung

Als Anzeichen für eine Zuordnung zum „Bild des Wertpapierhandels" (und damit zu einer gewerblichen Tätigkeit) betrachtete die ältere Rechtsprechung etwa: den Umfang der Geschäfte, das Unterhalten eines Büros oder einer Organisation, um Geschäfte durchzuführen, das Ausnutzen eines Marktes unter Einsatz beruflicher Erfahrungen, das Anbieten von Wertpapiergeschäften gegenüber einer breiteren Öffentlichkeit, Fremdfinanzierung, Tätigwerden für fremde Rechnung und andere Verhaltensweisen, die für eine private Vermögensverwaltung ungewöhnlich sind.[177]

(4) Kriterien der neueren Rechtsprechung

Die neuere Rechtsprechung orientiert sich unmittelbar an Berufsbildern, die sie der Lebenswirklichkeit entlehnt, um das „Bild des Gewerbebetriebs" zu konturieren. Auf diese Weise will sie der dynamischen Entwicklung der Verhältnisse und Verkehrsanschauung Rechnung tragen.[178]
So hat etwa der technologische Fortschritt Auswirkungen darauf, inwiefern Kapitalanlageprodukte kurzfristig handelbar sind, auf die Technik der Geschäftsabschlüsse („Bildschirmhandel", „Spekulieren per Mausklick im Rahmen des Day-Tradings" etc.) und auf die Möglichkeiten, geschäftsrelevante Informationen zu erlangen, die zunehmend auch Privatanlegern ohne Weiteres zugänglich sind.[179]
Die „Bilder" des unternehmerisch tätigen Händlers und Dienstleisters einerseits und des privaten Anlegers andererseits schärfen nicht zuletzt auch Gesetze, die zwischen der professionellen Befassung mit Wertpapieren und der privaten Vermögensanlage unterscheiden. So haben sich die Merkmale der Professionalität, die für einen Händler am Kapitalmarkt bedeutsam sind, im Gesetz über das Kreditwesen (KWG) niedergeschla-

---

177 *BFH*, Urt. v. 04.03.1980 – VIII R 150/76, juris, Rn. 33; Urt. v. 29.10.1998 – XI R 80/97, juris, Rn. 25; vgl. Urt. v. 31.07.1990 – I R 173/83, juris, Rn. 27.
178 Vgl. *BFH*, Urt. v. 30.07.2003 – X R 7/99, juris; Urt. v. 28.11.2007 – X R 24/06, juris; Urt. v. 19.01.2017 – IV R 50/14, juris, jeweils m.w.N.
179 *BFH*, Urt. v. 20.12.2000 – X R 1/97, juris.

gen. Das Berufsbild des „Wertpapierhändlers" hat zunächst § 1 Abs. 3d Satz 2 KWG a.F. geregelt. Heute findet sich die Definition eines Finanzdienstleistungsinstituts, das gewerbsmäßig „für andere" Finanzdienstleistungen erbringt, in § 1 Abs. 1a Satz 1 KWG. Bankgeschäfte sind u. a. die Anschaffung und Veräußerung von Finanzinstrumenten im eigenen Namen und „für fremde Rechnung" (§ 1 Abs. 1 Satz 2 Nr. 4 KWG). Das Berufsbild des Finanzunternehmens regelt § 1 Abs. 3 KWG.

Aus den Vorschriften des KWG lassen sich normative Kriterien ableiten, die von hoher Indizwirkung dafür sind, ob eine gewerbliche Wertpapierhandelstätigkeit im Sinne des § 15 Abs. 2 EStG vorliegt: Ihnen kommt eine maßgebende Bedeutung dabei zu, das Gesamtbild der Verhältnisse zu würdigen.[180] Vor ihrem Hintergrund sprechen für einen gewerblichen Wertpapierhandel: ein Tätigwerden für andere, d. h. für fremde Rechnung; ein unmittelbarer Handel mit anderen Marktteilnehmern und nicht lediglich Marktteilnahme über eine Depotbank oder Broker; dass der Wertpapierhandel die Haupttätigkeit des Steuerpflichtigen ist.[181] Dem Kriterium einer Fremdfinanzierung kommt hingegen keine Bedeutung mehr zu.[182]

Im Umkehrschluss folgt daraus, dass der Rahmen privater Vermögensverwaltung nicht überschritten ist, wenn der Steuerpflichtige ausschließlich auf eigene Rechnung handelt.[183] Auch einschlägige berufliche Erfahrung und Branchenkenntnisse können keine Indizwirkung dafür entfalten, dass der Steuerpflichtige gewerblich handelt, wenn er die Kenntnisse auf dem Gebiet des Wertpapierhandels aufgrund seiner Anlagetätigkeit erworben hat.[184] Ebenso wenig führen Erfahrungen und Kenntnisse, die er mit fortschreitender Dauer der Handelstätigkeit erworben hat, zu einer nunmehr einsetzenden Gewerblichkeit. Dem Bild eines Händlers entspricht es auch nicht, wenn ein Steuerpflichtiger anonym am Handel über Börsenplätze teilnimmt. Eine solche Art der Geschäftsabwicklung ist vielmehr

---

[180] *BFH*, Urt. v. 30.07.2003 – X R 7/99, juris; Urt. v. 28.11.2007 – X R 24/06, juris; Urt. v. 02.09.2008 – X R 14/07, juris.
[181] *BFH*, Urt. v. 30.07.2003 – X R 7/99, juris; Urt. v. 28.11.2007 – X R 24/06, juris; Urt. v. 02.09.2008 – X R 14/07, juris; Urt. v. 19.08.2009 – III R 31/07, juris.
[182] *BFH*, Urt. v. 20.12.2000 – X R 1/97, juris; Urt. v. 30.07.2003 – X R 7/99, juris.
[183] A.A. *Buge*, in: Herrmann/Heuer/Raupach, EStG, § 15, Rn. 1171, der das Kriterium „Tätigwerden im eigenen Namen" für ungeeignet hält. Nach ihm soll es auf die Absicht einer alsbaldigen Veräußerung beim Erwerb des Wertpapiers ankommen und deren Vorliegen zur Gewerblichkeit führen.
[184] *BFH*, Urt. v. 30.07.2003 – X R 7/99, juris.

kennzeichnend für Transaktionen, die den Rahmen der privaten Vermögensverwaltung nicht überschreiten.[185]

(5) Optionsgeschäfte

Um im Bereich der Optionsgeschäfte zwischen gewerblichem Handeln und privater Vermögensverwaltung zu unterscheiden, ist auf die von der Rechtsprechung aufgestellten Grundsätze zum Wertpapierhandel zurückzugreifen.[186]
Indem der Gesetzgeber mit dem UntStReformG 2008 die § 20 Abs. 1 Nr. 11 und Abs. 2 Satz 1 Nr. 3 EStG eingeführt hat, hat er eine grundsätzliche Entscheidung getroffen: Bei Einkünften, die ein Steuerpflichtiger im Rahmen von Optionsgeschäften erwirtschaftet hat, handelt es sich um Einkünfte aus Kapitalvermögen nach § 20 EStG. Die Schwelle von privater Vermögensverwaltung zum gewerblichen Optionshandel kann deshalb nur dann überschritten sein, wenn dafür besondere Umstände sprechen.[187] Wer Optionsgeschäfte über einen Broker an der Börse abwickelt, bewegt sich also grundsätzlich im Bereich der privaten Vermögensverwaltung. Eine andere Beurteilung könnte sich allerdings beim Abschluss von OTC-Geschäften ergeben, da der Steuerpflichtige dann unmittelbar mit anderen Marktteilnehmern Handel betreibt, in dem die Optionsspezifikationen ausgehandelt werden. Außerdem tritt der Steuerpflichtige dann nicht mehr anonym am Markt auf, sondern selbst als bekannter Marktteilnehmer.[188]

b) Zwischenergebnis

Im Ergebnis lässt sich festhalten, dass der Steuerpflichtige die Sphäre der privaten Vermögensverwaltung nur dann überschreitet, wenn er beim Optionshandel bankentypisch agiert.[189] Auch börsengehandelte Optionsge-

---

185 *FG Köln*, Urt. v. 23.10.2014 – 11 K 1217/09, juris.
186 *BFH*, Urt. v. 20.12.2000 – X R 1/97, juris; Urt. v. 07.09.2004 – IX R 73/00, juris; Urt. v. 28.11.2007 – X R 24/06, juris.
187 Vgl. *BFH*, Urt. v. 07.09.2004 – IX R 73/00, juris, 14, 15; Urt. v. 02.09.2008 – X R 14/07, juris; Urt. v. 19.08.2009 – III R 31/07, juris; *Ritzrow*, EStB 2011, 187 (191).
188 Vgl. *BFH*, Urt. v. 02.04.1971 – VI R 149/67, juris; Urt. v. 06.03.1991 – X R 39/88, juris, Rn. 11–13.
189 *Hartrott*, FR 2008, 1095 (1100 f.).

schäfte einer Privatperson sind deshalb grundsätzlich dem Bereich der privaten Vermögensverwaltung zuzuordnen. Nur wenn gewichtige Indizien hinzutreten, die im konkreten Einzelfall dazu führen, dass der Handel mit Optionen dem Berufsbild eines Finanzdienstleistungsunternehmens (§ 1 Abs. 1a Satz 1 KWG) oder eines Finanzunternehmens (§ 1 Abs. 3 KWG) entspricht, liegen Einkünfte aus einem Gewerbebetrieb vor. In die Bewertung spielen zugleich auch die technischen Entwicklungen hinein, die es einer immer größeren Zahl von Privatpersonen ermöglichen, einen (nahezu) weltweiten Zugang zu professionellen Brokern und Depotbanken sowie Terminbörsen zu erlangen.

C. Einkommensteuerliche Behandlung de lege lata

Nachdem die Grundstrukturen des Einkommensteuerrechts im Umgang mit nicht-gewerblichen Optionsgeschäften im Rahmen der privaten Vermögensverwaltung geklärt sind, geht der Fokus nun auf die steuerliche Behandlung der einzelnen Geschäftsvorfälle beim Handel mit Optionen an Terminbörsen.

Da an jedem Optionsgeschäft zwei Seiten beteiligt sind, für die zum Teil unterschiedliche steuerrechtliche Regime gelten, bietet es sich an, nach den beteiligten Akteuren Stillhalter (I.) und Optionsinhaber (II.) zu unterscheiden. Um die Frage zu beantworten, wie die einzelnen Geschäftsvorfälle steuerlich zu behandeln sind, folgt die Untersuchung dabei chronologisch dem „Leben" einer Option. Der analytische Blick widmet sich dabei den jeweiligen Feinheiten und ordnet ihre steuerliche Behandlung passgenau ein.

I. Stillhalter

Zunächst steht die steuerliche Behandlung des Stillhalters im Fokus: vom Beginn des Optionsgeschäfts durch Schreiben einer Option (1.) bis hin zu den drei Arten der Beendigung des Optionsgeschäfts: durch Glattstellung (2.), Ausübung (3.) oder Verfall (4.).

1. Schreiben einer Option

Kommt es zu einem Optionsgeschäft, erhält der Stillhalter vom Optionskäufer eine Prämie. Zu klären ist, wie diese beim Stillhalter steuerlich zu behandeln ist.

a) Besteuerungstatbestand – § 20 Abs. 1 Nr. 11 Hs. 1 EStG

Nach § 20 Abs. 1 Nr. 11 Hs. 1 EStG gehören Prämien, die der Stillhalter dafür vereinnahmt, dass er Optionen einräumt, zu den Einkünften aus Kapitalvermögen. Bei der Stillhalterprämie handelt es sich um das Entgelt,

C. Einkommensteuerliche Behandlung de lege lata

das der Stillhalter als Gegenleistung für die Bindung und die Risiken erhält, die er dadurch eingeht, dass er ein Optionsrecht begibt – unabhängig davon, ob der Optionsinhaber die Option ausübt oder verfallen lässt.[190] Zu versteuern ist sie gemäß § 20 Abs. 1 Nr. 11 Hs. 1 i.V.m. § 2 Abs. 1 Satz 1 Nr. 5, Abs. 2 Satz 1 Nr. 2 und Satz 2 EStG als Einkunft aus Kapitalvermögen.

Der Wortlaut des § 20 Abs. 1 Nr. 11 Hs. 1 EStG erfasst Stillhalterprämien für Optionen aller Art – unabhängig von der Art des Optionsrechts[191]. Unbeachtlich ist auch, ob es sich um Optionen europäischen oder amerikanischen Typs[192] handelt und ob die Parteien das Optionsgeschäft über eine Terminbörse oder außerbörslich (OTC) abgeschlossen haben.[193] Nicht umfasst sind hingegen andere Termingeschäfte als Optionen (zum Beispiel Futures).[194]

b) In Fremdwährung eingenommene Stillhalterprämie

Weiter ist zu klären, wie mit Optionsgeschäften in Fremdwährungen umzugehen ist. Nimmt der Stillhalter seine Prämie in Fremdwährung ein, stellt sich in erster Linie die Frage, welcher Zeitpunkt und welcher Umrechnungskurs der Ermittlung der Einkünfte zugrunde zu legen sind. Als Problem erweist sich dabei, dass für die Besteuerung des Stillhalters eine Regelung fehlt, die mit dem § 20 Abs. 4 Satz 1 Hs. 2 EStG vergleichbar ist:

---

190 BT-Drs. 16/4841, S. 54; *BFH*, Urt. v. 17.04.2007 – IX R 40/06, juris, 14, 19; Urt. v. 13.02.2008 – IX R 68/07, juris, Rn. 14; Urt. v. 11.02.2014 – IX R 46/12, juris, Rn. 20; Urt. v. 20.10.2016 – VIII R 55/13, juris, Rn. 18; *BMF*, v. 18.01.2016 – IV C 1-S 2252/08/10004:017//2015/0468306, BStBl I 2016, S. 85 (Rn. 25); *Buge*, in: Herrmann/Heuer/Raupach, EStG, § 20, Rn. 401; *Haisch*, Derivatebesteuerung im Privatvermögen ab 2009, S. 124; *Jochum*, in: Kirchhof/Mellinghoff/Kube, EStG, § 20, C/11 4; *Redert*, in: Fuhrmann/Kraeusel/Schiffers, 360° EStG eKommentar, § 20, Rn. 454; siehe auch Ausführungen unter Punkt B.I.1: Optionen.
191 Vgl. Ausführungen unter Punkt B.I.1.e: Abwicklung.
192 Vgl. Ausführungen unter Punkt B.I.1.d: Optionsstile.
193 Vgl. auch *Haisch*, Derivatebesteuerung im Privatvermögen ab 2009, S. 124; *Moritz/Strohm*, in: Frotscher/Geurts, EStG, § 20, Rn. 208; *Moritz/Strohm*, in: Moritz/Strohm, Handbuch Besteuerung privater Kapitalanlagen, S. 129–297 (Rn. 174).
194 Vgl. auch *Haisch*, Derivatebesteuerung im Privatvermögen ab 2009, S. 124–125; *Moritz/Strohm*, in: Frotscher/Geurts, EStG, § 20, Rn. 209; *Moritz/Strohm*, in: Moritz/Strohm, Handbuch Besteuerung privater Kapitalanlagen, S. 129–297 (Rn. 174). Prämien aus Futures sind gegebenenfalls nach § 20 Abs. 2 Satz 1 Nr. 3 EStG zu besteuern.

Die Vorschrift erstreckt sich ausdrücklich nur auf Veräußerungsgeschäfte nach Abs. 2 – auf die steuerliche Behandlung von Stillhaltergeschäften nach § 20 Abs. 1 EStG ist sie hingegen nicht anwendbar.

Aufgrund des klaren Wortlauts in § 20 Abs. 4 Satz 1 Hs. 2 EStG muss die Rechtsanwendung vielmehr auf die allgemeinen Regelungen in § 8 Abs. 1 i.V.m. § 2 Abs. 1 Nr. 5 EStG und § 9 Abs. 1 Satz 1 EStG zurückgreifen. Demnach stellen Einkünfte in einer gängigen, frei konvertiblen und im Inland handelbaren ausländischen Währung Einnahmen in Geld nach § 8 Abs. 1 EStG dar. Einnahmen in fremder Währung stellen stets aus sich heraus einen Wert dar, der bei Zufluss durch Umrechnung in Euro zu bestimmen ist.[195] Dabei ist es irrelevant, ob es sich bei dem Zufluss um Banknoten und Münzen, die ein anderer Staat herausgegeben hat, handelt (sogenannte Sorten) oder um ein unbares Fremdwährungsguthaben (sogenannte Devisen).[196]

Umrechnungsmaßstab für Prämien, die ein Stillhalter in Fremdwährungen eingenommen hat, ist – sofern vorhanden – der Euro-Referenzkurs der europäischen Zentralbank.[197] Dabei stellt eine taggenaue Umrechnung die genaueste Art der Umrechnung dar.[198] Bei den eingenommenen Stillhalterprämien ist deshalb der Devisenbriefkurs der jeweiligen Fremdwährung, der am Tag des Zuflusses der Prämien gilt, zugrunde zu legen.[199]

c) Besteuerungszeitpunkt

Prägendes Element der Besteuerung von Einkünften aus Kapitalvermögen ist das Zufluss-Abfluss-Prinzip (§ 11 EStG).[200] Im Kontext des Optionshandels fällt dabei ins Gewicht, dass der wirtschaftliche Gesamterfolg eines Optionsgeschäfts erst zum Zeitpunkt der Abwicklung oder Beendigung

---

195 *BFH*, Urt. v. 03.12.2009 – VI R 4/08, juris, Rn. 11.
196 Vgl. *BFH*, Urt. v. 27.10.2004 – VI R 29/02, juris, Rn. 10; Urt. v. 03.12.2009 – VI R 4/08, juris, Rn. 11; *FG Baden-Württemberg*, Urt. v. 11.12.2007 – 11 K 549/04, juris, Rn. 22.
197 Vgl. *BFH*, Urt. v. 03.12.2009 – VI R 4/08, juris, Rn. 13.
198 *BFH*, Urt. v. 03.12.2009 – VI R 4/08, juris, Rn. 16.
199 Vgl. *BMF*, v. 18.01.2016 – IV C 1-S 2252/08/10004:017//2015/0468306, BStBl I 2016, S. 85 (Rn. 247); früher wurde auch beim Zufluss der Devisengeldkurs verwendet, vgl. v. 05.11.2002 – VV DEU BMF 2002-11-05 IV C 1-S 2400–27/02, BStBl I 2002, S. 1346 (Rn. 10); *Haisch*, Derivatebesteuerung im Privatvermögen ab 2009, S. 130; *Jachmann-Michel/Lindenberg*, in: Lademann, EStG, § 20, Rn. 493.
200 *Bleschick*, in: Kirchhof/Seer, Einkommensteuergesetz (EStG), § 20, Rn. 18.

C. Einkommensteuerliche Behandlung de lege lata

der Optionsposition feststeht. Denn erst zu diesem Zeitpunkt kommt es entweder zur Erfüllung des Optionsvertrags, zur Glattstellung oder zum Verfall der Option. Zum Zeitpunkt des Zuflusses der Stillhalterprämie ist daher noch nicht feststellbar, ob der Stillhalter positive Einkünfte aus seiner Optionsposition beziehen wird (weil der Optionsberechtigte von seinem Gestaltungsrecht keinen Gebrauch macht) oder ob sich insgesamt negative Einkünfte aus dem Optionsgeschäft ergeben werden (weil im Rahmen der Ausübung der zu leistende Differenzausgleich oder im Falle der Glattstellung die zu leistende Glattstellungsprämie die erhaltene Stillhalterprämie übersteigt).[201]

Aus dem Wortlaut des § 20 Abs. 1 Nr. 11 Hs. 1 EStG („vereinnahmt werden") i.V.m. § 11 Abs. 1 Satz 1 EStG ergibt sich indes, dass erhaltene Stillhalterprämien bereits als Einkünfte zu qualifizieren sind – und nach § 11 Abs. 1 Satz 1 EStG mit Zufluss beim Stillhalter als bezogen gelten.[202] Deshalb gelten die eingenommenen Stillhalterprämien bei börsengehandelten Optionen zum Zeitpunkt der Gutschrift auf dem Konto des Stillhalters als diesem zugeflossen.[203] Auch durch die Entscheidungen des BFH vom 12.01.2016, wonach beim Optionsinhaber die Anschaffung der Option und der Ausgang des Optionsgeschäfts (Eröffnungs- und Basisgeschäft) bei der gebotenen wirtschaftlichen Betrachtungsweise nach der Einführung der Abgeltungsteuer grundsätzlich als Einheit zu betrachten seien,[204] verlagert sich die steuerliche Erfassung der eingenommenen Stillhalterprämien nicht auf die Beendigung des Optionsgeschäfts. Denn in bisher ständiger Rechtsprechung trennt der BFH zwischen Eröffnungs-, Basis- und Gegen-

---

201 Vgl. *Blum*, Derivative Finanzinstrumente im Ertragsteuerrecht, S. 96.
202 Vgl. *Buge*, in: Herrmann/Heuer/Raupach, EStG, § 20, Rn. 401; anders wohl aufgrund von unterschiedlichem Wortlaut und Systematik im österreichischen EStG, vgl. *Blum*, Derivative Finanzinstrumente im Ertragsteuerrecht, S. 96–99. *Wagner* vertritt die Ansicht, dass die Besteuerung der zugeflossenen Stillhalterprämie solange aufgeschoben sei, wie nicht feststehe, welcher Einkunftsart diese Einnahme zuzurechnen sei. Dies sei erst mit Beendigung des Optionsrechts der Fall, vgl. *Wagner*, Spekulative Optionsgeschäfte aus vertragsrechtlicher, handelsbilanzrechtlicher und steuerrechtlicher Sicht, S. 182.
203 *BFH*, Urt. v. 28.09.2011 – VIII R 10/08, juris, Rn. 22 m.w.N.; Urt. v. 21.08.2012 – IX R 55/10, juris, Rn. 12; vgl. *Bleschick*, in: Kirchhof/Seer, Einkommensteuergesetz (EStG), § 20, Rn. 18; bereits zum Zeitpunkt des Vertragsschlusses, *Dahm/Hamacher*, DStR 2008, 1910 (1913). In der Praxis börsengehandelter Optionsgeschäfte findet die Buchung der Gutschrift auf das Konto des Stillhalters in der Regel innerhalb von Sekunden nach der Ausführung des Optionsverkaufs statt.
204 *BFH*, Urt. v. 12.01.2016 – IX R 48/14, juris, Rn. 16–17; Urt. v. 12.01.2016 – IX R 49/14, juris, Rn. 13; Urt. v. 12.01.2016 – IX R 50/14, juris, Rn. 11.

geschäft.²⁰⁵ Die Trennung zwischen Eröffnungs- und Gegengeschäft hat der BFH auch nicht durch die neue Judikatur aufgegeben. Denn der BFH trifft hier lediglich Aussagen zum Verhältnis von Eröffnungs- und Basisgeschäft beim Optionsinhaber: Für die Besteuerung des Stillhalters ordne das Gesetz eine getrennte Besteuerung der Stillhalterprämie und der Glattstellungsgeschäfte in § 20 Abs. 1 Nr. 11 EStG an.²⁰⁶ Im Ergebnis bleibt es dabei, dass die eingenommenen Stillhalterprämien grundsätzlich mit Gutschrift auf dem Konto des Steuerpflichtigen als diesem zugeflossen und als bezogene Einnahmen gelten (§ 11 Abs. 1 Satz 1 EStG).

2. Beendigung eines Stillhaltergeschäfts durch Glattstellung

Beim Geschäftsvorfall der Glattstellung²⁰⁷ schließt der Stillhalter ein Rechtsgeschäft ab, durch das sich die Einnahmen aus den Stillhalterprämien um die Prämien mindern, die im Glattstellungsgeschäft anfallen (§ 20 Abs. 1 Nr. 11 Hs. 2 EStG). Nach einer Definition und einer rechtlichen Auseinandersetzung mit dem Glattstellungsgeschäft (a) fällt der Blick darauf, wie das Stillhaltergeschäft und das Glattstellungsgeschäft im Einzelnen zu verrechnen sind (b–f).

a) Begriffsdefinition

Durch das UntStReformG 2008 hat der Gesetzgeber den Begriff des Glattstellungsgeschäfts zum ersten Mal in das EStG eingeführt (§ 20 Abs. 1 Nr. 11 Hs. 2 EStG). Auf eine Legaldefinition hat er jedoch verzichtet. Um den genauen Gehalt des Begriffes Glattstellungsgeschäft zu verstehen, bedarf es einer Auslegung.

Die Auslegung des Wortlauts ist nicht eindeutig. Zur aktuellen Fassung des § 20 Abs. 1 Nr. 11 Hs. 2 EStG gibt es bisher – soweit ersichtlich – noch keine Rechtsprechung. Alle Fälle, die die Rechtsprechung bislang behandelt hat, betrafen Fälle zum alten Recht,²⁰⁸ bei denen das ursprüngliche Optionsgeschäft durch ein Gegengeschäft rechtlich beendet wurde. In die-

---

205 So zuletzt *BFH*, Urt. v. 11.02.2014 – IX R 10/12, juris, Rn. 35 m.w.N.
206 *BFH*, Urt. v. 20.10.2016 – VIII R 55/13, juris, Rn. 32.
207 Zum technischen Ablauf, vgl. Ausführungen unter Punkt B.I.1.f: Börsengehandelte Optionen und außerbörsliche Optionen (OTC).
208 Rechtslage bis zum 31.12.2008.

C. Einkommensteuerliche Behandlung de lege lata

sem Zusammenhang hat der BFH ausgeführt, dass der Optionsinhaber den Stillhalter ohne das Gegengeschäft aus der Option in Anspruch nehmen könne: Bei den im Glattstellungsgeschäft gezahlten Prämien handle es sich deshalb um Erwerbsaufwendungen – schließlich habe der Stillhalter das Gegengeschäft getätigt, um seine Stillhalterprämien zu sichern.[209]

In der Literatur haben sich im Wesentlichen zwei Ansichten herausgebildet, um den Begriff des Glattstellungsgeschäfts zu definieren. In Abhängigkeit von den jeweiligen zivilrechtlichen Auswirkungen wird zwischen der rechtlichen (beendenden) und der wirtschaftlichen (einfachen) Glattstellung unterschieden.

i) Rechtliche (beendende) Glattstellung

Nach einer Ansicht fällt unter den Begriff „Glattstellungsgeschäft" in § 20 Abs. 1 Nr. 11 Hs. 2 EStG lediglich eine sogenannte rechtliche oder beendende Glattstellung.[210] Eine solche liegt vor, wenn der Stillhalter eine Option der gleichen Art, wie er sie zunächst eingeräumt hat, mit einem sogenannten Closing-Vermerk[211] erwirbt. Eine beendende Glattstellung hat zur Folge, dass zivilrechtliche Ansprüche aus dem ursprünglichen Optionsvertrag durch eine Aufhebungsabrede, die der Stillhalter im Glattstellungsvermerk zum Ausdruck gebracht hat, untergehen.[212]

Die Befürworter einer beendenden Glattstellung führen zunächst die Gesetzessystematik an: Nach ihrer Lesart liegt dem EStG ein symmetri-

---

[209] *BFH*, Urt. v. 29.06.2004 – IX R 26/03, juris, Rn. 42; Urt. v. 17.04.2007 – IX R 23/06, juris, Rn. 12; Urt. v. 10.02.2015 – IX R 8/14, juris, Rn. 12; *Heuermann*, DB 2004, 1848 (1851); *Ratschow*, in: Heuermann/Brandis, Ertragsteuerrecht, § 20 EStG, Rn. 349.
[210] *Buge*, in: Herrmann/Heuer/Raupach, EStG, § 20, Rn. 401; *Dahm/Hamacher*, Termingeschäfte im Steuerrecht, Rn. 35–39; *Haisch*, Derivatebesteuerung im Privatvermögen ab 2009, S. 125–127; *Jachmann-Michel/Lindenberg*, in: Lademan, EStG, § 20, Rn. 492; *Moritz/Strohm*, in: Frotscher/Geurts, EStG, § 20, Rn. 210; *Moritz/Strohm*, in: Moritz/Strohm, Handbuch Besteuerung privater Kapitalanlagen, S. 129–297 (Rn. 175); *Redert*, in: Fuhrmann/Kraeusel/Schiffers, 360° EStG eKommentar, § 20, Rn. 456.
[211] Auch Glattstellungsvermerk: Der Kunde kennzeichnet seine aufgegebene Order als Glattstellungsgeschäft.
[212] *Haisch*, Derivatebesteuerung im Privatvermögen ab 2009, S. 125; *Redert*, in: Fuhrmann/Kraeusel/Schiffers, 360° EStG eKommentar, § 20, Rn. 456; *Reiner*, Derivative Finanzinstrumente im Recht, S. 345.

sches Besteuerungskonzept von Optionsgeschäften zugrunde.[213] Einkünfte aus Stillhalterpositionen erfasse es nach § 20 Abs. 1 Nr. 11 EStG und Einkünfte aus Inhaberpositionen nach § 20 Abs. 2 Satz 1 Nr. 3 EStG. Eine Optionsinhaberposition besteuere das EStG dabei erst nach Beendigung des Optionsgeschäfts. Führe man die symmetrische Behandlung von Optionsinhaber und Stillhalter fort, so sei es erforderlich, auch beim Stillhalter eine Glattstellung erst anzunehmen, nachdem das Optionsgeschäft beendet ist.[214] Da ein Optionsgeschäft des Stillhalters nur im Falle der rechtlichen Glattstellung auch beendet sei, komme auch für die Besteuerung nach § 20 Abs. 1 Nr. 11 EStG nur die rechtliche Glattstellung in Betracht.[215] Nur wenn der Stillhalter einen Auftrag als Glattstellungsgeschäft bezeichne, bringe er letztlich zum Ausdruck, dass er Rechte und Pflichten aus beiden Geschäften zum Erlöschen bringen wolle.[216]

Auch der Gesetzeszweck, sämtliche privaten Finanzprodukte mit Abgeltungswirkung einheitlich und einfach handhabbar zu besteuern, spreche dafür, lediglich die rechtliche Glattstellung als Glattstellungsgeschäft im Sinne des § 20 Abs. 1 Nr. 11 EStG zu sehen.[217] Denn nur bei ihr lasse sich erkennen, welches Eröffnungsgeschäft die Parteien mit einem Gegengeschäft schließen[218], sodass im Rahmen der Gewinnermittlung klar wird, welches Eröffnungsgeschäft mit welchem Gegengeschäft saldiert wird.

Darüber hinaus zeige die Gesetzesbegründung, dass ein Glattstellungsgeschäft nur dann vorliegen solle, wenn der Stillhalter Optionen der gleichen Art mit Glattstellungsvermerk kauft, die er zuvor verkauft hat.[219]

ii) Wirtschaftliche (einfache) Glattstellung

Nach anderer Ansicht fällt auch die sogenannte wirtschaftliche oder einfache Glattstellung unter den Begriff des Glattstellungsgeschäfts.[220] Bei ihr

---

213 Vgl. *Haisch*, Derivatebesteuerung im Privatvermögen ab 2009, S. 126 m.w.N.
214 *Haisch*, Derivatebesteuerung im Privatvermögen ab 2009, S. 126.
215 *Haisch*, Derivatebesteuerung im Privatvermögen ab 2009, S. 126.
216 *Buge*, in: Herrmann/Heuer/Raupach, EStG, § 20, Rn. 401.
217 *Haisch*, Derivatebesteuerung im Privatvermögen ab 2009, S. 126–127.
218 *Dahm/Hamacher*, Termingeschäfte im Steuerrecht, Rn. 35–37; *Haisch*, Derivatebesteuerung im Privatvermögen ab 2009, S. 126–127.
219 BT-Drs. 16/4841, S. 54; *Haisch*, Derivatebesteuerung im Privatvermögen ab 2009, S. 127.
220 *Jochum*, in: Kirchhof/Mellinghoff/Kube, EStG, § 20, C/11 8–10; *Bleschick*, in: Kirchhof/Seer, Einkommensteuergesetz (EStG), § 20, Rn. 116; *Ratschow*, in: Heu-

erwirbt der Stillhalter ebenfalls eine Option der gleichen Art – jedoch ohne ausdrücklichen Glattstellungsvermerk. Deshalb fehlt es an einer Aufhebungsabrede: Das Stillhaltegeschäft ist zivilrechtlich nicht beendet. In der Folge bestehen der ursprüngliche und der im Rahmen des wirtschaftlichen Glattstellungsgeschäfts geschlossene Optionsvertrag mit spiegelbildlicher wirtschaftlicher Wirkung grundsätzlich bis zum Verfallstag nebeneinander fort; im Falle der Ausübung sind sie beide zu erfüllen.[221]

Aus Sicht der Befürworter ist nicht nur die rechtliche, sondern auch die wirtschaftliche Glattstellung vom Gesetzeswortlaut und dem Gesetzeszweck erfasst. Nur durch die Einbeziehung der wirtschaftlichen Glattstellung in § 20 Abs. 1 Nr. 11 EStG sei es möglich, den Gesetzeszweck einer einheitlichen Besteuerung sämtlicher Erträge aus privater Kapitalanlage[222] und eine Besteuerung nach dem Leistungsfähigkeitsprinzip zu erreichen.[223] Der Wortlaut des § 20 Abs. 1 Nr. 11 EStG sei insoweit offen formuliert.[224]

Dass die Gesetzesbegründung die wirtschaftliche Glattstellung nicht ausdrücklich erwähne, zeige, dass sie diese auch nicht positiv ausschließen wolle. Bei der Definition des Begriffs „Glattstellung" sei zwar lediglich die beendende Glattstellung an der EUREX genannt, indem sie das Tatbestandsmerkmal des Glattstellungsvermerks anspreche. Jedoch liege die Vermutung nahe, dass der Gesetzgeber den Fall der wirtschaftlichen Glattstellung schlicht vergessen habe, da er vornehmlich Optionsgeschäfte an der EUREX im Blick hatte. Denn die Möglichkeit der rechtlichen Glattstellung mit Glattstellungsvermerk existiere lediglich dort.[225]

---

ermann/Brandis, Ertragsteuerrecht, § 20 EStG, Rn. 349; *Zanzinger*, DStR 2010, 149 (151).

221 Vgl. *Jochum*, in: Kirchhof/Mellinghoff/Kube, EStG, § 20, C/11 7; *Moritz/Strohm*, in: Moritz/Strohm, Handbuch Besteuerung privater Kapitalanlagen, S. 129–297 (Rn. 175); *Redert*, in: Fuhrmann/Kraeusel/Schiffers, 360° EStG eKommentar, § 20, Rn. 456; *Reiner*, Derivative Finanzinstrumente im Recht, S. 345.

222 BT-Drs. 16/4841, S. 54.

223 *Jochum*, in: Kirchhof/Mellinghoff/Kube, EStG, § 20, C/11 8; *Haisch*, DStZ 2007, 762 (765 f.), *Haisch* hat seine damalige Ansicht zwischenzeitlich aufgegeben.

224 *Jochum*, in: Kirchhof/Mellinghoff/Kube, EStG, § 20, C/11 8; *Bleschick*, in: Kirchhof/Seer, Einkommensteuergesetz (EStG), § 20, Rn. 116.

225 Vgl. hierzu *Jochum*, in: Kirchhof/Mellinghoff/Kube, EStG, § 20, C/11 9.

iii) Finanzverwaltung

Die Finanzverwaltung geht auf die Differenzierung zwischen wirtschaftlicher und rechtlicher Glattstellung nicht ein. Als Möglichkeit der Beendigung eines Optionsgeschäfts erwähnt aber auch sie allein die Glattstellung an der EUREX durch Glattstellungsvermerk.[226]

iv) Rechtsprechung

Zur aktuellen Rechtslage sind bisher keine Urteile ergangen.

v) Stellungnahme und eigene Ansicht

Als Glattstellungsgeschäft im Sinne des § 20 Abs. 1 Nr. 11 Hs. 2 EStG ist ein solches Gegengeschäft zu verstehen, das die ursprüngliche Stillhalteposition rechtlich beendet. Dabei kommt es aber nicht darauf an, ob ein ausdrücklicher Closing-Vermerk in der Order des Kunden vorhanden ist. Vorrangig sind Vereinbarungen zwischen Broker und Kunde.

Im Ergebnis sprechen die besseren Argumente dafür, den Begriff des Glattstellungsgeschäfts an die rechtliche Beendigung des Stillhaltegeschäfts zu knüpfen – und ihn nicht weitergehend wirtschaftlich aufzuladen. Dafür spricht vor allem, dass sich nur so eine Symmetrie zwischen der Besteuerung des Stillhalters und der des Optionsinhabers einstellt: Bei letzterem knüpft die steuerliche Behandlung der Optionsgeschäfte nach dem klaren Wortlaut des § 20 Abs. 2 Satz 1 Nr. 3 EStG daran an, ob das Geschäft (rechtlich) beendet ist.[227]

Den Verfechtern der wirtschaftlichen Glattstellung ist zugleich insoweit zuzustimmen, als der Gesetzgeber wohl lediglich die Glattstellung an der EUREX im Blick hatte. Jedenfalls wollte er im Rahmen seiner Gesetzesbegründung die wirtschaftliche Glattstellung deshalb nicht positiv ausschließen. Die ausdrückliche Bezugnahme des Gesetzgebers auf den Closing-Vermerk wäre jedoch überflüssig gewesen, wenn er jegliche Gegengeschäfte als Glattstellungsgeschäfte hätte ansehen wollen. Vielmehr wollte der Gesetzgeber offenbar nur solche Gegengeschäfte in den Anwen-

---

226 *BMF*, v. 18.01.2016 – IV C 1-S 2252/08/10004:017//2015/0468306, BStBl I 2016, S. 85 (Rn. 13).
227 Vgl. Ausführungen unter Punkt C.II.2.a)ii(2): Glattstellung als „Veräußerung".

C. Einkommensteuerliche Behandlung de lege lata

dungsbereich des § 20 Abs. 1 Nr. 11 EStG einbeziehen, die dazu führen, dass das Stillhaltergeschäft tatsächlich rechtlich ein Ende gefunden hat. Insofern überzeugt es nicht, wenn die Befürworter der wirtschaftlichen Glattstellung darauf rekurrieren, der Gesetzgeber habe schlicht vergessen, diese Konstellation in § 20 Abs. 1 Nr. 11 EStG einzubeziehen.

Für die rechtliche Glattstellung spricht aber insbesondere der Zweck, den das UntStReformG 2008 verfolgt: Eine einfach zu handhabende einheitliche Besteuerung sämtlicher Kapitalerträge mit Abgeltungswirkung, die Private mit Finanzprodukten erzielen, lässt sich nur erreichen, wenn das Gesetz allein beendende Glattstellungen in seinen Anwendungsbereich aufnimmt.[228] Es braucht eine rechtssichere Erkennbarkeit für den Broker, dass die aufgewandten Optionsprämien als Glattstellungsprämien zu buchen sind; nur dann kann er den zu besteuernden Kapitalertrag ermitteln und die Kapitalertragsteuer einbehalten. Auf eine innere Motivation des Kunden darf daher nicht abgestellt werden.

Bei der rechtlichen und der wirtschaftlichen Glattstellung mag es sich zwar rein wirtschaftlich betrachtet um identische Vorgänge handeln[229] – hinsichtlich des Ablaufs *en détail* und der steuerlichen Auswirkungen unterscheiden sich die beiden Glattstellungsarten jedoch erheblich.

Bei der wirtschaftlichen Glattstellung laufen beide Optionspositionen des Stillhalters nach einhelliger Auffassung bis zum Verfall parallel weiter.[230] Liegen die Positionen am Ende der Laufzeit „aus dem Geld",[231] werden beide Optionen wertlos verfallen. Falls es sich bei den Optionen um Aktienoptionen mit physischer Lieferung handelt, ergeben sich dann aber Folgeprobleme, welche die Vertreter der wirtschaftlichen Glattstellung nicht stringent lösen können.

Denn zu klären wäre zunächst, wie die für das wirtschaftliche „Glattstellungsgeschäft" aufgewandten Prämien beim Stillhalter zu verbuchen sind. Nach überwiegender Auffassung handelt es sich bei den Optionsprämien, die der Optionsinhaber für den Erwerb einer Kaufoption aufgewandt hat, im Falle einer Ausübung oder eines Verfalls um (vergebliche) Anschaf-

---

228 Ebenso *Haisch*, Derivatebesteuerung im Privatvermögen ab 2009, S. 126–127.
229 Vgl. *Buge*, in: Herrmann/Heuer/Raupach, EStG, § 20, Rn. 401.
230 Vgl. Ausführungen unter Punkt C.I.2.a)ii: Wirtschaftliche (einfache) Glattstellung.
231 Vgl. zur Begrifflichkeit Ausführungen unter Punkt B.I.6: Bildung des Optionspreises.

fungskosten des Basiswerts;[232] im Falle einer Verkaufsoption stellen die aufgewandten Optionsprämien hingegen (vergebliche) Veräußerungskosten des Basiswerts dar[233]. Jedoch entstehen dem Stillhalter beim Abschluss von Stillhalter- und Glattstellungsgeschäften weitere Aufwendungen (z. B. Transaktionskosten). Diese Nebenkosten werden von § 20 Abs. 1 Nr. 11 Hs. 2 EStG nicht umfasst,[234] wohingegen diese Aufwendungen bei der Gewinnermittlung von ausgeübten oder verfallenen angeschafften Optionen nach § 20 Abs. 4 Satz 1 EStG berücksichtigt werden.[235] Daraus ergibt sich eine wesentliche Unterscheidung der steuerlichen Auswirkungen zwischen einer rechtlichen Glattstellung und einer wirtschaftlichen Glattstellung.

Wollte man die Optionsprämien, die im Rahmen einer wirtschaftlichen Glattstellung anfallen, als Glattstellungsaufwand anstatt als vergebliche Aufwendung umqualifizieren, müsste erkennbar sein, dass der Erwerb der Option nicht der vergebliche Versuch eines Kaufs oder Verkaufs des Basiswerts mithilfe der gekauften Option darstellt – sondern dazu dient, eine eingegangene Stillhalterposition wirtschaftlich glattzustellen. Dass der Steuerpflichtige zum Zeitpunkt des Erwerbs der „Glattstellungsoption" eine Stillhalterposition innehat, mag zwar ein Indiz für eine gewollte wirtschaftliche Glattstellung sein. Der Gesetzeszweck des UntStReformG 2008 – eine einfach zu handhabende einheitliche Besteuerung sämtlicher Kapitalerträge mit Abgeltungswirkung, die Private mit Finanzprodukten erzielen – lässt sich aber nicht erreichen, wenn das Gesetz an eine bloß interne Motivation des Steuerpflichtigen anknüpft. Denn grundsätzlich soll bereits der Broker die Einkommensteuer durch Abzug vom Kapitalertrag (Kapitalertragsteuer) erheben (§ 43 Abs. 1 Nr. Satz 1 Nr. 8 i.V.m. § 44 EStG) und die Einkommensteuer mit dem Einbehalt abgegolten sein (§ 43 Abs. 5 Satz 1 Hs. 1 EStG). Der Broker weiß aber nur im Falle einer rechtlichen (beendenden) Glattstellung, dass die aufgewandten Options-

---

232 Die Zuordnung der Optionsprämie ist strittig, vgl. hierzu näher die Ausführungen unter Punkt C.II.3.a)i(1): Steuerliche Beachtlichkeit der Optionsprämie auf Ebene des angeschafften Basiswerts?, und Punkt C.II.4.c)ii(1): Aktienoptionen.
233 Die Zuordnung der Optionsprämie ist strittig, vgl. hierzu näher die Ausführungen unter Punkt C.II.3.a)ii(1)(a): Problem: Verbuchung der gezahlten Optionsprämien, und Punkt C.II.4.c)ii(1): Aktienoptionen.
234 Vgl. Ausführungen unter Punkt C.I.2.c)iii: Stellungnahme.
235 Hinsichtlich Kaufoptionen vgl. Ausführungen unter Punkt C.II.3.a)i(1): Steuerliche Beachtlichkeit der Optionsprämie auf Ebene des angeschafften Basiswerts?, und Punkt C.II.4.c)ii(1): Aktienoptionen; hinsichtlich Verkaufsoptionen vgl. Ausführungen unter Punkt C.II.3.a)ii(1)(a): Problem: Verbuchung der gezahlten Optionsprämien, und Punkt C.II.4.c)ii(1): Aktienoptionen.

prämien als Glattstellungsprämien zu buchen sind; nur dann kann er den zu besteuernden Kapitalertrag ermitteln. Glattstellungsgeschäft im Sinne des § 20 Abs. 1 Nr. 11 Hs. 2 EStG ist mithin ein solches Gegengeschäft, dass die ursprüngliche Stillhalteposition rechtlich beendet.

Eine rechtliche Beendigung tritt ein, wenn der Stillhalter eine Willenserklärung abgibt, die zu einer Aufhebungsabrede zwischen ihm und dem Broker als Gegenpart des ursprünglichen Optionsgeschäfts führt. Indem sich die Gesetzesbegründung auf den Closing-Vermerk bezieht, beschreibt sie *eine* konkrete Art, wie der Kunde eine solche Erklärung im Rahmen eines Orderauftrags abgeben kann. Möglich ist jedoch auch eine generelle Vereinbarung zwischen Kunde und Broker, wie der Broker die vom Kunden aufgegeben Orderaufträge auszulegen hat. So können der Kunde und der Broker auch die generelle Vereinbarung treffen, dass der Broker Orderaufträge bei einer bestehenden Position immer als Glattstellungsauftrag auslegen soll.[236]

Laut Gesetzeszweck kommt es allein darauf an, dass die Stillhalteposition rechtlich beendet wird[237] – nicht entscheidend ist jedoch, ob die Parteien dafür den Weg eines konkreten Closing-Vermerks einschlagen.[238] Dafür spricht auch, dass ein solcher überhaupt nur bei börsengehandelten Optionen in Betracht kommt: Nur dort besteht überhaupt die Möglichkeit, eine Orderaufgabe mit konkretem Closing-Vermerk abzugeben. Mit § 20 Abs. 1 Nr. 11 EStG wollte der Gesetzgeber aber nicht nur börsengehandelte, sondern alle Arten von Optionsgeschäfte erfassen – also auch sogenannte OTC (außerbörsliche) Optionsgeschäfte[239]. Mangels Börsenorder existiert dort zur Beendigung aber überhaupt kein Closing-Vermerk, sondern nur die konkrete Vereinbarung eines Aufhebungs- und Verrechnungsvertrags zwischen den Parteien des Ausgangsoptionsgeschäfts.

Für die Frage, ob eine Optionsposition beendet ist, kommt es also allein auf die Vereinbarung der Optionsparteien, nämlich Kunde und Broker, an

---

236 Vgl. *Interactive Brokers (U.K.) Ltd.*: CLIENT AGREEMENT FOR PRODUCTS CARRIED BY INTERACTIVE BROKERS (U.K.) LIMITED, 2.2.3, <gdcdyn.interactivebrokers.com/Universal/servlet/Registration_v2.formSampleView?formdb=3066>, abgerufen am 16.07.2019.
237 Vgl. ebenso *Haisch*, Derivatebesteuerung im Privatvermögen ab 2009, S. 127.
238 Abstellend auf einen Auftrag mit konkretem Closing-Vermerk *Buge*, in: Herrmann/Heuer/Raupach, EStG, § 20, Rn. 401; *Moritz/Strohm*, in: Frotscher/Geurts, EStG, § 20, Rn. 210 und *Redert*, in: Fuhrmann/Kraeusel/Schiffers, 360° EStG eKommentar, § 20, Rn. 456.
239 Vgl. Ausführungen unter Punkt B.I.1.f: Börsengehandelte Optionen und außerbörsliche Optionen (OTC).

– nicht entscheidend ist hingegen, wie eine Terminbörse eine Order aufnimmt. Konkret heißt das: Selbst wenn der Kunde eine Börsenorder ohne Closing-Vermerk aufgibt, zugleich aber eine vertragliche Vereinbarung zwischen ihm und seinem Broker als Vertragspartner des Optionsvertrags existiert, dass Aufträge des Kunden als sogenannte Closing-Geschäfte anzusehen sind, falls der Kunde bereits eine offene Position hält, dann ist allein diese Vereinbarung zwischen Kunde und Broker ausschlaggebend.

Einige Stimmen in der Literatur formulieren, dass es bei der rechtlichen Glattstellung zu einer Auszahlung einer Differenz an denjenigen Stillhalter der spiegelbildlichen Optionsgeschäfte käme, der die höhere Prämie zu beanspruchen habe.[240] Die Formulierung ist jedenfalls ungenau, da ein Stillhalter, der eine Option „verkauft", von seinem Gegenpart (Broker) die erhaltene Stillhalterprämie in vollem Umfang als Gutschrift auf sein Kundenkonto erhält. Schließt der Stillhalter später ein Glattstellungsgeschäft ab, so belastet der Broker wiederum das Kundenkonto mit der zu zahlende Optionsprämie in vollem Umfang. Es ist also nicht so, dass die Differenz zwischen Eröffnungsgeschäft (Schreiben der Option) und Glattstellungsgeschäft erst nach Beendigung eines Optionsgeschäfts ausgezahlt wird. Davon ist im Übrigen auch der Gesetzgeber ausgegangen, indem er die vereinnahmte Stillhalterprämie bereits nach § 20 Abs. 1 Nr. 11 Hs. 1 EStG besteuert. Dass es zunächst keine Rolle spielt, wie das Stillhaltergeschäft weiterläuft, kommt dadurch zum Ausdruck, dass § 20 Abs. 1 Nr. 11 Hs. 2 EStG nur von der Schließung des Ausgangsstillhaltegeschäfts ausgeht. Die Prämien, die im Glattstellungsgeschäft gezahlt werden, mindern die ursprünglich eingenommene Stillhalterprämie dann erst bei Durchführung eines Glattstellungsgeschäfts.

Zusammenfassend ist festzuhalten, dass unter einem Glattstellungsgeschäft im Sinne des § 20 Abs. 1 Nr. 11 Hs. 2 EStG ein solches Gegengeschäft zu verstehen ist, das die ursprüngliche Stillhalteposition rechtlich beendet. Dabei kommt es aber nicht darauf an, ob ein ausdrücklicher Closing-Vermerk in der Order des Kunden vorhanden ist. Vorrangig sind Vereinbarungen zwischen Broker und Kunde. Nur durch die rechtliche Glattstellung lässt sich der Zweck des UntStReformG 2008, eine einfach zu handhabende einheitliche Besteuerung sämtlicher Kapitalerträge mit Abgeltungswirkung, die Private mit Finanzprodukten erzielen, erreichen. Nur in diesem Fall kann der Broker rechtssicher erkennen, dass die aufgewandten Optionsprämien als Glattstellungsprämien zu buchen sind; nur

---

240 Vgl. *Dahm/Hamacher*, DStR 2008, 1910 (1912); *Hamacher/Dahm*, in: Korn/Carlé, et al., EStG, § 20, Rn. 303.

C. Einkommensteuerliche Behandlung de lege lata

dann kann er den zu besteuernden Kapitalertrag ermitteln und die Kapitalertragsteuer einbehalten.

b) Abziehbarkeit von Glattstellungsprämien

§ 20 Abs. 1 Nr. 11 Hs. 2 EStG ordnet an, dass die im Glattstellungsgeschäft gezahlten Prämien die Einnahmen aus den Stillhalterprämien mindern. Unklar sind jedoch die Modalitäten der Verrechnung. Fest steht zunächst nur, dass es sich bei Glattstellungsprämien um die Prämien handelt, die der Stillhalter im Rahmen eines Glattstellungsgeschäfts an den Optionsinhaber zahlt.[241] Umstritten ist jedoch, ob es sich bei den aufgewandten Glattstellungsprämien um Werbungskosten oder um negative Einnahmen handelt. Auf diese Frage kommt es insbesondere deshalb an, weil § 20 Abs. 9 Satz 1 Hs. 2 EStG grundsätzlich ausschließt, die tatsächlich angefallenen Werbungskosten bei der Ermittlung der Einkünfte aus Kapitalvermögen abzuziehen.

i) Qualifikation der Glattstellungsprämien als Werbungskosten oder negative Einnahmen?

Vor der Einführung der Abgeltungsteuer ging der BFH davon aus, dass es sich bei Glattstellungsprämien um Werbungskosten im Zusammenhang mit Einnahmen im Sinne von § 22 Nr. 3 EStG (a.F.) handelt.[242] Aus dieser Perspektive werden die Glattstellungsprämien aufgewandt, um die Einnahmen aus dem Stillhaltergeschäft zu sichern. Denn ohne die Glattstellung der *Short* Position[243] drohe der Verlust der eingenommenen Stillhalterprämie. Deshalb hänge das im Gegengeschäft gezahlte Entgelt mit der erhaltenen Stillhalterprämie unmittelbar zusammen.[244] Die Rechtspre-

---

241 Vgl. *Moritz/Strohm*, in: Moritz/Strohm, Handbuch Besteuerung privater Kapitalanlagen, S. 129–297 (Rn. 237).
242 *BFH*, Urt. v. 29.06.2004 – IX R 26/03, juris, Rn. 42; Urt. v. 17.04.2007 – IX R 23/06, juris, Rn. 12; Urt. v. 10.02.2015 – IX R 8/14, juris, Rn. 12; Urt. v. 18.08.2015 – I R 38/12, juris, Rn. 21.
243 Vgl. Ausführungen unter Punkt B.I.3: Vier Grundpositionen.
244 *BFH*, Urt. v. 29.06.2004 – IX R 26/03, juris, Rn. 42; Urt. v. 17.04.2007 – IX R 23/06, juris, Rn. 12; Urt. v. 10.02.2015 – IX R 8/14, juris, Rn. 12; Urt. v. 18.08.2015 – I R 38/12, juris, Rn. 21.

chung des BFH zur alten Rechtslage übertragen Teile der Literatur nun auch auf die Glattstellungsprämien nach § 20 Abs. 1 Nr. 11 EStG.[245]

Um Glattstellungsprämien rechtlich einzuordnen, unterscheidet *Jochum* zwischen solchen Prämien, die im Rahmen einer wirtschaftlichen Glattstellung anfallen, und solchen, die im Rahmen einer rechtlichen Glattstellung anfallen. Demnach seien die Prämien im Rahmen einer wirtschaftlichen Glattstellung als Werbungskosten zu qualifizieren.[246] Anders verhalte es sich hingegen bei der beendenden Glattstellung: Da die beendende Glattstellung das erste Optionsgeschäft zivilrechtlich beende, liege lediglich ein einziges Geschäft vor – die einkommensteuerlich relevanten Einnahmen aus diesem Geschäft ergäben sich dann aus der Saldierung der vereinnahmten und verausgabten Optionsprämien. Deshalb seien die bei der beendenden Glattstellung gezahlten Prämien nicht als Werbungskosten einzuordnen,[247] sondern als negative Einnahmen[248].

Auch andere Stimmen in der Literatur haben sich der rechtlichen Einschätzung, dass es sich bei den gezahlten Glattstellungsprämien um negative Einnahmen handle, angeschlossen.[249] Auch die Finanzverwaltung ist nun der Auffassung, dass die gezahlten Glattstellungsprämien als negativer Kapitalertrag einzuordnen seien.[250] Bis zur Einführung des UntStReformG 2008 hatte sie indes noch die Meinung vertreten, dass es sich dabei um Werbungskosten handle.[251]

---

245 *Buge*, in: Herrmann/Heuer/Raupach, EStG, § 20, Rn. 401; *Haisch*, Derivatebesteuerung im Privatvermögen ab 2009, S. 127–128, 193; *Jachmann-Michel/Lindenberg*, in: Lademann, EStG, § 20, Rn. 488, 491; *Moritz/Strohm*, in: Frotscher/Geurts, EStG, § 20, Rn. 211; *Ratschow*, in: Heuermann/Brandis, Ertragsteuerrecht, § 20 EStG, Rn. 349; *Spies*, ISR 2016, 138 (141); *Wagner*, DStZ 2007, 748 (750). In der Rechtsprechung beschäftigt sich *FG Hamburg*, Urt. v. 10.06.2016 – 5 K 185/13, juris, Rn. 86 nur am Rande und mittelbar mit der Frage, ob Aufwendungen für das Glattstellungsgeschäft als Werbungskosten einzuordnen sind.
246 *Jochum*, in: Kirchhof/Mellinghoff/Kube, EStG, § 20, C/11 8.
247 *Jochum*, in: Kirchhof/Mellinghoff/Kube, EStG, § 20, C/11 8.
248 *Jochum*, in: Kirchhof/Mellinghoff/Kube, EStG, § 20, K 37.
249 *Haisch*, DStZ 2007, 762 (764 f.), der Autor hat seine Ansicht zwischenzeitlich geändert; *Helios/Philipp*, BB 2010, 95 (100); *Redert*, in: Fuhrmann/Kraeusel/Schiffers, 360° EStG eKommentar, § 20, Rn. 774; *Möllenbeck*, in: Littmann/Bitz/Pust, EStG, § 20, Rn. 1051.
250 *BMF*, v. 18.01.2016 – IV C 1-S 2252/08/10004:017//2015/0468306, BStBl I 2016, S. 85 (Rn. 25).
251 *BMF*, v. 27.11.2001 – VV DEU BMF 2001-11-27 IV C 3-S 2256-265/01, BStBl I 2001, S. 986 (Rn. 26–27).

C. Einkommensteuerliche Behandlung de lege lata

Für die Qualifikation der Glattstellungsprämien als negative Einnahmen spricht auf den ersten Blick die Systematik des § 20 EStG. Die Tatsache, dass § 20 Abs. 9 EStG den Abzug der tatsächlichen Werbungskosten ausschließt, könnte dafür sprechen, die gezahlten Glattstellungsprämien als negative Einnahmen einzuordnen. Denn sonst käme es durch den Abzug der aufgewandten Glattstellungsprämien zu einer Durchbrechung des generellen Verbots, die tatsächlich angefallenen Werbungskosten abzuziehen.[252]

Diese Lesart versucht aber die rechtliche Qualifikation der Glattstellungsprämien vom gewünschten Ergebnis her zu begründen – der Nichtdurchbrechung des generellen Werbungskostenabzugsverbots. Für die Frage, ob es sich bei Glattstellungsprämien um Werbungskosten handelt, kommt es aber in erster Linie darauf an, ob sie die in § 9 Abs. 1 Satz 1 EStG normierten Tatbestandsvoraussetzungen für Werbungskosten erfüllen. Nach dem gesetzlichen Konzept sind Werbungskosten Aufwendungen zur Erwerbung, Sicherung und Erhaltung der Einnahmen. Gezahlte Glattstellungsprämien sind jedenfalls Aufwendungen, da es sich um Vermögensminderungen handelt, die dem Steuerpflichtigen zuzuordnen sind.[253] Mit den eingenommenen Stillhalterprämien weisen die getätigten Aufwendungen auch einen Bezugspunkt zu Einnahmen im Bereich der Überschusseinkunftsarten (§ 2 Abs. 2 Satz 1 Nr. 2 i.V.m. § 20 Abs. 1 Nr. 11 EStG) auf. Es stellt sich jedoch die Frage, ob die Glattstellungsprämien zur Erwerbung, Sicherung oder Erhaltung der Stillhalterprämien gezahlt werden. Der Gesetzeswortlaut impliziert, dass eine finale Verbindung zwischen Einnahme und Ausgabe bestehen muss. In Rechtsprechung[254] und Literatur[255] ist mittlerweile jedoch anerkannt, dass keine

---

252 Vgl. *Niedersächsisches Finanzgericht*, Urt. v. 28.08.2013 – 2 K 35/13, juris, Rn. 41.
253 Vgl. zum Aufwendungsbegriff *BFH*, Beschluss v. 04.07.1990 – GrS 1/89, juris, Rn. 60; Urt. v. 09.11.1993 – IX R 81/90, juris, Rn. 8; *Kreft*, in: Herrmann/Heuer/Raupach, EStG, §9, Rn. 65; *Oertel*, in: Kirchhof/Seer, Einkommensteuergesetz (EStG), §9, Rn. 6; *Schramm*, in: Fuhrmann/Kraeusel/Schiffers, 360° EStG eKommentar, §9, Rn. 20.
254 *BFH*, Beschluss v. 28.11.1977 – GrS 2/77, GrS 3/77, juris, Rn. 25; Urt. v. 20.11.1979 – VI R 25/78, juris, Rn. 8; Beschluss v. 04.07.1990 – GrS 2-3/88, GrS 2/88, GrS 3/88, juris, Rn. 66; Urt. v. 17.09.2009 – VI R 24/08, juris, Rn. 31, jeweils m.w.N.
255 *V. Bornhaupt*, in: Kirchhof/Mellinghoff/Kube, EStG, §9, B 152–B 182; *Fuhrmann*, in: Korn/Carlé, et al., EStG, §9, Rn. 28; *Hey*, in: Tipke/Lang, et al., Steuerrecht, Rn. 8.230 – 8.244; *Kreft*, in: Herrmann/Heuer/Raupach, EStG, §9, Rn. 130–195 m.w.N.; *Kreft*, Vorab veranlasste Erwerbsaufwendungen im Einkommensteuerrecht, S. 49–71; *Kreft*, FR 2002, 657 (664–667); *Lang/Seer*, FR

Finalität zwischen Aufwendungen und Einnahmen erforderlich ist, um Aufwendungen als Werbungskosten zu qualifizieren – vielmehr reicht ein Veranlassungszusammenhang.[256] Werbungskosten sind demnach alle Aufwendungen, die dadurch veranlasst sind, dass der Steuerpflichtige sich bemüht, steuerpflichtige Einnahmen zu erzielen.

Doch was bedeutet das für die Glattstellungsprämien? Sie stehen jedenfalls in einem wirtschaftlichen Zusammenhang mit den erzielten Stillhalterprämien. Ohne das Schreiben einer Option zur Erzielung von Einkünften aus Kapitalvermögen (womit sich der Stillhalter ins Risiko der Inanspruchnahme aus der Option begibt) gäbe es auch keine Glattstellung derselben (mit der sich der Stillhalter des Risikos der Inanspruchnahme aus der Option entledigt). Die Glattstellungsprämien werden gezahlt, um die Einnahmen aus dem Stillhaltergeschäft zu sichern: Ohne die Glattstellung der Stillhalteposition droht aufgrund von Marktveränderungen der jederzeitige Verlust der eingenommenen Stillhalterprämie. Der Stillhalter wendet die Glattstellungsprämien auf, um sich vor drohenden Vermögenseinbußen zu schützen.[257] Zwischen den eingenommenen Stillhalterprämien und den gezahlten Glattstellungsprämien besteht also ein Veranlassungszusammenhang. Deshalb handelt es sich bei den gezahlten Glattstellungsprämien um Werbungskosten.

ii) Zwischenergebnis: Durchbrechung des Werbungskostenabzugsverbots nach § 20 Abs. 9 Satz 1 Hs. 2 EStG

Da es sich bei den Glattstellungsprämien einerseits um Werbungskosten handelt, sie aber anderseits nach § 20 Abs. 1 Nr. 11 Hs. 2 EStG von den eingenommenen Stillhalterprämien abzuziehen sind, kommt es zu

---

1994, 521 (524); *Oertel*, in: Kirchhof/Seer, Einkommensteuergesetz (EStG), § 9, Rn. 21.

256 Die hM betont den systematischen Zusammenhang und die Parallele zum Betriebsausgaben-Begriff, der sich nach § 4 Abs. 4 EStG am Veranlassungsprinzip orientiert. Eine unterschiedliche Interpretation von Werbungskosten und Betriebsausgaben hält sie für nicht gerechtfertigt, vgl. zur Dogmatik des Veranlassungsprinzips *v. Bornhaupt*, in: Kirchhof/Mellinghoff/Kube, EStG, § 9, B 111–B 255; *Kreft*, in: Herrmann/Heuer/Raupach, EStG, § 9, Rn. 115–195 m.w.N.

257 Vgl. *BFH*, Urt. v. 29.06.2004 – IX R 26/03, juris, Rn. 42; Urt. v. 17.04.2007 – IX R 23/06, juris, Rn. 12; Urt. v. 10.02.2015 – IX R 8/14, juris, Rn. 12; Urt. v. 18.08.2015 – I R 38/12, juris, Rn. 21.

einer Durchbrechung des generellen Werbungskostenabzugsverbots in § 20 Abs. 9 Satz 1 Hs. 2 EStG.

iii) Verstoß gegen Prinzip der Bruttobesteuerung?

Ordnet man die Glattstellungsprämien als abzugsfähig ein, findet eine Abweichung vom Prinzip der Bruttobesteuerung[258] statt, das im Bereich der Kapitaleinkünfte gilt.[259] Bruttobesteuerung meint dabei eine Besteuerung ohne Abzüge. Ohne Abzug bedeutet zum einen, dass Steuerpflichtige Einnahmen aus Kapitalvermögen nicht um Erwerbsaufwendungen, die durch diese Einnahmen veranlasst sind, kürzen können. Zum anderen sollen privat veranlasste Sonderausgaben und außergewöhnliche Belastungen die Einnahmen aus Kapitalvermögen nicht mindern. Zudem ist es ausgeschlossen, negative Einkünfte mit positiven Einkünften einer anderen Einkunftsart zu verrechnen. Dahinter steckt das Ziel, dass die gesamten Einnahmen aus der Einkunftsart Kapitalvermögen als Bemessungsgrundlage der Besteuerung dienen.[260] Indem der Stillhalter die Einnahmen um die gezahlten Glattstellungsprämien mindern kann, liegt ein Verstoß gegen das Prinzip der Bruttobesteuerung vor. Der Stillhalter kommt im Vergleich zu den anderen Einnahmen i.S.d. § 20 Abs. 1 EStG in den Genuss eines Privilegs.

iv) Verstoß gegen allgemeinen Gleichheitssatz (Art. 3 Abs. 1 GG)?

Vor diesem Hintergrund stellt sich die Frage, ob durch die Abziehbarkeit der Glattstellungsprämien möglicherweise ein ungerechtfertigter Verstoß gegen den allgemeinen Gleichheitssatz aus Art. 3 Abs. 1 GG innerhalb der Einkünfte des § 20 EStG vorliegt. Einkünfte aus Kapitalvermögen lassen sich im Wesentlichen in drei Kategorien unterteilen: Einkünfte

---

258 Vgl. zur Frage der Verfassungsmäßigkeit einer Bruttobesteuerung *BFH*, Urt. v. 01.07.2014 – VIII R 53/12, juris, Rn. 13; *Buge*, in: Herrmann/Heuer/Raupach, EStG, § 20, Rn. 8; *Jochum*, in: Kirchhof/Mellinghoff/Kube, EStG, § 20, K 48– K 66; *Redert*, in: Fuhrmann/Kraeusel/Schiffers, 360° EStG eKommentar, § 20, Rn. 41–43, jeweils m.w.N.
259 Vgl. *Buge*, in: Herrmann/Heuer/Raupach, EStG, § 20, Rn. 401; *Jochum*, in: Kirchhof/Mellinghoff/Kube, EStG, § 20, K 55; *Worgulla*, Die Bruttobesteuerung in der Schedule der Einkünfte aus Kapitalvermögen, S. 272.
260 Vgl. hierzu *Worgulla*, FR 2013, 921.

aus Kapitalforderungen, Einkünfte aus Beteiligungen und Einkünfte aus Veräußerungen.[261] Der allgemeine Gleichheitssatz des Art. 3 Abs. 1 GG wäre beeinträchtigt, wenn einige Einkunftsunterarten dem objektiven Nettoprinzip folgten und andere nicht. Bei den in § 20 EStG geregelten Einkunftsarten ist dies aber nicht der Fall. Denn das Werbungskostenabzugsverbot nach § 20 Abs. 9 Satz 1 Hs. 2 EStG gilt für alle Kategorien an Einkünften.[262] Selbst wenn insgesamt eine Durchbrechung des objektiven Nettoprinzips vorliegt, erstreckt es sich auf alle Einkunftsunterarten des § 20 EStG. Durch die Tatsache, dass Glattstellungsprämien abziehbar sind, entsteht deshalb im Ergebnis auch kein Verstoß gegen den allgemeinen Gleichheitssatz.[263]

v) Verstoß gegen Prinzip der Folgerichtigkeit?

Zudem lässt sich fragen, ob der Gesetzgeber seine Grundentscheidung, in § 20 EStG eine Bruttobesteuerung vorzusehen, überhaupt folgerichtig[264] umgesetzt hat.[265]

Der Gesetzgeber hat bei der Ausgestaltung des Steuergegenstandes einen weiten Gestaltungsspielraum. Die einmal getroffene Belastungsentscheidung muss er folgerichtig im Sinne der Belastungsgleichheit umsetzen.[266] Damit lässt sich lediglich eine folgerichtig umgesetzte Bruttobesteuerung als sachgerechtes Prinzip einordnen. Indem es der Gesetzgeber zulässt,

---

261 *Worgulla*, FR 2013, 921 (929).
262 *Jochum*, in: Kirchhof/Mellinghoff/Kube, EStG, § 20, K 16.
263 *Worgulla*, Die Bruttobesteuerung in der Schedule der Einkünfte aus Kapitalvermögen, S. 261–262; *Worgulla*, FR 2013, 921 (929).
264 Das Prinzip der Folgerichtigkeit umschreibt den Schutzbereich von Art. 3 Abs. 1 GG neben dem Gebot der Besteuerung nach der steuerlichen Leistungsfähigkeit. Folgerichtigkeit bedeutet, dass der Gesetzgeber bei der Ausgestaltung des steuerrechtlichen Ausgangstatbestands die einmal getroffene Belastungsentscheidung folgerichtig im Sinne der Belastungsgleichheit umsetzen muss. Siehe ausführlich hierzu *Bowitz*, Das objektive Nettoprinzip als Rechtfertigungsmaßstab im Einkommensteuerrecht, S. 127–180; *Breinersdorfer*, DStR 2010, 2492 (2494), *Kirchhof*, in: Dürig/Herzog/Scholz, GG, Art. 3 Abs. 1, Rn. 404–428, jeweils m.w.N.
265 Vgl. *BVerfG*, Urt. v. 09.12.2008 – 2 BvL 1/07, 2 BvL 2/07, 2 BvL 1/08, 2 BvL 2/08, juris, 57, 79–80 m.w.N.; *Birk*, DStR 2009, 877 (881); *Hey*, BB 2007, 1303 (1308); *Worgulla*, Die Bruttobesteuerung in der Schedule der Einkünfte aus Kapitalvermögen, S. 267.
266 St. Rspr., zuletzt *BVerfG*, Urt. v. 09.12.2008 – 2 BvL 1/07, 2 BvL 2/07, 2 BvL 1/08, 2 BvL 2/08, juris, Rn. 57 m.w.N.; *Worgulla*, FR 2013, 921 (929).

dass der Stillhalter die gezahlten Glattstellungsprämien von den eingenommenen Stillhalterprämien abziehen kann, weicht er vom generellen Werbungskostenabzugsverbot in § 20 Abs. 9 Satz 1 Hs. 2 EStG ab – und verstößt so gegen das Prinzip der Folgerichtigkeit.[267]

vi) Rechtfertigung des Verstoßes gegen das Prinzip der Folgerichtigkeit

Ein Verstoß gegen das Prinzip der Folgerichtigkeit lässt sich durch besondere sachliche Gründe rechtfertigen.[268] Der Verstoß gegen das Prinzip der Folgerichtigkeit lässt sich hier dadurch rechtfertigen, dass die Glattstellungsprämien nicht typisierbar sind und damit nicht im Rahmen des Sparer-Pauschbetrags erfasst werden.[269]

Bei der Ordnung von Massenerscheinungen ist der Gesetzgeber berechtigt, die Vielzahl der Einzelfälle in dem Gesamtbild zu erfassen, das nach den ihm vorliegenden Erfahrungen die regelungsbedürftigen Sachverhalte zutreffend wiedergibt.[270] Auf dieser Grundlage darf er grundsätzlich auch generalisierende, typisierende und pauschalierende Regelungen treffen.[271]

Typisierung bedeutet, bestimmte Lebenssachverhalte, die in wesentlichen Elementen gleich geartet sind, normativ zusammenzufassen.[272] Die gesetzlichen Verallgemeinerungen müssen auf eine möglichst breite, alle betroffenen Gruppen und Regelungsgegenstände einschließende Beobach-

---

[267] *Buge*, in: Herrmann/Heuer/Raupach, EStG, § 20, Rn. 682; *Worgulla*, FR 2013, 921 (929).
[268] St. Rspr., zuletzt *BVerfG*, Urt. v. 09.12.2008 – 2 BvL 1/07, 2 BvL 2/07, 2 BvL 1/08, 2 BvL 2/08, juris, Rn. 57 m.w.N.
[269] A.A. *Buge*, in: Herrmann/Heuer/Raupach, EStG, § 20, Rn. 401; *Jachmann-Michel/Lindenberg*, in: Lademann, EStG, § 20, Rn. 478.
[270] Vgl. *BVerfG*, Beschluss v. 28.06.1960 – 2 BvL 19/59, juris, Rn. 46; Beschluss v. 31.05.1988 – 1 BvR 520/83, juris, Rn. 36; Beschluss v. 08.10.1991 – 1 BvL 50/86, juris, Rn. 40; Urt. v. 09.12.2008 – 2 BvL 1/07, 2 BvL 2/07, 2 BvL 1/08, 2 BvL 2/08, juris, Rn. 60.
[271] *BVerfG*, Beschluss v. 31.05.1988 – 1 BvR 520/83, juris, Rn. 36; Beschluss v. 18.07.2005 – 2 BvF 2/01, juris, Rn. 179, jeweils m.w.N.
[272] *BVerfG*, Urt. v. 09.12.2008 – 2 BvL 1/07, 2 BvL 2/07, 2 BvL 1/08, 2 BvL 2/08, juris, Rn. 60.

tung aufbauen.²⁷³ Für eine gesetzliche Typisierung muss der Gesetzgeber realitätsgerecht den typischen Fall als Maßstab zugrunde legen.²⁷⁴

Mit der Einführung des generellen Werbungskostenabzugsverbots und einem Sparer-Pauschbetrag in Höhe von 801 € hat der Gesetzgeber eine Typisierung für Werbungskosten vorgenommen. In den unteren Einkommensgruppen hat er eine Typisierung hinsichtlich der Höhe der Werbungskosten vorgenommen, während er sie in den oberen Einkommensgruppen mit einem relativ niedrigen Proportionalsteuersatz von 25 Prozent²⁷⁵ abgegolten hat.²⁷⁶ Der Sparer-Pauschbetrag dient dazu, die Erwerbsaufwendungen bei den Einkünften aus Kapitalvermögen zu typisieren.²⁷⁷ Laut Statistischem Bundesamt beliefen sich diese im Jahr 2002 auf durchschnittlich 445 Euro mit einem Median von 102 Euro.²⁷⁸

Mit Blick auf den Optionshandel zeigt sich: Die Glattstellung stellt den Regelfall dar, um ein Stillhaltegeschäft zu beenden²⁷⁹ – die hierbei aufgewandten Glattstellungsprämien stellen erhebliche wirtschaftliche Aufwendungen dar²⁸⁰ und überschreiten die vom Statistischen Bundesamt ermittelten Aufwendungen bei Weitem. Dadurch handelt es sich bei Glattstellungsprämien um einen atypischen Fall von Erwerbsaufwendungen.²⁸¹ Zudem unterscheidet sich die Stillhalterprämie als eine Art Versicherungsprämie grundlegend von den anderen Einkunftsunterarten des § 20 EStG. Denn der Stillhalter wendet Glattstellungsprämien auf, um sich aus seinem theoretisch unbegrenzt hohen Risiko der Stillhalteposition zu befreien.²⁸²

Die Entscheidung des Gesetzgebers, das Prinzip der Bruttobesteuerung einzuführen, lässt sich bei genauerem Hinsehen letztlich nur als Typisie-

---

273 *BVerfG*, Urt. v. 09.12.2008 – 2 BvL 1/07, 2 BvL 2/07, 2 BvL 1/08, 2 BvL 2/08, juris, Rn. 60 m.w.N.
274 *BVerfG*, Beschluss v. 21.06.2006 – 2 BvL 2/99, juris, Rn. 75; Urt. v. 09.12.2008 – 2 BvL 1/07, 2 BvL 2/07, 2 BvL 1/08, 2 BvL 2/08, juris, Rn. 60, jeweils m.w.N.
275 Spitzensteuersatz nach § 32a Abs. 1 EStG ist 45 Prozent. Stand: 07.04.2019.
276 BT-Drs. 16/4841, S. 57.
277 Vgl. BT-Drs. 16/4841, S. 57.
278 *Statistisches Bundesamt*, Finanzen und Steuern, S. 16.
279 Vgl. auch *Redert*, in: Fuhrmann/Kraeusel/Schiffers, 360° EStG eKommentar, § 20, Rn. 42.
280 *Bleschick*, in: Kirchhof/Seer, Einkommensteuergesetz (EStG), § 20, Rn. 15.
281 Vgl. auch *Haisch*, Derivatebesteuerung im Privatvermögen ab 2009, S. 242.
282 Ebenso *Redert*, in: Fuhrmann/Kraeusel/Schiffers, 360° EStG eKommentar, § 20, Rn. 42.

C. Einkommensteuerliche Behandlung de lege lata

rungsregelung im Rahmen der objektiven Nettobesteuerung begreifen.[283] In anderen Worten: Das objektive Nettoprinzip gilt als übergeordnetes Prinzip weiter, welches durch das eingeführte Prinzip der Bruttobesteuerung nur teilweise eingeschränkt wird. Der Verstoß gegen das Prinzip der Folgerichtigkeit der Bruttobesteuerung ist bei Glattstellungsprämien daher durch das übergeordnete objektive Nettoprinzip gerechtfertigt.[284]

c) Abziehbarkeit von sonstigen Aufwendungen im Zusammenhang mit der Stillhaltertätigkeit

Dem Stillhalter entstehen beim Abschluss von Stillhalter- und Glattstellungsgeschäften sowie während der Phase des Bestehens einer Optionsposition weitere Aufwendungen. Dabei kann es sich etwa um Gebühren für den Broker, die Terminbörse oder Zinsen für die hinterlegte Margin[285] handeln. Womöglich sind auch solche Aufwendungen beim Stillhalter steuerlich zu berücksichtigen. Im Wortlaut des § 20 Abs. 1 Nr. 11 Hs. 2 EStG sind sie jedenfalls nicht explizit erwähnt.

Demgegenüber sind bei Veräußerungsgeschäften nach § 20 Abs. 2 EStG sowohl Anschaffungs(neben)kosten als auch Veräußerungs(neben)kosten steuerlich zu berücksichtigen (§ 20 Abs. 4 Satz 1 und 5 EStG). Für § 20 Abs. 1 EStG findet § 20 Abs. 4 EStG nach dem eindeutigen Wortlaut jedoch keine Anwendung.

i) Berücksichtigung von sonstigen Aufwendungen bei der Minderung der eingenommenen Stillhalterprämie

Die Finanzverwaltung ist der Auffassung, dass sonstige Aufwendungen die vereinnahmten Stillhalterprämien mindern.[286] Teile der Literatur haben

---

283 *Worgulla*, Die Bruttobesteuerung in der Schedule der Einkünfte aus Kapitalvermögen, S. 279; *Worgulla*, FR 2013, 921 (930).
284 *Worgulla*, Die Bruttobesteuerung in der Schedule der Einkünfte aus Kapitalvermögen, S. 279; *Worgulla*, FR 2013, 921 (930).
285 Falls die Margin in einer nicht vom Kunden gehaltenen Fremdwährung zu hinterlegen ist, verleiht der Broker diesen Betrag und verlangt hierfür Zinsen (z. B. Kunde führt Konto in EUR und handelt an US-Börsen mit Optionen, sodass Sicherheit in USD zu hinterlegen ist).
286 *BMF*, v. 18.01.2016 – IV C 1-S 2252/08/10004:017//2015/0468306, BStBl I 2016, S. 85 (Rn. 25).

sich ihr ohne nähere Begründung und nur mit Verweis auf die Verwaltungsansicht angeschlossen.[287]

Haisch hingegen erkennt zunächst an, dass § 20 Abs. 1 Nr. 11 EStG diese Aufwendungen nicht explizit erwähnt. Er ist jedoch der Auffassung, dass sonstige Aufwendungen vom Wortlaut „Stillhalter- und Glattstellungsprämien" umfasst seien, weil der Terminus letztlich auch sie umfasse. Der Begriff Prämien meine die vereinnahmten bzw. aufgewandten Entgelte – und Entgelte seien alles, was ein Leistender im Hinblick auf die Leistung erhalte bzw. der Leistungsempfänger aufwende. Der Stillhalter erhalte von seinem Broker die eigentlichen Prämien abzüglich bzw. zuzüglich Transaktionskosten. Zudem sprächen die Gesetzessystematik, der ein symmetrisches Besteuerungskonzept von Optionspositionen zugrunde liege, sowie das objektive Nettoprinzip dafür, sonstige Aufwendungen in die Minderung der eingenommenen Stillhalterprämie einzubeziehen.[288]

ii) Keine Berücksichtigung sonstiger Aufwendungen bei der Minderung der eingenommenen Stillhalterprämie

Nach anderer Ansicht finden sonstige Aufwendungen keine steuerliche Berücksichtigung in § 20 Abs. 1 Nr. 11 EStG.[289] Es verbleibe insoweit dabei, dass Glattstellungsprämien abzugsfähig seien, und sonstige Aufwendungen im Rahmen des Sparer-Pauschbetrags berücksichtigt werden.[290] Insbesondere seien auch keine Finanzierungsaufwendungen abziehbar.[291]

---

287 *Jachmann-Michel/Lindenberg*, in: Lademann, EStG, § 20, Rn. 493; *Ratschow*, in: Heuermann/Brandis, Ertragsteuerrecht, § 20 EStG, Rn. 349; *Möllenbeck*, in: Littmann/Bitz/Pust, EStG, § 20, Rn. 1051; *Worgulla*, Die Bruttobesteuerung in der Schedule der Einkünfte aus Kapitalvermögen, S. 38.
288 Zum Ganzen *Haisch*, Derivatebesteuerung im Privatvermögen ab 2009, S. 129–130.
289 *Jochum*, in: Kirchhof/Mellinghoff/Kube, EStG, § 20, K 40, K 50; *Moritz/Strohm*, in: Moritz/Strohm, Handbuch Besteuerung privater Kapitalanlagen, S. 129–297 (Rn. 237); *Philipowski*, DStR 2017, 1362–1368 (1367).
290 FG Hamburg, Urt. v. 10.06.2016 – 5 K 185/13, juris, Rn. 88; *Philipowski*, DStR 2017, 1362–1368 (1367).
291 *Jochum*, in: Kirchhof/Mellinghoff/Kube, EStG, § 20, K 40; *Bleschick*, in: Kirchhof/Seer, Einkommensteuergesetz (EStG), § 20, Rn. 12.

iii) Stellungnahme

Im Ergebnis sprechen die besseren Argumente dafür, andere Aufwendungen als Glattstellungsprämien nicht als Werbungskosten zu berücksichtigen und sie nicht von der eingenommenen Stillhalterprämie abzuziehen. Dafür spricht im Grunde bereits der klare Wortlaut des § 20 Abs. 1 Nr. 11 Hs. 2 EStG: Er spricht von gezahlten Prämien und nicht (auch) von Aufwendungen wie z. B. in § 20 Abs. 4 Satz 1 Hs. 1 und Satz 5 EStG.

Entgegen der Ansicht von *Haisch* handelt es sich bei Prämien nicht um Entgelte, die ihrerseits bereits die Transaktionskosten berücksichtigen. Bei Stillhalter- und Glattstellungsprämien handelt es sich vielmehr um etwas anderes als Transaktionskosten: Sie sind der Preis für das in der Option enthaltene Recht – während Transaktionskosten an den Broker fließen und dafür zu entrichten sind, an der Terminbörse teilzunehmen bzw. zu handeln. Es ist insoweit auch unbeachtlich, dass der Broker vor der Buchung auf bzw. vom Kundenkonto bereits die eingenommenen bzw. aufgewandten Stillhalter- oder Glattstellungsprämien mit den Transaktionskosten verrechnet.

Zwar ist *Haisch* zuzustimmen, dass eine Abziehbarkeit der Transaktionskosten das objektive Nettoprinzip verwirklicht und auch der Gesetzgeber bei der Besteuerung des Stillhalters das Nettoprinzip nennt.[292] Jedoch hat diese Intention keinen Niederschlag im Wortlaut des § 20 Abs. 1 Nr. 11 Hs. 2 EStG gefunden, der nur gezahlte Prämien erwähnt.

Hinzu kommt, dass es sich beim in § 20 Abs. 9 Satz 1 EStG normierten generellen Werbungskostenabzugsverbot um eine zulässige Durchbrechung des objektiven Nettoprinzips handelt. Der Gesetzgeber hat die sogenannte Bruttobesteuerung verfassungsgemäß eingeführt.[293] Durch die Einführung des Sparer-Pauschbetrags hat er eine Typisierung der Höhe der Werbungskosten vorgenommen. Bei Transaktionskosten handelt es sich um geradezu typische Werbungskosten; mit Glattstellungsprämien sind sie wirtschaftlich nicht vergleichbar. Insofern fallen Transaktionskosten grundsätzlich unter die Typisierung für Werbungskosten und sind durch den Sparer-Pauschbetrag abgegolten. Auch eventuelle Zinsaufwendungen, z. B. für die Hinterlegung von Margin in Fremdwährung, sind durch

---

292 Vgl. BR-Drs. 220/07, S. 87.
293 Vgl. Ausführungen unter Punkt C.I.2.b)iii: Verstoß gegen Prinzip der Bruttobesteuerung?.

den Sparer-Pauschbetrag abgegolten: Der Steuerpflichtige kann sie nicht zusätzlich als Werbungskosten von den Stillhalterprämien abziehen.[294]

Im Ergebnis kann ein Stillhalter sonstige Aufwendungen neben den reinen Glattstellungsprämien nicht nach § 20 Abs. 1 Nr. 11 EStG von den eingenommenen Stillhalterprämien abziehen. Vielmehr fallen sie unter das generelle Verbot, die tatsächlichen Werbungskosten von Kapitaleinkünften abzuziehen (§ 20 Abs. 9 Satz 1 Hs. 2 EStG).

iv) Verstoß gegen allgemeinen Gleichheitssatz (Art. 3 Abs. 1 GG)?

Beim Stillhalter mindern die Transaktionskosten die eingenommenen Prämien nicht.[295] Anders verhält es sich beim Optionsinhaber: Anschaffungs- und Veräußerungsnebenkosten kann er sowohl beim Kauf als auch bei der Glattstellung nach § 20 Abs. 2 Satz 1 Nr. 3 Buchst. b) i.V.m. Abs. 4 Satz 1 Hs. 1 EStG abziehen.[296] Die unterschiedlichen Rechtsfolgen führen dazu, dass der Gesetzgeber den Stillhalter gegenüber dem Optionsinhaber ungerechtfertigt ungleich behandelt. Darin liegt ein Verstoß gegen den allgemeinen Gleichheitssatz aus Art. 3 Abs. 1 GG.

Der allgemeine Gleichheitssatz des Art. 3 Abs. 1 GG gebietet dem Normgeber, wesentlich Gleiches gleich und wesentlich Ungleiches ungleich zu behandeln.[297] Sein normativer Radius umfasst sowohl ungleiche Belastungen als auch ungleiche Begünstigungen.[298] Obwohl die eingenommenen Stillhalterprämien in § 20 Abs. 1 EStG und die Einkünfte des Optionsinhabers in § 20 Abs. 2 EStG geregelt sind, sind beide Fälle miteinander vergleichbar: Beide Personengruppen sind als wesentlich gleich zu betrachten. Denn zunächst riskieren beide Seiten ihr Vermögen. Beim Optionsinhaber ist das der Fall, weil er eine Option kauft und realisierte Wertänderungen seines Vermögensstammes in den Anwendungsbereich von § 20

---

294 *BFH*, Urt. v. 12.01.2016 – IX R 48/14, juris, Rn. 23; *Bleschick*, in: Kirchhof/Seer, Einkommensteuergesetz (EStG), § 20, Rn. 12; a.A. *Jochum*, in: Kirchhof/Mellinghoff/Kube, EStG, § 20, K 62.
295 Vgl. Ausführungen unter Punkt C.I.2.c: Abziehbarkeit von sonstigen Aufwendungen im Zusammenhang mit der Stillhaltertätigkeit.
296 Vgl. Ausführungen unter Punkt C.II.2.b: Besteuerungsumfang – Gewinnermittlung nach § 20 Abs. 4 EStG.
297 Ständige Rechtsprechung, vgl. *BVerfG*, Beschluss v. 25.06.2014 – 1 BvR 668/10, 1 BvR 2104/10, juris, Rn. 47, m.w.N.
298 Ständige Rechtsprechung, vgl. *BVerfG*, Beschluss v. 06.07.2010 – 2 BvL 13/09, juris, Rn. 35, m.w.N.

Abs. 2 Satz 1 Nr. 3 Buchst. b) EStG fallen.[299] Auch der Stillhalter setzt sein Vermögen einem Risiko aus, indem er eine Option eingeht und im Falle der Ausübung entweder einen Differenzausgleich zahlen oder den Basiswert zu einem unter/über Marktwert liegenden Betrag liefern/abnehmen muss.[300]

Anders hingegen die Zahlungen, die § 20 Abs. 1 Nr. 1 bis 10 EStG erfasst. Diese betreffen nicht den Kapitalstamm selbst, sondern sind Früchte seiner Nutzung.[301] Bei laufenden Einkünften i.S.d. § 20 Abs. 1 EStG[302] können Transaktionskosten schon deshalb nicht anfallen, da bei solchen Zahlungen überhaupt keine Transaktionen stattfinden. Demgegenüber handelt es sich bei Stillhalter- und Glattstellungsgeschäften um Transaktionen, bei denen der Steuerpflichtige sein Vermögen/Kapitalstamm riskiert. Realisierte Wertänderungen des Kapitalstamms sind jedoch nach § 20 Abs. 2 EStG zu besteuern[303] und die Gewinnermittlung richtet sich nach § 20 Abs. 4 EStG, der Transaktionskosten ausdrücklich zum Abzug zulässt.

Es vermag in diesem Zusammenhang nicht zu verwundern, dass es umstritten ist, ob die Stillhalterprämien überhaupt in den Anwendungsbereich des § 20 Abs. 1 EStG fallen. Denn bei ihnen handelt es sich weder um ein Entgelt für die Überlassung von Kapital zur Nutzung auf Zeit noch um einen Ausfluss eines Mitgliedschaftsrechts aus der Beteiligung an einer Kapitalgesellschaft.[304] Vielmehr handelt es sich um ein Entgelt für die besonderen Verpflichtungen und Leistungen des Stillhalters (Zinsverzicht, Eingehen eines Risikos, Bindung an das Optionsversprechen).[305]

Dass beide Personengruppen als wesentlich gleich einzustufen sind, unterstreicht auch ein Blick auf den tatsächlichen Ablauf börsengehandelter Optionsgeschäfte. Da die Clearingstelle und das Marketmaker-System je-

---

299 Vgl. Ausführungen unter Punkt C.II.2.a)ii(2): Glattstellung als „Veräußerung".
300 Vgl. *BFH*, Urt. v. 10.02.2015 – IX R 8/14, juris, Rn. 12.
301 *Worgulla*, Die Bruttobesteuerung in der Schedule der Einkünfte aus Kapitalvermögen, S. 27.
302 *Moritz/Strohm*, in: Moritz/Strohm, Handbuch Besteuerung privater Kapitalanlagen, S. 129–297 (Rn. 77); *Worgulla*, Die Bruttobesteuerung in der Schedule der Einkünfte aus Kapitalvermögen, S. 27.
303 *Worgulla*, Die Bruttobesteuerung in der Schedule der Einkünfte aus Kapitalvermögen, S. 27.
304 Vgl. *Buge*, in: Herrmann/Heuer/Raupach, EStG, § 20, Rn. 401; *Dahm/Hamacher*, Termingeschäfte im Steuerrecht, S. 6; *Bleschick*, in: Kirchhof/Seer, Einkommensteuergesetz (EStG), § 20, Rn. 9.
305 Vgl. *Buge*, in: Herrmann/Heuer/Raupach, EStG, § 20, Rn. 401; *Bleschick*, in: Kirchhof/Seer, Einkommensteuergesetz (EStG), § 20, Rn. 9.

derzeit eintreten können, zeigt sich in der Praxis, dass die Parteien eine Option nur noch in ca. 3 % der Fälle ausüben. Die große Mehrheit der Optionsgeschäfte findet ihr Ende durch Glattstellung.[306] Das führt dazu, dass sowohl Optionsinhaber als auch Stillhalter faktisch als Händler am Markt auftreten: Sie eröffnen zunächst eine Position, um sie anschließend mit dem Ziel, Wertänderungen zu realisieren, wieder zu schließen. Der Umstand, dass der Stillhalter zunächst eine Option schreibt und damit „verkauft" und diese Position später durch einen „Kauf" glattstellt, findet eine Parallele bei Veräußerungstatbeständen (z. B. § 20 Abs. 2 Satz 1 Nr. 1 EStG bezüglich Aktien) – etwa im Rahmen eines Leerverkaufs[307]. Insofern formuliert *Weber-Grellet* zutreffend, dass § 20 Abs. 1 Nr. 11 EStG letztlich nur ein „ausgegliederter Spezialfall" des § 20 Abs. 2 Satz 1 Nr. 3 EStG sei.[308]

Indem es der Gesetzgeber zulässt, dass Anschaffungsneben- und Veräußerungsnebenkosten abziehbar sind, um den Gewinn des Optionsinhabers zu bestimmen, während er die gleiche Möglichkeit beim Stillhalter ausschließt, behandelt er wesentlich Gleiches ungleich.

Art. 3 Abs. 1 GG verwehrt dem Gesetzgeber aber nicht per se alle denkbaren Differenzierungen. Eine Ungleichbehandlung muss jedoch stets durch Sachgründe, die dem Differenzierungsziel und dem Ausmaß der Ungleichbehandlung angemessen sind, rechtfertigbar sein.[309] Gründe, die es rechtfertigen, die Transaktionskosten beim Stillhalter – anders als beim Optionsinhaber – nicht als abzugsfähig zu berücksichtigen, sind aber nicht ersichtlich. Der Gesetzgeber gibt dafür auch keine Anhaltspunkte in seiner Gesetzesbegründung. Vielmehr hat er auch beim Stillhalter Wert darauf gelegt, das objektive Nettoprinzip einzuhalten.[310]

Der nicht gerechtfertigte Verstoß gegen den allgemeinen Gleichheitssatz (Art. 3 Abs. 1 GG) führt im Ergebnis dazu, dass § 20 Abs. 1 Nr. 11 EStG insoweit verfassungswidrig ist, als er sonstige Aufwendungen, die im Zusammenhang mit dem Schreiben und der rechtlichen Glattstellung einer Option anfallen, nicht zum Abzug von den eingenommenen Stillhalterprämien zulässt.

---

306 Vgl. *Dahm/Hamacher*, Termingeschäfte im Steuerrecht, S. 157.
307 Ein Leerverkauf ist eine Transaktion, bei der ein Leerverkäufer ein Finanzinstrument veräußert, das zum Zeitpunkt des Eingehens der Verkaufsvereinbarung nicht in seinem Eigentum steht. Ausführlich hierzu *Schlimbach*, Leerverkäufe, S. 9–31.
308 *Weber-Grellet*, in: Schmidt, 36. Aufl., EStG, § 20, Rn. 131.
309 *BVerfG*, Beschluss v. 25.06.2014 – 1 BvR 668/10, 1 BvR 2104/10, juris, Rn. 47.
310 BT-Drs. 16/4841, S. 54.

d) Höhe der Abziehbarkeit

Zu klären ist außerdem, ob Glattstellungsprämien nur bis zur Höhe der eingenommenen Stillhalterprämien zu berücksichtigen sind oder auch darüber hinaus. Die Gesetzesbegründung zum UntStReformG 2008 fordert, dass beim Stillhalter nach Abschluss eines Glattstellungsgeschäfts nur der verbliebene Vermögenszuwachs der Besteuerung unterworfen sein soll.[311] Daraus ließe sich nun der Schluss ableiten, dass ein Abzug nur bis zur Höhe der eingenommenen Stillhalterprämien möglich ist – und ein negativer Saldo aus vereinnahmten Stillhalterprämien und gezahlten Glattstellungsprämien nicht beachtlich sei. Eine andere Sprache sprechen dazu aber der Wortlaut des § 20 Abs. 1 Nr. 11 Hs. 2 EStG, die Gesetzessystematik sowie die weiteren Ausführungen in der Gesetzesbegründung. Der Wortlaut enthält keine Einschränkung dahingehend, dass lediglich positive Salden Berücksichtigung finden.[312]

Hinzu kommt, dass dem EStG aus systematischer Sicht ein symmetrisches Besteuerungskonzept von Optionspositionen zugrunde liegt.[313] Da bei der Besteuerung des Optionsinhabers gemäß § 20 Abs. 1 Satz 1 Nr. 3, Abs. 4 Satz 1 und 5 EStG unbestritten ist,[314] dass sowohl ein positiver als auch ein negativer Saldo steuerrechtlich relevant sind, muss dies aus Symmetriegesichtspunkten auch beim Stillhalter gelten.[315] Des Weiteren erkennt auch die Gesetzesbegründung ausdrücklich an, dass das Nettoprinzip im Rahmen des § 20 Abs. 1 Nr. 11 EStG jedenfalls partiell gelten soll.[316] Die Gesetzesbegründung entpuppt sich dadurch zwar als in gewisser Weise widersprüchlich, steht der Berücksichtigung von negativen Salden aber im Ergebnis deshalb nicht entgegen, weil bereits § 20 Abs. 1 Nr. 11 EStG partiell das Bruttoprinzip durchbricht und hinsichtlich der Glattstellungsprämien eine Besteuerung nach dem objektiven Nettoprinzip durchführt.[317]

---

311 BT-Drs. 16/4841, S. 54.
312 Vgl. *Jochum*, in: Kirchhof/Mellinghoff/Kube, EStG, § 20, C/11 11.
313 *Haisch*, Derivatebesteuerung im Privatvermögen ab 2009, S. 128.
314 Vgl. Ausführungen unter Punkt C.II.2.b: Besteuerungsumfang – Gewinnermittlung nach § 20 Abs. 4 EStG.
315 *Haisch*, Derivatebesteuerung im Privatvermögen ab 2009, S. 128.
316 BT-Drs. 16/4841, S. 54.
317 Vgl. *FG Hamburg*, Urt. v. 10.06.2016 – 5 K 185/13, juris, Rn. 136; *Buge*, in: Herrmann/Heuer/Raupach, EStG, § 20, Rn. 401; *Jachmann-Michel/Lindenberg*, in: Lademann, EStG, § 20, Rn. 491.

Es kann sich damit sowohl im Rahmen von § 20 Abs. 1 Nr. 11 EStG ein positiver als auch ein negativer Saldo ergeben.[318]

Sofern ein negativer Saldo vorliegt, führt er zu einem Werbungskostenüberschuss, den der Steuerpflichtige mit anderen positiven Kapitalerträgen nach Maßgabe des § 20 Abs. 6 EStG verrechnen oder vortragen kann.[319]

e) Gewinnermittlung bei mehreren gleichartigen Stillhalterpositionen

Wenn der Stillhalter mehrere Optionen derselben Gattung (Basiswert, Basispreis, Verfall, Call/Put) zu unterschiedlichen Zeitpunkten und zu unterschiedlichen Preisen schreibt, führt der Broker die einzelnen Optionen nicht jeweils einzeln im Depot des Kunden, sondern bildet einen Sammelposten. Für den Kunden ist also nur die Gesamtanzahl der offenen Optionskontrakte sichtbar, die er jederzeit rechtlich glattstellen kann: Wenn der Kunde einen Orderauftrag erteilt, um die offenen Positionen zu reduzieren, schließt er mit dem Broker – entweder durch eine ausdrückliche Kennzeichnung (Closing-Vermerk) oder eine Regelung in den AGB – einen Aufhebungsvertrag über die jeweilige Anzahl von Optionspositionen.

Finden die Glattstellungsgeschäfte aber zu unterschiedlichen Zeitpunkten und Preisen statt, stellt sich die Frage, wie die Gewinnermittlung stattzufinden hat. Es ist deshalb konkret zu klären, welche eingenommenen Stillhalterprämien mit welchen aufgewandten Glattstellungsprämien zu verrechnen sind. Eine Verrechnungsregelung findet sich grundsätzlich in § 20 Abs. 4 Satz 7 EStG: Die Regelung gilt für vertretbare Wertpapiere, die der Kunde einem Verwahrer zur Sammelverwahrung anvertraut hat. Für sie gilt die sog. FiFo-Methode (First-in-First-out): Die zuerst angeschafften Wertpapiere gelten stets als zuerst veräußert. Nach dem eindeutigen Wortlaut greift die Regelung aber nicht für börsengehandelte Optionen, da es sich hierbei nicht um vertretbare (verbriefte) Wertpapiere handelt.[320]

---

318 Vgl. ebenso *Moritz/Strohm*, in: Moritz/Strohm, Handbuch Besteuerung privater Kapitalanlagen, S. 129–297 (Rn. 175).
319 *Buge*, in: Herrmann/Heuer/Raupach, EStG, § 20, Rn. 401; *Haisch*, Derivatebesteuerung im Privatvermögen ab 2009, S. 129; *Jachmann-Michel/Lindenberg*, in: Lademann, EStG, § 20, Rn. 491; *Bleschick*, in: Kirchhof/Seer, Einkommensteuergesetz (EStG), § 20, Rn. 116.
320 *Dahm/Hamacher*, DStR 2008, 1910 (1916 f.); *Hamacher/Dahm*, in: Korn/Carlé, et al., EStG, § 20, Rn. 410; *Haisch*, Derivatebesteuerung im Privatvermögen ab 2009, S. 230; *Jochum*, in: Kirchhof/Mellinghoff/Kube, EStG, § 20, F 31; *Moritz/*

C. Einkommensteuerliche Behandlung de lege lata

Denkbar wäre es jedoch, die FiFo-Methode auch ohne ausdrückliche gesetzliche Anordnung für Optionsgeschäfte anzuwenden. Darüber hinaus könnte auch die LiFo-Methode (Last-in-First-out) zur Anwendung kommen. Eine weitere Option wäre es, die eingenommenen Stillhalterprämien nach Durchschnittswerten zu ermitteln.[321] Hierzu würden die eingenommenen Stillhalterprämien der Optionen derselben Gattung addiert und durch die Anzahl der geschriebenen Optionen geteilt. Hieraus ergebe sich die durchschnittlich eingenommene Stillhalterprämie pro Option. Stellt der Stillhalter eine seiner Optionen derselben Gattung glatt, würde die konkret aufgewandte Glattstellungsprämie mit der durchschnittlich eingenommenen Stillhalterprämie saldiert.

Da auch bei Anwendung der FiFo- oder LiFo-Methode keine Steuerausfälle mehr zu erwarten sind, nachdem der Gesetzgeber bei Einkünften aus Kapitalvermögen keine Spekulationsfrist mehr vorsieht, ist es jedenfalls nicht von vornherein zwingend, bei der Gewinnermittlung die Durchschnittswerte zugrunde zu legen.

Aufgrund der Steuerverstrickung aller Optionsgeschäfte lässt sich jedenfalls – unabhängig von der Verrechnungsmethode – eine Besteuerung in der Totalprognose nicht vermeiden. Möglich ist es lediglich, eine Steuerstundung zu erreichen.[322] Insofern können Kunde und Broker letztlich selbst vereinbaren, welche Verrechnungsmethodik sie anwenden möchten, um die Gewinne bei der Glattstellung gleichartiger Stillhalterpositionen zu ermitteln.[323]

Strohm, in: Frotscher/Geurts, EStG, § 20, Rn. 315; *Redert*, in: Fuhrmann/Kraeusel/Schiffers, 360° EStG eKommentar, § 20, Rn. 595. Zudem setze § 20 Abs. 4 Satz 7 EStG voraus, dass die Einkünfte durch Veräußerung, Einlösung oder Rückzahlung realisiert werden. Dies treffe auf die eingenommenen Stillhalterprämien nicht zu, vgl. *Haisch*, Derivatebesteuerung im Privatvermögen ab 2009, S. 176.

321 Vgl. *BFH*, Urt. v. 24.11.1993 – X R 49/90, juris; Urt. v. 04.05.1994 – X R 157/90, juris jeweils zu § 23 Abs. 1 Nr. 2 EStG a.F.; *Haisch*, Derivatebesteuerung im Privatvermögen ab 2009, S. 176; *Jochum*, in: Kirchhof/Mellinghoff/Kube, EStG, § 20, F 31; *Moritz/Strohm*, in: Frotscher/Geurts, EStG, § 20, Rn. 315.

322 Vgl. *Haisch*, Derivatebesteuerung im Privatvermögen ab 2009, S. 176.

323 *Dahm/Hamacher*, DStR 2008, 1910 (1916 f.); *Haisch*, Derivatebesteuerung im Privatvermögen ab 2009, S. 176; *Haisch/Krampe*, FR 2010, 311 (320); *Hamacher/Dahm*, in: Korn/Carlé, et al., EStG, § 20, Rn. 410; *Jochum*, in: Kirchhof/Mellinghoff/Kube, EStG, § 20, F 31; *Moritz/Strohm*, in: Frotscher/Geurts, EStG, § 20, Rn. 315; *Redert*, in: Fuhrmann/Kraeusel/Schiffers, 360° EStG eKommentar, § 20, Rn. 595.

f) Glattstellungsprämien in Fremdwährungen

Des Weiteren stellt sich die Frage, wie mit den Glattstellungsprämien aus Optionsgeschäften umzugehen ist, die der Steuerpflichtige in Fremdwährungen durchgeführt hat. Zahlt er Glattstellungsprämien in Fremdwährungen, stellt sich die Frage, welcher Zeitpunkt und welcher Umrechnungskurs zugrunde zu legen sind, um die Einkünfte zu ermitteln. Da für die Besteuerung des Stillhalters eine Regelung fehlt, die dem § 20 Abs. 4 Satz 1 Hs. 2 EStG entspricht, ist auch im Rahmen der Glattstellung auf die allgemeinen Regelungen in § 8 Abs. 1 i.V.m. § 2 Abs. 1 Nr. 5 EStG und § 9 Abs. 1 Satz 1 EStG zurückzugreifen. Für die aufgewandten Glattstellungsprämien ist, da es sich um einen Abfluss in Fremdwährung handelt, der Devisengeldkurs am Tag des Abflusses von Bedeutung.[324] In der Praxis kommt deshalb der Umrechnungskurs zur Anwendung, mit dem die Kreditinstitute bei Ankauf bzw. Verkauf von Devisen abrechnen.[325]

g) Besteuerungszeitpunkt

Kommt es zur Glattstellung einer Option, liegt nicht ohne Weiteres auf der Hand, zu welchem Zeitpunkt die aufgewandten Glattstellungsprämien zu saldieren sind. Von besonderer Relevanz ist die Frage, wenn der Zufluss der Stillhalterprämie und die Zahlung der Glattstellungsprämie in unterschiedliche Veranlagungszeiträume fallen. Denn grundsätzlich gelten die eingenommenen Stillhalterprämien mit Zufluss als bezogen.[326] Dies könnte dazu führen, dass der Stillhalter eingenommene Stillhalterprämien in voller Höhe zu versteuern hat und die im späteren Veranlagungszeitraum aufgewandten Prämien für die Glattstellung seiner Optionsposition steuerlich unberücksichtigt bleiben, wenn der Stillhalter keine Stillhalterprämien in diesem Veranlagungszeitraum einnimmt.

---

324 *Haisch*, Derivatebesteuerung im Privatvermögen ab 2009, S. 130; *Jachmann-Michel/Lindenberg*, in: Lademann, EStG, § 20, Rn. 493.
325 *Dahm/Hamacher*, DStR 2008, 1910 (1916); *Haisch*, Derivatebesteuerung im Privatvermögen ab 2009, S. 130.
326 Vgl. Ausführungen unter Punkt C.I.1.c: Besteuerungszeitpunkt.

C. Einkommensteuerliche Behandlung de lege lata

i) Strikte Berücksichtigung im Abflusszeitpunkt

Das Finanzgericht München[327] sowie ein Teil des Schrifttums will das Abflussprinzip strikt anwenden: Die Stillhalterprämie müsse der Steuerpflichtige im Veranlagungszeitraum des Zuflusses versteuern und die Glattstellungsprämien im Veranlagungszeitraum des Abflusses als Werbungskosten abziehen.[328] Dafür spreche der gesetzgeberische Zweck, das Besteuerungsverfahren mit der Abgeltungsteuer zu vereinfachen:[329] Die Abgeltungsteuer soll bereits im Rahmen des Kapitalertragsteuerabzugs bei den Kreditinstituten abschließende Wirkung entfalten. Die Kreditinstitute können den Steuerabzug bei Abfluss der Glattstellungsprämien in späteren Veranlagungszeiträume aber nicht mehr korrigieren – sonst käme es zu Auswirkungen auf die Verlustverrechnung, die Anrechnung ausländischer Steuern und das Freistellungsvolumen.[330] Eine Durchbrechung des Zufluss-Abfluss-Prinzips würde letztlich eine Veranlagung erforderlich machen – und damit dem Gedanken hinter der Abgeltungsteuer, die Besteuerung zu vereinfachen, zuwiderlaufen.[331] Deshalb seien die gezahlten Glattstellungsprämien zum Zeitpunkt der Zahlung als negativer Kapitalertrag in den sogenannten Verlustverrechnungstopf im Sinne des § 43a Abs. 3 Satz 2 EStG einzustellen.[332]

ii) Berücksichtigung im Veranlagungszeitraum der vereinnahmten Stillhalterprämie

Andere Stimmen in der Literatur vertreten die Auffassung, dass § 20 Abs. 1 Nr. 11 Hs. 2 EStG das Zufluss-Abfluss-Prinzip durchbreche.[333] Als

---

327 *FG München*, Gerichtsbescheid v. 28.09.2021 – 6 K 1458/19, juris, Rn. 41–44; Revision zum BFH wurde durch das FG München zugelassen.
328 *Brusch*, FR 2007, 999 (1000); *Buge*, in: Herrmann/Heuer/Raupach, EStG, § 20, Rn. 401; *Hamacher/Dahm*, in: Korn/Carlé, et al., EStG, § 20, Rn. 303; *Jachmann-Michel/Lindenberg*, in: Lademann, EStG, § 20, Rn. 494; *Moritz/Strohm*, in: Frotscher/Geurts, EStG, § 20, Rn. 212; *Ronig*, DB 2010, 128 (129).
329 *Jachmann-Michel/Lindenberg*, in: Lademann, EStG, § 20, Rn. 494; *Moritz/Strohm*, in: Frotscher/Geurts, EStG, § 20, Rn. 212.
330 Vgl. *Jachmann-Michel/Lindenberg*, in: Lademann, EStG, § 20, Rn. 494.
331 Vgl. *Moritz/Strohm*, in: Frotscher/Geurts, EStG, § 20, Rn. 212.
332 BMF, v. 18.01.2016 – IV C 1-S 2252/08/10004:017//2015/0468306, BStBl I 2016, S. 85 (Rn. 25).
333 *Feyerabend*, in: Feyerabend, Besteuerung privater Kapitalanlagen, A. Finanzinstrumente, Rn. 107; *Haisch*, Derivatebesteuerung im Privatvermögen ab 2009,

Begründung führen sie einerseits den Wortlaut und andererseits den Sinn und Zweck der Vorschrift an. Der Gesetzgeber wolle dadurch, dass er das Glattstellungsgeschäft in § 20 Abs. 1 Nr. 11 EStG berücksichtige, in erster Linie zum Ausdruck bringen, dass er Stillhalter- und Glattstellungsgeschäft als eine wirtschaftliche Einheit ansehe: Im Rahmen des § 20 Abs. 1 Nr. 11 EStG wolle er das Nettoprinzip verwirklichen.[334] Die gezahlten Glattstellungsprämien müssten deshalb steuerlich im Veranlagungszeitraum der vereinnahmten Stillhalterprämien ins Gewicht fallen.

Diese Lesart führt dazu, dass der Steuerpflichtige die gezahlten Glattstellungsprämien jedenfalls im Rahmen der Veranlagung geltend machen kann. Bereits bestandskräftige Veranlagungen könnten nach § 175 Abs. 1 Nr. 2 AO geändert werden.[335]

iii) Stellungnahme

Zwar sind Werbungskosten grundsätzlich für das Kalenderjahr abzusetzen, in dem sie geleistet worden sind (§ 11 Abs. 2 Satz 1 EStG). Wie die Ausnahmeregelungen in § 11 Abs. 1 und 2 EStG zeigen, muss der Steuerpflichtige Werbungskosten aber nicht vollständig nach einem strengen Abflussprinzip erfassen. Ausnahmen können sich aber nicht nur aus einer abweichenden gesetzlichen Regelung ergeben, sondern auch zwangsläufig aus den spezifischen Eigenheiten einmaliger Leistungen.[336]

Bereits mit Urteil vom 03.06.1992 hat der BFH entschieden, dass Werbungskosten aus einmaligen sonstigen Leistungen stets im Veranlagungszeitraum des Zuflusses der Einnahmen steuerlich zu erfassen sind – unabhängig vom Zeitpunkt des Abflusses.[337] Als Begründung führte das Gericht an, dass einmalige sonstige Leistungen nicht darauf angelegt seien, sich zu wiederholen; bei ihrer Besteuerung sei nur ein Überschuss von

---

S. 135; *Haisch*, in: Haisch/Helios, Rechtshandbuch Finanzinstrumente, § 6, Rn. 37; *Levedag*, in: Schmidt, 40. Aufl., EStG, § 20, Rn. 142; *Moritz/Strohm*, in: Moritz/Strohm, Handbuch Besteuerung privater Kapitalanlagen, S. 129–297 (Rn. 175); *Bleschick*, in: Kirchhof/Seer, Einkommensteuergesetz (EStG), § 20, Rn. 116.
334 *Feyerabend*, in: Feyerabend, Besteuerung privater Kapitalanlagen, S. 21 (Rn. 107).
335 *Haisch*, Derivatebesteuerung im Privatvermögen ab 2009, 135, 193; *Bleschick*, in: Kirchhof/Seer, Einkommensteuergesetz (EStG), § 20, Rn. 116.
336 *BFH*, Urt. v. 18.08.2015 – I R 38/12, juris, Rn. 23–25 m.w.N.
337 *BFH*, Urt. v. 03.06.1992 – X R 91/90, juris, Rn. 14.

einigem Gewicht zu erfassen. Der BFH berücksichtigte hierbei die (damals geltenden) Verlustverrechnungsbeschränkungen des § 22 Nr. 3 Satz 3 EStG a.F., wonach ein Verlustrück- oder Vortrag nicht zulässig war.[338] Auch den Umstand, dass § 22 Nr. 3 EStG a.F. keine spezielle, das Abflussprinzip durchbrechende Vorschrift darstellte, ließ das Gericht nicht als Gegenargument gelten.[339]

Die Erwägungen des BFH in seinen Urteilen vom 03.06.1992 sowie vom 18.08.2015 lassen sich bruchfrei auf die Stillhalterprämie im Sinne des § 20 Abs. 1 Nr. 11 EStG übertragen.[340] Denn der Stillhalter schuldet eine einmalige Leistung[341] (d. h. die Lieferung des Basiswerts oder die Zahlung eines Geldbetrags), deren wirtschaftlicher Erfolg erst feststeht, wenn ein etwaiges Glattstellungsgeschäft seinen Abschluss findet.[342] Dabei ist auch zu berücksichtigen, dass es auch im Rahmen der Abgeltungsteuer dazu kommen kann, dass eine Glattstellungsprämie – im Widerspruch zum objektiven Nettoprinzip – endgültig nicht mehr abzugs- oder ausgleichsfähig ist –, etwa weil die Verlustverrechnungsbeschränkungen des § 20 Abs. 6 EStG keinen Verlustrücktrag vorsehen.[343] Ferner normiert nun § 20 Abs. 1 Nr. 11 Hs. 2 EStG, dass die erhaltene Stillhalterprämie mit einer gezahlten Glattstellungsprämie zu verrechnen ist. Durch diese eigenständige gesetzliche Verrechnungsanordnung durchbricht der Gesetzgeber das Abflussprinzip.[344]

Zwar war es vordergründig das primäre Ziel des Reformgesetzgebers, Kapitaleinkünfte mit abgeltender Wirkung durch die Abgeltungsteuer direkt an der Quelle zu belegen. Eine Veranlagung wollte er nach Möglichkeit vermeiden. Wie jedoch § 32d Abs. 3 Satz 1 EStG offenbart, wollte der

---

338 *BFH*, Urt. v. 03.06.1992 – X R 91/90, juris, Rn. 18.
339 *BFH*, Urt. v. 03.06.1992 – X R 91/90, juris, Rn. 20.
340 *Haisch*, Derivatebesteuerung im Privatvermögen ab 2009, S. 134.
341 *BFH*, Urt. v. 18.12.2002 – I R 17/02, juris, Rn. 25.
342 *Haisch*, Derivatebesteuerung im Privatvermögen ab 2009, S. 134 m.w.N.; a.A. *Jachmann-Michel/Lindenberg*, in: Lademann, EStG, § 20, Rn. 494, Durch die systemwidrige Aufnahme der Stillhalterprämie in § 20 Abs. 1 EStG habe der Gesetzgeber zum Ausdruck gebracht, dass solche Erträge nicht mehr den Charakter einer Reihe einmaliger Einkünfte haben sollen.
343 Ebenso *Haisch*, Derivatebesteuerung im Privatvermögen ab 2009, S. 134. Ein Verstoß gegen den Gleichheitssatz des Art. 3. Abs. 1 GG liegt vor, wenn ein sogenannter Definitiveffekt eintritt, d.h. wenn es zu einer vollständigen Beseitigung der Abzugsmöglichkeit oder zu einem Ausschluss des Verlustausgleichs kommt, vgl. *BFH*, Vorlagebeschluss v. 26.02.2014 – I R 59/12, juris, Rn. 15.
344 *Haisch*, DStZ 2007, 762 (765); *Haisch*, Derivatebesteuerung im Privatvermögen ab 2009, S. 134.

Gesetzgeber diese Ziele nicht in den Grad eines absoluten Grundsatzes der Abgeltungsteuer erheben.[345]

Wenn der Zufluss der Stillhalterprämie und der Abfluss einer gezahlten Glattstellungsprämie in verschiedene Veranlagungszeiträume fallen, ist die Glattstellungsprämie im Ergebnis allein im Veranlagungszeitraum des Zuflusses der Stillhalterprämie zu berücksichtigen. Ein bereits ergangener Steuerbescheid, der die eingenommene Stillhalterprämie vollumfänglich berücksichtigt, ist dann nach § 175 Abs. 1 Nr. 2 AO zu ändern.[346] Nur so lässt sich dem Willen des Gesetzgebers, die Besteuerung nach dem Nettoprinzip im Rahmen des § 20 Abs. 1 Nr. 11 EStG beizubehalten – jedenfalls im Hinblick auf die Frage, ob Glattstellungsprämien abziehbar sind –, vollumfänglich Rechnung tragen.[347] Allein praktische Gründe bei der Erfassung von Glattstellungsprämien durch die Broker können nicht die materielle Rechtslage bestimmen. Insoweit ist es auch nicht verwunderlich und nur folgerichtig, dass sich das BMF-Schreiben vom 18.01.2016 nicht zur Frage äußert, wie die Glattstellungsprämien bei einer Abwicklung über ausländische Kredit- und Finanzdienstleistungsinstitute, bei denen das Kapitalertragsteuerverfahren nach §§ 43 ff. EStG grundsätzlich nicht anzuwenden ist,[348] stattfindet.[349]

h) Steuerliche Behandlung der wirtschaftlichen Glattstellung

Der Fall der wirtschaftlichen Glattstellung fällt nicht unter § 20 Abs. 1 Nr. 11 EStG.[350] Für die steuerliche Behandlung sind die beiden Optionspositionen beim Stillhalter getrennt zu betrachten. Sofern die beiden Positionen verfallen, sind die eingenommenen Stillhalterprämien nach § 20 Abs. 11 Nr. 1 Hs. 1 EStG zu besteuern;[351] die aufgewandten Optionsprämien führen zu negativen Einkünften gemäß § 20 Abs. 2 Satz 1 Nr. 3

---

345 Ebenso *Haisch*, Derivatebesteuerung im Privatvermögen ab 2009, S. 134.
346 *Haisch*, Derivatebesteuerung im Privatvermögen ab 2009, 135, 193; *Oertel*, in: Kirchhof/Seer, Einkommensteuergesetz (EStG), § 20, Rn. 116; a.A. *Buge*, in: Herrmann/Heuer/Raupach, EStG, § 20, Rn. 401.
347 Vgl. BT-Drs. 16/4841, S. 54.
348 Vgl. *Hoffmann*, in: Frotscher/Geurts, EStG, § 43, Rn. 192.
349 Vgl. BMF, v. 18.01.2016 – IV C 1-S 2252/08/10004:017//2015/0468306, BStBl I 2016, S. 85 (Rn. 25); *Ronig*, DB 2010, 128 (129).
350 Vgl. Ausführungen unter Punkt C.I.2.a)v: Stellungnahme und eigene Ansicht.
351 Vgl. Ausführungen unter Punkt C.I.4: Beendigung eines Stillhaltergeschäfts durch Verfall.

Buchst. a) i.V.m. Abs. 4 Satz 5 EStG oder vergeblichen Aufwendungen im Rahmen der Gewinnermittlung des Basiswerts[352].

Werden die beiden Optionspositionen hingegen ausgeübt,[353] werden beide Optionspositionen getrennt steuerlich betrachtet.[354]

i) Zwischenergebnis zur Glattstellung

Ein Glattstellungsgeschäft im Sinne des § 20 Abs. 1 Nr. 11 Hs. 2 EStG liegt nur dann vor, wenn die Parteien das Ausgangsgeschäft rechtlich beenden. Eine sogenannte wirtschaftliche Glattstellung stellt demgegenüber kein Glattstellungsgeschäft im Sinne dieser Vorschrift dar. Ob eine rechtliche Glattstellung erfolgt ist, richtet sich nach den Regelungen, die der Stillhalter und sein Broker getroffen haben. Der Begriff des Glattstellungsvermerks, den die Gesetzesbegründung beispielhaft aufführt,[355] ist nicht allein ausschlaggebend, sondern eine rechtliche Beendigung kann auch durch individuelle Vereinbarungen (z. B. vorgezeichnet durch die AGB zwischen Broker und Stillhalter) eintreten.

Bei den Glattstellungsprämien handelt es sich um Werbungskosten. Indem sie aufgrund § 20 Abs. 1 Nr. 11 Hs. 2 EStG anrechenbar sind, durchbricht der Gesetzgeber das generelle Werbungskostenabzugsverbot nach § 20 Abs. 9 Satz 1 Hs. 2 EStG. Dadurch verstößt er zugleich gegen das Prinzip der Folgerichtigkeit. Der Verstoß ist jedoch aufgrund der Besonderheit der Glattstellungsprämien und mangels Typisierbarkeit im Rahmen der gesetzlichen Wertungen gerechtfertigt.[356]

Darüber hinaus sind sonstige Aufwendungen, die im Zusammenhang mit der Stillhaltertätigkeit entstehen (z. B. Transaktionskosten), vom Ab-

---

352 Vgl. Ausführungen unter Punkt C.II.4.b)ii: Anwendung von § 20 Abs. 2 Satz 1 Nr. 3 Buchst. a) EStG, und Punkt C.II.4.c)ii: Erfassung der aufgewandten Optionsprämien bei verfallenen, auf Lieferung gerichteten Optionen nach den Vorschriften des Basisgeschäfts.
353 Einmal die vom Stillhalter geschriebene Option durch den Optionsinhaber und zum anderen die vom Stillhalter zur wirtschaftlichen Glattstellung gekaufte Option durch den Stillhalter selbst.
354 Für die geschriebene Option vgl. Ausführungen unter Punkt C.I.3: Beendigung eines Stillhaltergeschäfts durch Ausübungsentscheidung, und für die vom Stillhalter erworbene Option vgl. Ausführungen unter Punkt C.II.3: Beendigung eines Optionsgeschäfts durch Ausübungsentscheidung.
355 BT-Drs. 16/4841, S. 54.
356 Vgl. Ausführungen unter Punkt C.I.2.b)vi: Rechtfertigung des Verstoßes gegen das Prinzip der Folgerichtigkeit.

zug ausgeschlossen. Dafür spricht der eindeutige Wortlaut des § 20 Abs. 1 Nr. 11 EStG. Da sonstige Aufwendungen beim Optionsinhaber,[357] aber nicht beim Stillhalter zum Abzug zugelassen sind, verstößt der Gesetzgeber gegen den allgemeinen Gleichheitssatz (Art. 3 Abs. 1 GG). Anders als im Hinblick auf die Abzugsfähigkeit der Glattstellungsprämien ist der Verstoß bei sonstigen Aufwendungen nicht gerechtfertigt und § 20 Abs. 1 Nr. 11 EStG insoweit verfassungswidrig.

Um bei mehreren gleichartigen Stillhalterpositionen die Gewinnermittlung vorzunehmen, schreibt das Gesetz nicht die FiFo-Methode vor. Vielmehr steht es Kunde und Broker offen, die Verrechnungsmethode im Rahmen der Gewinnermittlung bei Glattstellungsgeschäften untereinander zu vereinbaren.

Zahlt der Stillhalter Glattstellungsprämien in Fremdwährungen, ist der Devisengeldkurs am Tag des Abflusses von Bedeutung, da es sich um einen Abfluss in Fremdwährung handelt.

Fallen der Zufluss der Stillhalterprämie und der Abfluss einer gezahlten Glattstellungsprämie in verschiedene Veranlagungszeiträume, ist die Glattstellungsprämie im Veranlagungszeitraum des Zuflusses der Stillhalterprämie zu berücksichtigen. Ein bereits ergangener Steuerbescheid, der die eingenommene Stillhalterprämie vollumfänglich berücksichtigt, ist dann nach § 175 Abs. 1 Nr. 2 AO zu ändern.

3. Beendigung eines Stillhaltergeschäfts durch Ausübungsentscheidung

Das Stillhaltergeschäft kann sein Ende nicht nur durch Glattstellung finden, sondern auch dadurch, dass der Optionsinhaber die Option ausübt und damit das Basisgeschäft durchführt. Für die steuerliche Behandlung ist es dann entscheidend, wie die Abwicklung konkret ausgestaltet ist. Zum einen ist es möglich, den Basiswert gegen Zahlung des vereinbarten Basispreises physisch zu liefern (a), zum anderen kommt die Zahlung eines sogenannten Differenzausgleichs in Betracht (b).[358]

---

357 Vgl. Ausführungen unter Punkt C.II.2.b: Besteuerungsumfang – Gewinnermittlung nach § 20 Abs. 4 EStG.
358 Vgl. Ausführungen unter Punkt B.I.1.e: Abwicklung.

C. Einkommensteuerliche Behandlung de lege lata

a) Physische Lieferung des Basiswerts

Bei der physischen Lieferung des Basiswerts kommt es beim Stillhalter zu einem Anschaffungs- oder Veräußerungsvorgang hinsichtlich des lieferbaren Basiswerts. Aufgrund ihrer Eigenheiten bietet es sich an, Kauf- (i) und Verkaufsoptionen (ii) steuerlich getrennt voneinander zu analysieren.

i) Ausübung einer Kaufoption

Übt der Optionsinhaber eine Kaufoption aus, veräußert der Stillhalter den Basiswert an den Optionsinhaber. Dafür erhält er den vereinbarten Basispreis und liefert die vereinbarte Stückzahl des Basiswerts an den Optionsinhaber.

Unterschiede bestehen insoweit zwischen einer sogenannten gedeckten (1) und einer ungedeckten Position (2). Bei einer gedeckten Position hält der Stillhalter bereits den Basiswert in seinem Depot und kann seine Lieferverpflichtung hieraus erfüllen, während er den Basiswert bei einer ungedeckten Position nicht im Depot hält.

(1) Gedeckte Position

Sofern der Stillhalter den Basiswert im Rahmen einer gedeckten Position bereits in seinem Depot vorhält, liegt bei ihm – sofern der Basiswert ein Wirtschaftsgut im Sinne des § 20 Abs. 2 EStG ist – ein Veräußerungsgeschäft nach § 20 Abs. 2 EStG hinsichtlich des Basiswerts vor.[359]

Bei börsengehandelten Optionen handelt es sich bei den Basiswerten entweder um Aktien oder Futures und damit um Wirtschaftsgüter im Sinne des § 20 Abs. 2 EStG.[360] Um den Gewinn einer Veräußerung zu ermitteln, sind gemäß § 20 Abs. 4 Satz 1 EStG die Einnahmen aus der Veräußerung mit den Aufwendungen, die im unmittelbaren sachlichen Zusammenhang mit dem Veräußerungsgeschäft stehen, und den Anschaffungskosten zu saldieren.

---

[359] BMF, v. 18.01.2016 – IV C 1-S 2252/08/10004:017//2015/0468306, BStBl I 2016, S. 85 (Rn. 26); *Jachmann-Michel/Lindenberg*, in: Lademann, EStG, § 20, Rn. 502.

[360] Aktien fallen unter § 20 Abs. 2 Satz 1 Nr. 1 Satz 1 EStG; Futures unter § 20 Abs. 2 Satz 1 Nr. 3 EStG, bzgl. Futures vgl. nur *Buge*, in: Herrmann/Heuer/Raupach, EStG, § 20, Rn. 472.

Welche Beträge im Einzelnen zu den Einnahmen aus der Veräußerung gehören, ergibt sich indes nicht eindeutig aus dem Gesetz. Offen ist insbesondere, ob die eingenommene Stillhalterprämie zu den Einnahmen aus der Veräußerung des Basiswerts zählt. Das illustriert eine Differenzierung nach Aktien und Futures. Handelt es sich bei dem Basiswert um Aktien, so gibt § 20 Abs. 6 Satz 4 EstG vor, dass der Steuerpflichtige einen etwaigen Verlust aus dem Basisgeschäft nicht mit der eingenommenen Stillhalterprämie verrechnen darf.[361] Beim Basiswert Future wäre es hingegen möglich, eine Verrechnung der Verluste aus dem Basisgeschäft mit den eingenommenen Stillhalterprämien vorzunehmen. Vor diesem Hintergrund wäre eine Trennung zwischen Stillhalter- und Basisgeschäft für den Stillhalter nachteilig, der das Basisgeschäft in Aktien (und nicht in Futures) durchführt.

(a) Problem: Umfang der Einnahmen aus der Veräußerung des Basiswerts

Zu klären ist daher die Frage, welche Beträge zu den Einnahmen aus der Veräußerung gehören. Zählen insbesondere auch die Stillhalterprämien, wenn der Optionsinhaber das Basisgeschäft ausübt oder durchführt, zu den Einnahmen im Rahmen der Veräußerung? Folgt die Stillhalterprämie im Falle der physischen Lieferung dem ertragsteuerlichen Schicksal des gelieferten Basiswerts[362]?

Für die Rechtslage vor Einführung des UntStReformG 2008 ging der BFH in ständiger Rechtsprechung davon aus, dass Optionsgeschäft und Basisgeschäft eine getrennte Behandlung erfahren müssen.[363]

Die Trennungstheorie des BFH beruhte auf der Annahme, dass der Stillhalter die Stillhalterprämie als Gegenleistung für eine Leistung erhalte, die vom Basisgeschäft wirtschaftlich und rechtlich selbstständig ist.[364] Diese Leistung sah der BFH vielmehr in der vertraglich eingegangenen Bindung und dem Risiko des Stillhalters, dass der Optionsinhaber ihn aus dem Optionsgeschäft in Anspruch nehmen könnte.[365]

---

361 *Buge*, in: Herrmann/Heuer/Raupach, EStG, § 20, Rn. 620.
362 Vgl. *Blum*, Derivative Finanzinstrumente im Ertragsteuerrecht, S. 200.
363 *BFH*, Urt. v. 13.02.2008 – IX R 68/07, juris, Rn. 14; Urt. v. 11.02.2014 – IX R 10/12, juris, Rn. 35; Urt. v. 11.02.2014 – IX R 46/12, juris, Rn. 20; Urt. v. 10.02.2015 – IX R 8/14, juris, Rn. 11 jeweils m.w.N.; *Jochum*, in: Kirchhof/Mellinghoff/Kube, EStG, § 20, C/11 3.
364 *BFH*, Urt. v. 13.02.2008 – IX R 68/07, juris, Rn. 14.
365 *BFH*, Urt. v. 13.02.2008 – IX R 68/07, juris, Rn. 14.

C. Einkommensteuerliche Behandlung de lege lata

Nach alter Rechtslage[366] war die Trennung zudem erforderlich, um die steuerbare Ertragsebene (Stillhaltergeschäft) und die nicht steuerbare Vermögensebene (Basisgeschäft) voneinander unterscheiden zu können.[367] Vor dem UntStReformG 2008 war bei Kapitaleinkünften nur die Ertragsebene steuerbar, nicht aber die Vermögensebene.[368] Der BFH hat das Stillhaltergeschäft vor diesem Hintergrund der Ertragsebene zugeordnet, das Basisgeschäft hingegen zur Vermögensebene. In der Folge hat er das Basisgeschäft als privates Veräußerungsgeschäft nach § 23 Abs. 1 Satz 1 Nr. 2 oder 3 EstG a.F. behandelt. Verluste aus einem privaten Veräußerungsgeschäft durfte der Steuerpflichtige nicht mit positiven Einkünften aus anderen Einkunftsarten ausgleichen (§ 23 Abs. 3 Satz 7 EStG a.F.).

Mit seinen Urteilen vom 12.01.2016[369] hat der BFH seine Trennungstheorie erstmals für die neue Rechtslage nach dem UntStReformG 2008 aufgegeben. Er führt dazu aus: „[S]oweit der Senat in seiner bisherigen Rechtsprechung zur Besteuerung von Optionsgeschäften das Eröffnungs- und das Basisgeschäft mit Blick auf die zivilrechtliche Rechtslage ertragsteuerrechtlich nicht als einheitliches Rechtsgeschäft verstanden hat, kann diese Trennung vor dem Hintergrund der veränderten Gesetzeslage nicht länger aufrechterhalten werden. Vielmehr ist davon auszugehen, dass die Anschaffung einer Option und der Ausgang des Optionsgeschäfts bei der ertragsteuerrechtlich gebotenen wirtschaftlichen Betrachtungsweise [...] grundsätzlich als Einheit betrachtet werden müssen."[370] In den entschiedenen Sachverhaltskonstellationen behandelt der BFH jedoch ausschließlich Fälle, in denen es um die Besteuerung des Optionsinhabers geht. Seine Urteile enthalten indes keine Aussage darüber, ob die Wertungen auf den Stillhalter übertragbar sind.

Während die Finanzverwaltung sowie Teile der Literatur nach wie vor an einer getrennten Behandlung von eingenommenen Stillhalterprämien und dem Gewinn aus den durchgeführten Basisgeschäften festhalten (aa), plädieren andere Autoren dafür, Stillhalter- und Basisgeschäft einheitlich zu betrachten, wenn es zur Lieferung des Basiswerts kommt (bb). Im Er-

---

366 Vgl. Ausführungen unter Punkt B.II.1: Entwicklung bis zur Abgeltungsteuer.
367 *Aigner/Balbinot*, DStR 2015, 198 (201).
368 Vgl. *Buge*, in: Herrmann/Heuer/Raupach, EStG, § 20, Rn. 42; *Ratschow*, in: Heuermann/Brandis, Ertragsteuerrecht, § 20 EStG, Rn. 15.
369 *BFH*, Urt. v. 12.01.2016 – IX R 49/14, juris; Urt. v. 12.01.2016 – IX R 48/14, juris; Urt. v. 12.01.2016 – IX R 50/14, juris.
370 *BFH*, Urt. v. 12.01.2016 – IX R 49/14, juris, Rn. 13; Urt. v. 12.01.2016 – IX R 48/14, juris, Rn. 17; Urt. v. 12.01.2016 – IX R 50/14, juris, Rn. 11.

gebnis sind Stillhalter- und Basisgeschäft als zeitlich gestaffeltes, wirtschaftlich einheitliches Geschäft zu betrachten (cc).

(aa) Getrennte Betrachtung von Options- und Basisgeschäft

Die Befürworter der Trennungstheorie wollen auch nach Einführung des UntStReformG 2008 und der Reform der Einkünfte aus Kapitalvermögen steuerlich weiterhin strikt zwischen Optionsgeschäft (Eröffnungsgeschäft) und Basisgeschäft trennen. Eingenommene Stillhalterprämien seien als laufende Kapitalerträge stets nach § 20 Abs. 1 Nr. 11 EStG zu besteuern.[371]

So plädiert auch *Haisch* dafür, dass die eingenommene Stillhalterprämie nicht in den Saldo des Veräußerungsgeschäfts des Basisgeschäfts einfließt. Dafür stellt er aber nicht auf die Trennungstheorie des BFH ab. Vielmehr begründet er seine Ansicht damit, dass es sich bei den Stillhalterprämien für steuerliche Zwecke nicht um Aufwendungen handle, die im unmittelbaren sachlichen Zusammenhang mit den Basisgeschäften stünden. Denn zum einen seien sie gemäß § 20 Abs. 1 Nr. 11 EStG Kapitalerträge und könnten schon daher keine Aufwendungen im Zusammenhang mit § 20 Abs. 2 EStG sein – und zum anderen verblieben die Stillhalterprämien unabhängig davon, ob es zur Ausübung der Kaufoption kommt, beim Stillhalter. Der Stillhalter setze daher auch die Prämie nicht ein, um die Basiswerte zu veräußern. Es fehle daher zumindest an einem unmittelbaren Zusammenhang zwischen den Stillhalterprämien und der Veräußerung des Basiswerts.[372]

(bb) Einheitliche Betrachtung von Options- und Basisgeschäft

Andere Stimmen in der Literatur ordnen das Begeben einer Option nicht als wirtschaftlich selbstständige Leistung ein, die sich von einem späteren Basisgeschäft trennen lässt. Vielmehr seien Optionsgeschäft und durchge-

---

371 *BMF*, v. 18.01.2016 – IV C 1-S 2252/08/10004:017//2015/0468306, BStBl I 2016, S. 85 (Rn. 26); *Dahm/Hamacher*, DStR 2008, 1910 (1913); *Helios/Philipp*, FR 2010, 1052 (1054 f.); *Helios/Philipp*, BB 2010, 95 (99); *Jachmann-Michel/Lindenberg*, in: Lademann, EStG, § 20, Rn. 503; *Moritz/Strohm*, in: Moritz/Strohm, Handbuch Besteuerung privater Kapitalanlagen, S. 129–297 (Rn. 176); *Möllenbeck*, in: Littmann/Bitz/Pust, EStG, § 20, Rn. 1051.
372 Zum Ganzen *Haisch*, Derivatebesteuerung im Privatvermögen ab 2009, S. 189–190.

C. Einkommensteuerliche Behandlung de lege lata

führtes Basisgeschäft einheitlich zu betrachten: Optionsgeschäft und Basisgeschäft bildeten stets eine wirtschaftliche Einheit.[373]

Die Befürworter einer einheitlichen Betrachtung führen dafür die Modalitäten an, um die Höhe der eingenommenen Stillhalterprämie zu ermitteln: Neben dem Ausübungspreis der Option spiele insbesondere auch die Volatilität des Basiswerts und die restliche Laufzeit bis zum Verfall der Option eine Rolle.[374] Bei diesen Einflussfaktoren handle es sich aber letztlich um Merkmale des Basisgeschäfts. Die Höhe der Stillhalterprämie werde daher maßgeblich von den Kennzahlen des Basisgeschäfts beeinflusst.[375]

Zudem könne die Ertrags- und Vermögensebene bei Optionen nicht sinnvollerweise voneinander unterschieden werden.[376] Da Ertrags- und Vermögensebene nunmehr grundsätzlich steuerbar seien, sei eine Trennung von Ertrags- und Vermögensebene bei den Kapitaleinkünften weder erforderlich noch möglich.[377]

Zu den Einnahmen aus der Veräußerung (des Basiswerts) gehöre vielmehr alles, was der Veräußerer erhalte, um die Lieferverpflichtung einzugehen und zu erfüllen[378] – und bei den eingenommenen Stillhalterprämien handle es sich um einen Teil der Einnahmen aus der Veräußerung des Basiswerts.[379] Bei genauerem Hinsehen entpuppten sich die eingenommenen Stillhalterprämien als Vorauszahlung für den Kaufpreis, der im Basisgeschäft zu entrichten sei.[380]

Für eine einheitliche Beurteilung führen ihre Fürsprecher zudem die spiegelbildliche Betrachtung der Optionsprämien beim Optionsinhaber an – und rekurrieren insofern auf den Grundsatz der Folgerichtigkeit.[381] Beim Optionsinhaber addierten sich die aufgewandte Optionsprämie und der Basispreis zu den Anschaffungskosten für den Basiswert.[382] Beim Stillhalter ergäben sich damit die Einnahmen aus der Veräußerung als Additi-

---

373 *Redert*, in: Fuhrmann/Kraeusel/Schiffers, 360° EStG eKommentar, § 20, Rn. 457; *Wagner*, Spekulative Optionsgeschäfte aus vertragsrechtlicher, handelsbilanzrechtlicher und steuerrechtlicher Sicht, 60, 241.
374 Vgl. Ausführungen unter Punkt B.I.6: Bildung des Optionspreises; *Helios/Philipp*, FR 2010, 1052 (1054); *Aigner/Balbinot*, DStR 2015, 198 (201).
375 *Aigner/Balbinot*, DStR 2015, 198 (201).
376 *Aigner/Balbinot*, DStR 2015, 198 (202).
377 *Aigner/Balbinot*, DStR 2015, 198 (202).
378 *Philipowski*, DStR 2011, 1298 (1299).
379 *Philipowski*, DStR 2011, 1298 (1299).
380 *Aigner/Balbinot*, DStR 2015, 198 (204).
381 *Philipowski*, DStR 2011, 1298 (1299).
382 *Bleschick*, in: Kirchhof/Seer, Einkommensteuergesetz (EStG), § 20, Rn. 130.

on von Stillhalterprämie und vereinnahmtem Basispreis.[383] Die vom BFH vormals aufgestellte Begründung, dass die in einem Optionsvertrag begründeten Chancen und Risiken für den Stillhalter ein derartiges Eigengewicht erhielten, dass sie eine eigenständige Leistung darstellten, könne nur dann überzeugen, wenn die Option nicht zur Ausübung gelange und sich damit darin erschöpfe, die Risiken zu übernehmen und sich vertraglich zu binden.[384] Komme es jedoch zur Ausübung der Option, verwirkliche sich das durch den Stillhalter eingegangene Risiko und die vertraglichen Bindungen gehen in der Lieferverpflichtung auf. In diesem Fall stelle sich mit der Ausübung der Option heraus, dass sich die „Leistung" des Stillhalters nicht lediglich darin erschöpfe, Risiken einzugehen und Basiswerte bereitzuhalten – vielmehr bestehe eine tatsächlich zu erbringende (Liefer-)leistung.[385]

Zudem verwirkliche sich das objektive Nettoprinzip und es findet eine Besteuerung nach der objektiven Leistungsfähigkeit statt, wenn man Optionsgeschäft und Basisgeschäft einheitlich betrachte und die eingenommene Stillhalterprämie beim Basisgeschäft berücksichtige. Denn nur dann minderten sich etwaige Verluste aus dem Basisgeschäft durch Saldierung mit der eingenommenen Stillhalterprämie.[386]

(cc) Stellungnahme: Berücksichtigung beim Basisgeschäft

Die besseren Argumente sprechen dafür, Options- und Basisgeschäft einheitlich zu betrachten. Wenn der Optionsinhaber eine Kaufoption mit physischer Lieferung des Basiswerts ausübt, bilden das Basisgeschäft und das Optionsgeschäft ein zeitlich gestaffeltes, wirtschaftlich einheitliches Geschäft. Bei den vereinnahmten Stillhalterprämien handelt es sich dann um Einnahmen aus der Veräußerung des Basiswerts. Denn dazu gehören alle Güter, die in Geld oder Geldeswert bestehen und die der Steuerpflichtige bei der Veräußerung einer Kapitalanlage erhält.[387]

Das Stillhaltergeschäft und das durchgeführte Basisgeschäft mit physischer Lieferung sind nicht derart wirtschaftlich getrennt, dass sie steuerlich unterschiedlich zu behandeln wären. Jedenfalls seit der Einführung des

---

383 *Aigner/Balbinot*, DStR 2015, 198 (202); *Philipowski*, DStR 2011, 1298 (1299).
384 *Philipowski*, DStR 2011, 1298 (1300 f.).
385 *Philipowski*, DStR 2011, 1298 (1301).
386 *Karrenbrock*, NWB 2016, 750 (751); *Philipowski*, DStR 2011, 1298 (1300).
387 Vgl. *Buge*, in: Herrmann/Heuer/Raupach, EStG, § 20, Rn. 562.

C. Einkommensteuerliche Behandlung de lege lata

UntStReformG 2008 sind bei den Kapitaleinkünften sowohl die laufenden Erträge als auch die Veräußerungsgewinne steuerbar. Eine Trennung zwischen Vermögens- und Ertragsebene findet gerade nicht mehr statt.

Für die einheitliche Betrachtung spricht zudem, dass der Optionsinhaber den Basiswert erwirbt, weil er die von ihm gekaufte Option ausübt und der Stillhalter ihm den Basiswert aufgrund der Option verkauft. Das Basisgeschäft beruht allein auf der Ausübung der Option. Im Falle der Ausübung und physischen Lieferung besteht die Leistung des Stillhalters also nicht lediglich darin, sich vertraglich zu binden und Risiken einzugehen[388]. Die Leistung des Stillhalters besteht vielmehr in der tatsächlichen Lieferung, also im Basisgeschäft. Dieses bildet den wirtschaftlichen Schwerpunkt. Wenn die Parteien das Basisgeschäft durchführen, bildet es sowohl aus Perspektive des Optionsinhabers als auch des Stillhalters den Schwerpunkt – denn es haben sich die eingegangenen Risiken und Bindungen verwirklicht.

Sofern *Haisch* die Stillhalterprämie getrennt einordnen will, weil es sich bei ihr nicht um Aufwendungen handle, die im unmittelbaren sachlichen Zusammenhang mit dem Veräußerungsgeschäft stehen, ist ihm beizupflichten. Denn der Stillhalter setzt die Stillhalterprämie in der Tat nicht ein, um den Basiswert zu veräußern. Jedoch ist *Haisch* insofern nicht zuzustimmen, als die Veräußerung lediglich aufgrund der eingegangenen Verpflichtung aus dem Optionsgeschäft stattfinde. Entscheidender Anknüpfungspunkt ist nicht die Frage, ob es sich um Aufwendungen für die Veräußerung des Basiswerts handelt, sondern ob es sich bei den eingenommenen Stillhalterprämien um Einnahmen der Veräußerung handelt, wenn die Parteien das Basisgeschäft mit physischer Lieferung durchführen. Diese eigentliche Frage ist meines Erachtens zu bejahen, da der Stillhalter den Basiswert deshalb erfüllen muss, weil er sich dazu mit der Option verpflichtet hat. Das Optionsgeschäft bildet also die Grundlage und ist kausal (ursächlich) für die Veräußerung.

Hinzu kommt, dass der Gesetzgeber eine zwingende Zuordnung der Stillhalterprämie zu § 20 Abs. 1 Nr. 11 EStG nur für den Fall vorgesehen hat, dass die Parteien das Stillhaltergeschäft durch ein Gegengeschäft (Glattstellung) beenden. In der Gesetzesbegründung zu § 20 Abs. 1 Nr. 11 EStG heißt es: „[D]abei wird nur der beim Stillhalter nach Abschluss eines Gegengeschäfts (Glattstellung) verbliebene Vermögenszuwachs der Besteuerung unterworfen (Nettoprinzip)."[389] Der Fall der Glatt-

---

388 Vgl. BT-Drs. 16/4841, S. 54.
389 BT-Drs. 16/4841, S. 54.

stellung steht zudem auch in § 20 Abs. 1 Nr. 11 Hs. 2 EStG im Mittelpunkt: Aus systematischen Gesichtspunkten richtet sich eine zwingende steuerliche Behandlung auch nur nach § 20 Abs. 1 Nr. 11 EStG, wenn das Optionsgeschäft durch Glattstellung endet.

Einer Zuordnung der Stillhalterprämie zu den Einnahmen bzw. Ausgaben eines durchgeführten Basisgeschäfts steht auch nicht der Wille des Gesetzgebers entgegen. Gegen eine einheitliche Betrachtung könnte zwar sprechen, dass es zu einem mitunter erheblichen Verwaltungsaufwand in der Abwicklung für die Banken führt, insbesondere, wenn das Schreiben der Option und die Ausübung der Option in unterschiedliche Veranlagungszeiträume fallen. Dadurch entsteht ein gewisser Widerspruch dazu, dass der Gesetzgeber mit dem UntStReformG 2008 im Rahmen der Kapitaleinkünfte ein einfaches Besteuerungsverfahren einführen wollte.[390] Jedoch ist das Motiv einer Vereinfachung nicht abschließend und absolut zu setzen. Vielmehr hat der Gesetzgeber in § 32d Abs. 4 EStG ausdrücklich die Möglichkeit zur Veranlagung offen gelassen. Sofern der Steuerpflichtige sein Depot bei einem ausländischen Broker hält, greifen die §§ 43 ff. EStG ohnehin nicht ein;[391] eine Veranlagung ist dann gemäß § 32d Abs. 3 EStG ohnehin notwendig.

Wenn die Parteien das Basisgeschäft durchführen, handelt es sich bei den Stillhalterprämien im Ergebnis um Einnahmen aus der Veräußerung im Rahmen des Basisgeschäfts. Sie unterfallen dann nicht § 20 Abs. 1 Nr. 11 EStG. Die eingenommenen Stillhalterprämien sind lediglich im Falle der Glattstellung oder des Verfalls[392] nach § 20 Abs. 1 Nr. 11 EStG zu versteuern.[393]

(b) Stillhalterprämien in Fremdwährung: Umrechnung in Euro

Prämien, die der Stillhalter in Fremdwährung eingenommen hat, sind zum Zeitpunkt der Veräußerung in Euro umzurechnen (§ 20 Abs. 4 Satz 1 Hs. 2 EStG). Konkret heißt das: nicht zum Tag des Schreibens der Option,

---

390 Für eine Lösungsmöglichkeit, vgl. *Philipowski*, DStR 2011, 1298 (1301).
391 Vgl. *Hoffmann*, in: Frotscher/Geurts, EStG, § 43, Rn. 192.
392 Zur steuerlichen Behandlung des Verfalls vgl. Ausführungen unter Punkt C.I.4: Beendigung eines Stillhaltergeschäfts durch Verfall.
393 Ebenso *Philipowski*, DStR 2011, 1298 (1300); *Aigner/Balbinot*, DStR 2015, 198 (204); *Cornelius*, EStB 2016, 172 (173); vgl. im Ergebnis ebenso zum österreichischen Recht *Blum*, Derivative Finanzinstrumente im Ertragsteuerrecht, S. 199.

sondern des Abschlusses des Veräußerungsgeschäfts (Basisgeschäft).[394] Da es sich bei der eingenommenen Stillhalterprämie um einen Geldzufluss handelt, ist der Devisenbriefkurs der jeweiligen Fremdwährung zugrunde zu legen.[395]

(c) Besteuerungszeitpunkt

Fallen der Zufluss der Stillhalterprämie und die Durchführung des Basisgeschäfts in verschiedene Veranlagungszeiträume, ist die eingenommene Stillhalterprämie in dem Veranlagungszeitraum zu berücksichtigen, in dem die Parteien das Basisgeschäft durchgeführt haben.[396] Ein bereits ergangener Steuerbescheid, der die eingenommene Stillhalterprämie nach § 20 Abs. 1 Nr. 11 Hs. 1 EStG berücksichtigt, ist dementsprechend nach § 175 Abs. 1 Nr. 2 AO zu ändern.

(2) Ungedeckte Position (Leerverkauf)

Anders als bei einer gedeckten Position hält der Stillhalter den Basiswert bei der ungedeckten Variante nicht in seinem Depot. Seine Lieferverpflichtung begründet er vielmehr durch einen sogenannten Leerverkauf.[397] Um seine Lieferverpflichtung zu erfüllen, muss er sich den Basiswert durch ein Wertpapierdarlehen am Markt besorgen. In der Praxis führt der Broker dieses Wertpapierdarlehen in Stellvertretung für den Kunden (Stillhalter) durch.

Da Options- und Basisgeschäft nicht getrennt, sondern einheitlich zu betrachten sind,[398] ist zu klären, zu welchem Zeitpunkt Prämien, die der Stillhalter in Fremdwährung einnimmt, in Euro umzurechnen sind (a) und zu welchem Zeitpunkt sie steuerlich zu berücksichtigen sind (b).

---

394 Vgl. *Jochum*, in: Kirchhof/Mellinghoff/Kube, EStG, § 20, F 17.
395 Vgl. Ausführungen unter Punkt C.I.2.f: Glattstellungsprämien in Fremdwährungen.
396 Vgl. *Aigner/Balbinot*, DStR 2015, 198 (204).
397 Ein Leerverkauf ist eine Transaktion, bei der ein Leerverkäufer ein Finanzinstrument veräußert, das zum Zeitpunkt des Eingehens der Verkaufsvereinbarung nicht in seinem Eigentum steht. Ausführlich hierzu *Schlimbach*, Leerverkäufe, S. 9–31.
398 Vgl. Ausführungen unter Punkt C.I.3.a)i(1)(a)(cc): Stellungnahme: Berücksichtigung beim Basisgeschäft.

(a) Stillhalterprämien in Fremdwährung: Umrechnung in Euro

Prämien, die der Stillhalter in Fremdwährung einnimmt, sind zum Zeitpunkt der Veräußerung in Euro umzurechnen (§ 20 Abs. 4 Satz 1 Hs. 2 EStG). Damit ist nicht der Tag gemeint, an dem der Inhaber die Option schreibt, sondern der Tag an dem die Parteien, das Veräußerungsgeschäft (Basisgeschäft)[399] abgeschlossen haben. Bei der Umrechnung ist der Devisenbriefkurs der jeweiligen Fremdwährung zugrunde zu legen, da es sich bei der eingenommenen Stillhalterprämie um einen Geldzufluss handelt.[400]

(b) Besteuerungszeitpunkt – Sonderregel für inländische Broker in § 43a Abs. 2 Satz 7 EStG

Auch bei der Ausübung einer ungedeckten Position handelt es sich bei den eingenommenen Stillhalterprämien um Einnahmen aus der Veräußerung. Bei einem Leerverkauf, bei dem die Veräußerung der Anschaffung zeitlich vorausgeht, sind die genauen Anschaffungskosten aber zunächst nicht bekannt. Daher kann zum Zeitpunkt der Durchführung des Basisgeschäfts auch keine steuerliche Behandlung der Veräußerung des Basiswerts stattfinden.

Der Gesetzgeber hat diese Konstellation erkannt und für sie in § 43a Abs. 2 Satz 7 EStG eine sogenannte Ersatzbemessungsgrundlage kodifiziert: Für die Durchführung des Kapitalertragsteuerverfahrens beläuft sich der Steuerabzug auf 30 % der Einnahmen aus der Veräußerung. Anschaffungskosten und Veräußerungsnebenkosten spielen also zunächst keine Rolle. Nach dem Wortlaut von § 43a Abs. 2 Satz 7 EStG sind auch die eingenommenen Stillhalterprämien zunächst nicht zu berücksichtigen. Erst wenn die Parteien das Deckungsgeschäft durchgeführt haben, ist eine Veranlagung gemäß § 32d Abs. 4 EStG durchzuführen.[401] Erst im Anschluss daran fließt auch die Stillhalterprämie als Einnahme aus der Veräußerung in den zu ermittelnden Gewinn nach § 20 Abs. 4 Satz 1 EStG ein.

---

399 Vgl. *Jochum*, in: Kirchhof/Mellinghoff/Kube, EStG, § 20, F 17.
400 Vgl. Ausführungen unter Punkt C.I.2.f: Glattstellungsprämien in Fremdwährungen.
401 Vgl. *BMF*, v. 18.01.2016 – IV C 1-S 2252/08/10004:017//2015/0468306, BStBl I 2016, S. 85 (Rn. 196).

C. Einkommensteuerliche Behandlung de lege lata

Eine Einschränkung erfährt die Sonderregelung aber dadurch, dass § 43a EStG nur bei inländischen Brokern zur Anwendung kommt.[402] Handelt der Steuerpflichtige hingegen über einen ausländischen Broker, sind die Einnahmen aus einem Leerverkauf nicht auf der Grundlage der Ersatzbemessungsgrundlage von § 43a Abs. 2 Satz 7 EStG zu verbuchen. Vielmehr wird die komplette Transaktion erst steuerlich veranlagt, nachdem das Eindeckungsgeschäft stattgefunden hat. Sofern ein ausländischer Broker beteiligt ist, findet also stets eine Pflichtveranlagung nach § 32d Abs. 3 EStG statt.[403]

Wie auch bei gedeckten Positionen sind die eingenommenen Stillhalterprämien bei Leerverkäufen im Rahmen der Veranlagung des Basisgeschäfts als Einnahmen aus der Veräußerung zu berücksichtigen. Sofern in der Zwischenzeit bereits ein Steuerbescheid ergangen ist, der die Stillhalterprämie als Einkünfte nach § 20 Abs. 1 Nr. 11 EStG berücksichtigt, ist er nach § 175 Abs. 1 Nr. 2 AO zu ändern.

ii) Ausübung einer Verkaufsoption

Bei der Ausübung einer Verkaufsoption erwirbt der Stillhalter den Basiswert vom Optionsinhaber zum vereinbarten Basispreis. Er erhält den Basiswert vom Optionsinhaber und zahlt ihm dafür den vereinbarten Basispreis.

Sofern der Basiswert ein Wirtschaftsgut im Sinne des § 20 Abs. 2 EStG ist, handelt es sich aus Sicht des Stillhalters um ein Anschaffungsgeschäft nach § 20 Abs. 2 EStG hinsichtlich des Basiswerts.[404] Einkommensteuerlich betrachtet ist der Erwerb des Basiswerts zunächst einmal neutral:[405] Erst sofern der Stillhalter den Basiswert später veräußert, ist der Erwerb steuerlich zu berücksichtigen – bei Futureoptionen auch bei Glattstellung oder Abwicklung des Futures, da auch in diesen Fällen das Futuregeschäft beendet wird.

---

402 Vgl. *Hoffmann*, in: Frotscher/Geurts, EStG, § 43, Rn. 192.
403 Vgl. *Redert*, in: Fuhrmann/Kraeusel/Schiffers, 360° EStG eKommentar, § 32d, Rn. 88.
404 *BMF*, v. 18.01.2016 – IV C 1-S 2252/08/10004:017//2015/0468306, BStBl I 2016, S. 85 (Rn. 33); *Jachmann-Michel/Lindenberg*, in: Lademann, EStG, § 20, Rn. 504.
405 *Jachmann-Michel/Lindenberg*, in: Lademann, EStG, § 20, Rn. 504.

(1) Steuerliche Behandlung der Stillhalterprämie als Anschaffungskosten des Basiswerts?

Auch für Verkaufsoptionen stellt sich die Frage, wie die vereinnahmten Stillhalterprämien beim Stillhalter steuerlich zu behandeln sind, insbesondere, ob sie im Rahmen der Ermittlung der Anschaffungskosten des Basiswerts nach § 20 Abs. 4 Satz 1 EStG zu berücksichtigen sind.

(a) Getrennte Betrachtung von Options- und Basisgeschäft

Die Finanzverwaltung und Teile der Literatur wollen nur den gezahlten Basispreis zuzüglich Bankgebühren und Transaktionskosten als Anschaffungskosten für den Basiswert berücksichtigen.[406] Die eingenommene Stillhalterprämie sei nicht als Anschaffungsnebenkosten einzustufen, da sie dem Stillhalter unabhängig davon erhalten bleibe, ob der Optionsinhaber die Verkaufsoption ausübt oder nicht.[407] Zudem habe der Stillhalter seine Prämie nicht dazu eingesetzt, die Basiswerte zu erwerben – und daher auch nicht geleistet, um die Basiswerte zu erwerben.[408] Vielmehr handle es sich bei der eingenommenen Stillhalterprämie lediglich um das Entgelt für die übernommene Verkaufsverpflichtung.[409] Im Ergebnis habe daher eine getrennte Betrachtung von Options- und Basisgeschäft stattzufinden.

(b) Einheitliche Betrachtung von Options- und Basisgeschäft

Andere Stimmen wollen die eingenommene Stillhalterprämie auch bei der Ausübung einer Verkaufsoption und physischer Lieferung des Basiswerts beim Basisgeschäft berücksichtigen. Die eingenommene Stillhalterprämie reduziere die Anschaffungskosten des Basiswerts.[410] Hintergrund für diese

---

[406] *BMF*, v. 18.01.2016 – IV C 1-S 2252/08/10004:017//2015/0468306, BStBl I 2016, S. 85 (Rn. 33); *Jachmann-Michel/Lindenberg*, in: Lademann, EStG, § 20, Rn. 504; *Hamacher/Dahm*, in: Korn/Carlé, et al., EStG, § 20, Rn. 305; *Bleschick*, in: Kirchhof/Seer, Einkommensteuergesetz (EStG), § 20, Rn. 116d; *Möllenbeck*, in: Littmann/Bitz/Pust, EStG, § 20, Rn. 1051.
[407] *Haisch*, Derivatebesteuerung im Privatvermögen ab 2009, S. 191.
[408] *Haisch*, Derivatebesteuerung im Privatvermögen ab 2009, S. 191.
[409] *Aatz*, BB 1974, 879 (881).
[410] *Philipowski*, DStR 2011, 1298 (1302).

Lesart ist es, dass ihre Vertreter das Eröffnungsgeschäft und das Basisgeschäft als wirtschaftliche Einheit einordnen.[411]

(c) Stellungnahme: Berücksichtigung beim Basisgeschäft

Auch bei Verkaufsoptionen sind die vereinnahmten Stillhalterprämien steuerlich beim Basisgeschäft zu berücksichtigen. Das Stillhaltergeschäft und das Basisgeschäft lassen sich auch bei Verkaufsoptionen wirtschaftlich nicht voneinander trennen. Vielmehr handelt es sich bei den beiden Geschäften um eine zeitlich gestaffelte wirtschaftliche Einheit. Deshalb ist die eingenommene Stillhalterprämie bei der Gewinnermittlung nach § 20 Abs. 4 Satz 1 EStG als Teil der Anschaffungskosten des Basiswerts zu berücksichtigen.

Für die Auslegung des Begriffs der Anschaffungskosten ist sowohl im Rahmen der Gewinneinkünfte als auch im Rahmen der Überschusseinkünfte einheitlich § 255 HGB ausschlaggebend:[412] Nach dessen Abs. 1 gehören dazu sowohl die Aufwendungen, die der Anschaffende leistet, um einen Vermögensgegenstand zu erwerben und ihn in einen betriebsbereiten Zustand zu versetzen, soweit sie sich dem Vermögensgegenstand einzeln zuordnen lassen, als auch die Nebenkosten und nachträglichen Anschaffungskosten. Auch Minderungen des Anschaffungspreises, die sich dem Vermögensgegenstand einzeln zuordnen lassen, muss der Steuerpflichtige absetzen. Anschaffungskosten sind also alle Kosten, die ein Steuerpflichtiger trägt, um ein Wirtschaftsgut in die eigene Verfügungsmacht zu überführen.[413] Welche Kosten dem Anschaffungsvorgang konkret zuzuordnen sind, bestimmt sich dabei wesentlich nach wirtschaftlichen Gesichtspunkten.[414]

Darüber hinaus müssen die Zahlungen einen hinreichenden Zusammenhang zur Anschaffung aufweisen.[415] Zwischen der eingenommenen Stillhalterprämie und dem Basiswert, der im Rahmen der Durchführung

---

411 Vgl. Ausführungen unter Punkt C.I.3.a)i(1)(a)(bb): Einheitliche Betrachtung von Options- und Basisgeschäft.
412 *BFH*, Urt. v. 26.02.2002 – IX R 20/98, juris, Rn. 15; Urt. v. 28.10.2009 – VIII R 22/07, juris, Rn. 12, jeweils m.w.N.
413 *Jochum*, in: Kirchhof/Mellinghoff/Kube, EStG, § 20, F 15.
414 Vgl. *BFH*, Urt. v. 17.10.2001 – I R 32/00, juris, Rn. 19 m.w.N.; *Kirsch*, in: Kirsch, 360° BilR eKommentar, § 255, Rn. 22; *Schindler*, in: Kirchhof/Seer, Einkommensteuergesetz (EStG), § 6, Rn. 37.
415 Vgl. *Jachmann-Michel/Lindenberg*, in: Lademann, EStG, § 20, Rn. 760.

des Basisgeschäfts anfällt, besteht ein solcher hinreichender Zusammenhang. Denn das Basisgeschäft führen die Parteien gerade deshalb durch, da sich der Stillhalter zuvor durch das Optionsgeschäft dazu verpflichtet hat, den Basiswert abzunehmen. Das Optionsgeschäft ist damit kausal dafür, dass die Parteien des Optionsgeschäfts das Basisgeschäft durchführen. Zwar lässt es der BFH bei der Frage, ob Aufwendungen den Anschaffungskosten als Nebenkosten zuzurechnen sind, nicht ausreichen, dass ein rein kausaler Zusammenhang besteht.[416] Jedoch besteht zwischen Optionsgeschäft und Basisgeschäft mehr als ein lediglich kausaler Zusammenhang. Vielmehr tritt eine bewusste Entscheidung des Stillhalters hinzu, das Optionsgeschäft durchführen zu lassen. Beim Optionshandel an Terminbörsen, bei dem stets die Clearingstelle oder das Marketmaker-System eintritt, kann er das Geschäft jederzeit durch Glattstellung beenden. Stellt der Stillhalter jedoch nicht glatt, obwohl sich die Optionsposition negativ bzw. gegen ihn entwickelt hat, trifft er damit eine bewusste Entscheidung, das Basisgeschäft durchzuführen. Dies gilt insbesondere dann, wenn der Stillhalter die Strategie des sogenannten *Cash Secured Puts* verfolgt.[417] Auch wenn schlussendlich nur der Optionsinhaber darüber befinden kann, ob er das Basisgeschäft durchführt, so liegt doch eine bewusste Erwerbsentscheidung[418] des Stillhalters vor. Dadurch besteht nicht nur ein ausschließlich kausaler, sondern vielmehr ein hinreichender Zusammenhang zwischen Options- und Basisgeschäft.

Der Stillhalter hat die Stillhalterprämie zwar nicht zwingend *final* dazu eingesetzt, den Basiswert zu erwerben – wie dies etwa beim Optionsinhaber der Fall ist. Eine finale Verknüpfung ist indes nur notwendig, um Aufwendungen zuzurechnen, nicht aber bei Geldzuflüssen zu fordern. Ebenso wie bei Anschaffungspreisminderungen sind lediglich Zahlungen nicht zu berücksichtigen, die für eine Leistung anfallen, die vom Anschaffungsvorgang eigenständig ist.[419] Die eingenommene Stillhalterprämie ist bei der Durchführung des Basisgeschäfts aber keine Zahlung für eine eigenständige Leistung des Stillhalters. Indem der Stillhalter darauf verzichtet hat, das Optionsgeschäft glattzustellen, hat er sich bewusst dafür entschieden, den Basiswert zu einem Preis zu erwerben, der höher ist als der Börsenpreis. Damit trifft er die bewusste Entscheidung, den Basiswert auch tatsächlich

---

416 Vgl. *BFH*, Urt. v. 17.10.2001 – I R 32/00, juris, Rn. 19 m.w.N.
417 Vgl. hierzu Ausführungen unter Punkt B.I.7.b)ii: Cash Secured Put.
418 Dazu, dass eine grundsätzlich gefasste Erwerbsentscheidung ausreicht, vgl. *Jachmann-Michel/Lindenberg*, in: Lademann, EStG, § 20, Rn. 760.
419 *BFH*, Urt. v. 27.06.2006 – IX R 25/05, juris, Rn. 18.

C. Einkommensteuerliche Behandlung de lege lata

zu erhalten und das Optionsgeschäft nicht lediglich zur Spekulation zu nutzen. Im Rahmen dessen kalkuliert der Stillhalter die eingenommene Stillhalterprämie als Teil des Kaufpreises ein – denn sonst hätte er die Optionsposition vor Ausübung glattgestellt. Letztlich entscheidet sich der Stillhalter also dafür, den Basiswert zum Basispreis abzüglich der eingenommenen Optionsprämie zu erhalten. Für diese Wertung spricht auch ein Vergleich mit der bilanzrechtlichen Betrachtung der vereinnahmten Stillhalterprämie beim Stillhalter: In der Bilanz mindert die vereinnahmte Stillhalterprämie die Anschaffungskosten des Basiswerts, da aus dem gesamten Anschaffungsgeschäft insoweit kein Aufwand resultiert.[420]

Gegen das Ergebnis, die Stillhalterprämien im Saldo der Anschaffungskosten zu berücksichtigen, spricht auch nicht, dass diese dem Stillhalter zufließen, bevor die Parteien das Basisgeschäft durchgeführt haben. Wie für die Annahme von Anschaffungskosten im Sinne des § 255 HGB der Erwerb nicht bereits im Zeitpunkt der jeweiligen Aufwendungen abgewickelt sein muss,[421] so können auch Zuflüsse vor Erwerb berücksichtigt werden.

Die jeweils eingenommene Stillhalterprämie kann dem angeschafften Basiswert auch eindeutig zugeordnet werden.

Im Ergebnis sind daher die eingenommenen Stillhalterprämien bei der Ermittlung der Anschaffungskosten des Basiswerts zu berücksichtigen und mindern diese.[422]

Problematisch ist dies jedoch bei Futureoptionen. Denn bei Futures ist der Gewinn für den Fall, dass die Parteien das Futuregeschäft glattstellen oder am Ende der Fälligkeit ein Differenzausgleich gezahlt wird, nach § 20 Abs. 2 Satz 1 Nr. 3 Buchst. a) i.V.m. Abs. 4 Satz 5 EStG zu ermitteln.[423] Die eingenommene Stillhalterprämie lässt sich in diesen beiden Fällen der Abwicklung des Futuregeschäfts nach der aktuellen Gesetzeslage nicht im Rahmen der Gewinnermittlung auf Ebene des Futuregeschäfts erfassen.[424]

---

420 *IDW*, Stellungnahme zur Rechnungslegung: Handelsrechtliche Bilanzierung von Optionsgeschäften bei Instituten (IDW RS BFA 6), Rn. 24; *Kirsch*, in: Kirsch, 360° BilR eKommentar, § 255, Rn. 85.
421 *BFH*, Urt. v. 28.10.2009 – VIII R 22/07, juris, Rn. 17.
422 Vgl. im Ergebnis ebenso zum österreichischen Recht *Blum*, Derivative Finanzinstrumente im Ertragsteuerrecht, S. 199.
423 *Haisch*, Derivatebesteuerung im Privatvermögen ab 2009, S. 201.
424 Vgl. zur selben Thematik im Rahmen der Gewinnermittlung auf der Ebene des Optionsgeschäfts die ausführliche Darstellung unter Punkt C.I.3.b)vi: Gewinnermittlung nach § 20 Abs. 4 Satz 5 EStG, insbesondere im Hinblick auf die

I. Stillhalter

(2) Umrechnung in Euro bei Stillhalterprämien in Fremdwährung, § 20 Abs. 4 Satz 1 Hs. 2 EStG

Prämien, die der Stillhalter in Fremdwährung eingenommen hat, sind gemäß § 20 Abs. 4 Satz 1 Hs. 2 EStG zum Zeitpunkt der Anschaffung, d. h. der Durchführung des Basisgeschäfts,[425] mit dem Devisenbriefkurs der jeweiligen Fremdwährung in Euro umzurechnen.

(3) Besteuerungszeitpunkt

Sofern der Zufluss der Stillhalterprämie und die Veräußerung des Basiswerts in verschiedene Veranlagungszeiträume fallen, ist die eingenommene Stillhalterprämie in dem Zeitraum zu berücksichtigen, in dem die Veräußerung des Basiswerts zu veranlagen ist. Ein bereits ergangener Steuerbescheid, der die eingenommene Stillhalterprämie nach § 20 Abs. 1 Nr. 11 Hs. 1 EStG berücksichtigt, ist nach § 175 Abs. 1 Nr. 2 AO zu ändern.

iii) Zwischenergebnis zur Ausübung einer Option mit physischer Lieferung des Basiswerts

Übt der Inhaber die Option aus, so sind das Options- und das Basisgeschäft sowohl bei Kauf- als auch bei Verkaufsoptionen steuerlich einheitlich zu betrachten.
　Bei der Gewinnermittlung einer Kaufoption ist die eingenommene Stillhalterprämie als Einnahme aus der Veräußerung des Basiswerts zu berücksichtigen. Bei Verkaufsoptionen mindert die eingenommene Stillhalterprämie hingegen die Anschaffungskosten des Basiswerts.
　Bei der Lieferung eines Futures ergibt sich indes ein Folgeproblem: Der aktuelle Gesetzeswortlaut lässt es nicht zu, die vereinnahmte Optionsprämie steuerlich zu erfassen, wenn es zur Glattstellung des Futuregeschäfts oder zur Zahlung eines Differenzausgleichs bei Fälligkeit des Futures kommt. In beiden Fällen ist der Gewinn des Futures nach § 20 Abs. 2 Satz 1 Nr. 3 Buchst. a) i.V.m. Abs. 4 Satz 5 EStG zu ermitteln[426] – mit der

---

　　Stillhalterprämie. Die Problematik, wie Gewinne auf Ebene des Futuregeschäfts zu ermitteln sind, erörtert die Untersuchung nicht näher.
425　Vgl. *Jochum*, in: Kirchhof/Mellinghoff/Kube, EStG, § 20, F 17.
426　*Haisch*, Derivatebesteuerung im Privatvermögen ab 2009, S. 201.

C. Einkommensteuerliche Behandlung de lege lata

Folge, dass die eingenommene Stillhalterprämie steuerlich keine Rolle im Rahmen der Gewinnermittlung auf Ebene des Futuregeschäfts spielt.[427]

b) Zahlung eines Differenzausgleichs

Haben die Parteien des Optionsvertrags keine physische Lieferung des Basiswerts, sondern einen Differenzausgleich vereinbart,[428] findet bei der Ausübung der Option kein Anschaffungs- oder Veräußerungsvorgang des Stillhalters statt. Vielmehr zahlt der Stillhalter einen Differenzbetrag zwischen Basispreis und Marktpreis des Basiswerts an den Optionsinhaber – und zwar zum Zeitpunkt der Ausübung. Dabei bestehen – im Gegensatz zur Optionsausübung durch physische Lieferung – keine Unterschiede zwischen *Calls* und *Puts,* da sowohl bei *Calls* als auch bei *Puts* nur eine Zahlung des Stillhalters an den Optionsinhaber erfolgt.

Doch wie ist der gezahlte Differenzausgleich steuerlich konkret zu erfassen?

i) Grundsätze der Besteuerung beim Differenzausgleich aus rechtshistorischer Sicht

Vor dem Veranlagungszeitraum 1999 spielten Differenzausgleiche eines Stillhalters aus Sicht des BFH steuerlich keine Rolle. Die Ausgleichszahlungen wären nicht durch die Einkünfte als Stillhalter veranlasst, sondern lägen auf der – damals steuerlich unbeachtlichen – Vermögensebene.[429] Insbesondere sei ein Basisgeschäft, das auf einen Differenzausgleich gerichtet ist, nicht nach § 23 Abs. 1 Satz 1 Nr. 1 b EStG a.F. steuerbar, da es kein lieferbares Wirtschaftsgut zum Gegenstand habe.[430]

Mit dem StEntlG 1999/2000/2002 hat der Gesetzgeber den Tatbestand des § 23 Abs. 1 Satz 1 Nr. 4 Satz 1 EStG a.F. auf private Termingeschäfte

---

427 Vgl. zur selben Thematik im Rahmen der Gewinnermittlung auf der Ebene des Optionsgeschäfts die ausführliche Darstellung unter Punkt C.I.3.b)vi: Gewinnermittlung nach § 20 Abs. 4 Satz 5 EStG, insbesondere im Hinblick auf die Stillhalterprämie. Die Problematik, wie Gewinne auf Ebene des Futuregeschäfts zu ermitteln sind, erörtert die Untersuchung nicht näher.
428 Vgl. Ausführungen unter Punkt B.I.1.e: Abwicklung.
429 *BFH,* Urt. v. 13.02.2008 – IX R 68/07, juris, Rn. 12, 15–16; *BMF,* v. 27.11.2001 – VV DEU BMF 2001-11-27 IV C 3-S 2256–265/01, BStBl I 2001, S. 986 (Rn. 24).
430 *BFH,* Urt. v. 13.02.2008 – IX R 68/07, juris, Rn. 15.

ohne Umsatzakte erweitert. Bei der Zahlung eines Differenzausgleichs lag dann ein privates Veräußerungsgeschäft nach § 23 Abs. 1 Satz 1 Nr. 4 EStG a.F. vor, sofern der Zeitraum zwischen dem Erwerb und der Ausübung der Option nicht mehr als ein Jahr betrug.[431] Da es sich bei dem gezahlten Differenzausgleich um ein privates Veräußerungsgeschäft handelte, war es nach § 23 Abs. 3 Sätze 8 und 9 EStG a.F. ausgeschlossen, einen vertikalen Verlustausgleich mit den eingenommenen Stillhalterprämien durchzuführen,[432] die als sonstige Einkünfte gemäß § 22 Nr. 3 EStG a.F. einzuordnen waren.[433] Dies hatte zur Folge, dass der Steuerpflichtige auf die eingenommenen Stillhalterprämien Steuern zu entrichten hatte, obwohl er durch die Zahlung des Differenzausgleichs insgesamt einen Verlust erlitten hatte. Denn der gezahlte Differenzausgleich war in aller Regel höher, als die eingenommene Stillhalterprämie.

Die Rechtsprechung des BFH zur Rechtslage vor dem Veranlagungszeitraum 1999 hat einige Kritik erfahren. Die Literatur hielt der höchstrichterlichen Meinung etwa einen Erst-Recht-Schluss entgegen: Wenn es sich bereits bei den Prämien, die im Glattstellungsgeschäft zur Zahlung kommen, (als Aufwendungen, um die Einnahmen aus dem Stillhaltergeschäft zu sichern) um Werbungskosten handle, müssten erst recht solche Aufwendungen abziehbar sein, die der Stillhalter in Kauf genommen hat, um überhaupt dazu in der Lage zu sein, Einnahmen aus der Einräumung der Option zu erzielen.[434] Da der gezahlte Ausgleich wirtschaftlich unmittelbar mit dem Optionsgeschäft verknüpft sei, sei er jedenfalls bis zur Höhe der eingenommenen Stillhalterprämien gegenzurechnen.[435]

ii) Steuerliche Behandlung nach Einführung des UntStReformG 2008

Durch das UntStReformG 2008 hatte der Gesetzgeber die Geschäfte mit Wertpapieren und sonstigen Kapitalmarktinstrumenten aus dem Bereich der privaten Veräußerungsgeschäfte in den neuen § 20 EStG überführt. Aber auch nach der aktuellen Rechtslage bleibt die Frage, wie der gezahlte

---

431 *BFH*, Beschluss v. 25.05.2010 – IX B 179/09, juris, Rn. 16; Urt. v. 20.10.2016 – VIII R 55/13, juris, Rn. 14, 16, 21.
432 *BFH*, Urt. v. 20.10.2016 – VIII R 55/13, juris, Rn. 22.
433 Ständige Rechtsprechung, zuletzt *BFH*, Urt. v. 20.10.2016 – VIII R 55/13, juris, Rn. 20.
434 *Philipowski*, DStR 2009, 353 (354); *Philipowski*, DStR 2010, 2283 (2285); *Zanzinger*, DStR 2010, 149 (151).
435 *FG München*, Beschluss v. 12.08.2009 – 1 V 1193/09, juris, Rn. 42.

C. Einkommensteuerliche Behandlung de lege lata

Differenzausgleich zu behandeln ist, offen. In Rechtsprechung und Literatur findet sich eine Vielzahl unterschiedlicher Ansichten. Diese reichen von einer steuerlichen Unbeachtlichkeit, über eine Anwendung von § 20 Abs. 1 Nr. 11 Hs. 2 EStG analog bis zu einer Berücksichtigung nach § 20 Abs. 2 Satz 1 Nr. 3 Buchst. a) EStG.

(1) Differenzausgleichszahlung steuerlich unbeachtlich

Der Differenzausgleich, den der Stillhalter gezahlt hat, ist nach einer Ansicht steuerlich nicht zu berücksichtigen. Es handle sich weder um Einkünfte aus sonstigen Kapitalforderungen im Sinne des § 20 Abs. 1 Nr. 7 EStG noch um Einkünfte nach § 20 Abs. 1 Nr. 11 EStG, sondern um Werbungskosten, deren Abzug nach § 20 Abs. 9 Satz 1 EStG ausgeschlossen sei.[436] Auch sei der vom Stillhalter gezahlte Differenzausgleich nicht als Einkunft aus Kapitalvermögen nach § 20 Abs. 2 Satz 1 Nr. 3 EStG zu berücksichtigen: Die Vorschrift adressiere nur den Käufer einer Option, nicht aber den Stillhalter[437] bzw. handle es sich bei Stillhaltergeschäften nicht um Termingeschäfte im Sinne der Vorschrift[438].

(2) Differenzausgleichszahlung nach § 20 Abs. 1 Nr. 11 Hs. 2 EStG analog zu berücksichtigen

Der Wortlaut des § 20 Abs. 1 Nr. 11 Hs. 2 EStG ist insofern eindeutig, dass er einen gezahlten Differenzausgleich nicht umfasst. Bei einem Differenzausgleich handelt es sich offensichtlich um etwas anderes als um ein Glattstellungsgeschäft.[439]

---

436 *FG Hamburg*, Urt. v. 10.06.2016 – 5 K 185/13, juris, Rn. 66, 99; *Philipowski*, DStR 2010, 2283 (2286); vgl. auch *Haisch*, Derivatebesteuerung im Privatvermögen ab 2009, S. 191–192, falls man die Zahlungen als Werbungskosten qualifizieren würde.
437 *FG Hamburg*, Urt. v. 10.06.2016 – 5 K 185/13, juris, Rn. 67.
438 *Niedersächsisches Finanzgericht*, Urt. v. 28.08.2013 – 2 K 35/13, juris, Rn. 17.
439 Vgl. *BFH*, Urt. v. 20.10.2016 – VIII R 55/13, juris, Rn. 32; *Niedersächsisches Finanzgericht*, Urt. v. 28.08.2013 – 2 K 35/13, juris, Rn. 16; *FG Hamburg*, Urt. v. 10.06.2016 – 5 K 185/13, juris, Rn. 74–76; vgl. auch *Haisch*, Derivatebesteuerung im Privatvermögen ab 2009, S. 131–132; *Helios/Philipp*, BB 2010, 95 (99).

Vor diesem Hintergrund plädieren einige Stimmen dafür, § 20 Abs. 1 Nr. 11 Hs. 2 EStG analog auf den Differenzausgleich anzuwenden.[440] Aus ihrer Sicht liegt eine planwidrige Gesetzeslücke vor, die durch Analogie zu schließen sei: Der Gesetzgeber habe den Fall der Beendigung des Optionsgeschäfts durch Zahlung eines Differenzausgleichs nicht ausdrücklich behandelt. Den Abgeordneten müsse also sowohl die Konstellation des nicht alltäglichen Stillhaltergeschäfts mit Differenzausgleich als auch die bisherige, differenzierende BFH-Rechtsprechung schlicht nicht präsent gewesen sein.[441] Sofern man aber das Nettoprinzip, das § 20 Abs. 1 Nr. 11 EStG zugrunde liege,[442] ernst nehme, sei nur der Vermögenszuwachs, der beim Stillhalter verbleibt, zu besteuern. Für die Analogie spreche im Ergebnis auch, dass aufgewandte Glattstellungsprämien und gezahlte Differenzausgleiche wirtschaftlich vergleichbar seien.[443]

(3) Differenzausgleichszahlung nach § 20 Abs. 2 Satz 1 Nr. 3
    Buchst. b) EStG zu berücksichtigen

Eine dritte Meinung will den Differenzausgleich steuerlich nach § 20 Abs. 2 Satz 1 Nr. 3 Buchst. b) i.V.m. Abs. 4 Satz 1 EStG berücksichtigen. Indem der Stillhalter dem Optionsinhaber eine Option einräume, veräußere er ihm ein Finanzgeschäft, das als Termingeschäft ausgestaltet sei (§ 20 Abs. 2 Nr. 3 Buchst. b) EStG).[444] Spiegelbildlich dazu schaffe er sich beim Differenzausgleich eine Option an; der geleistete Differenzausgleich sei als Anschaffungskosten im Rahmen der Veräußerungsgewinnberechnung nach § 20 Abs. 4 Satz 1 EStG zu berücksichtigen.[445]

---

440 *Niedersächsisches Finanzgericht*, Urt. v. 28.08.2013 – 2 K 35/13, juris; *Haisch/Helios*, FR 2011, 85 (89).
441 *Niedersächsisches Finanzgericht*, Urt. v. 28.08.2013 – 2 K 35/13, juris, Rn. 27.
442 Vgl. BT-Drs. 16/4841, S. 54.
443 *Niedersächsisches Finanzgericht*, Urt. v. 28.08.2013 – 2 K 35/13, juris, Rn. 26; *Hahne/Krause*, BB 2008, 1100 (1102).
444 Diese Vorschrift stelle das allgemeinere Gesetz zu § 20 Abs. 1 Nr. 11 EStG dar, welches speziell die Einnahmen aus dieser Veräußerung (Optionseinräumung) der Besteuerung unterwerfe, *Aigner/Balbinot*, DStR 2015, 198 (203 f.); zu § 23 EStG a.F. – Schreiben einer Option als Veräußerung *Schultze/Grelck*, DStR 2003, 2103 (2104); *Zeller*, DB 2004, 1522 (1523); a.A. *Heuermann*, DB 2004, 1848 (1850 f.).
445 Dass die Veräußerung der Option (Optionseinräumung) vor deren Anschaffung (Differenzausgleich) erfolge, sei unproblematisch, da auch ein Leerverkauf im Rahmen des § 20 EStG steuerbar sei, *Aigner/Balbinot*, DStR 2015, 198 (203 f.).

C. Einkommensteuerliche Behandlung de lege lata

(4) Differenzausgleichszahlung nach § 20 Abs. 2 Satz 1 Nr. 3 Buchst. a) EStG zu berücksichtigen

Sowohl die aktuelle Rechtsprechung des BFH[446] als auch weite Teile der Literatur[447] ordnen den Differenzausgleich, den der Stillhalter leistet, als Verlust aus einem Termingeschäft nach § 20 Abs. 2 Satz 1 Nr. 3 Buchst. a) EStG ein. Bei Optionsgeschäften handle es sich um einen Unterfall der Termingeschäfte, bei deren Durchführung der Stillhalter auch einen negativen Differenzausgleich im Sinne des § 20 Abs. 2 Satz 1 Nr. 3 Buchst. a) EStG „erlangen" könne.[448] Hinzu komme, dass die Neuregelung weiter gefasst sei als der Besteuerungstatbestand des § 23 Abs. 1 Satz 1 Nr. 4 Satz 1 Hs. 1 EStG a.F.:[449] Nach dem neuen Wortlaut reicht es aus, dass der Gewinn „bei" einem Termingeschäft erzielt worden ist. Die Intention des Gesetzgebers sei demnach gewesen, den Anwendungsbereich des § 20 Abs. 2 Satz 1 Nr. 3 Buchst. a) EStG gegenüber der Vorgängerregelung zu erweitern; die Gesetzesbegründung lasse gerade nicht erkennen, dass der Gesetzgeber den Differenzausgleich habe ausnehmen wolle.[450]

Nachdem die Finanzverwaltung zunächst noch der Leitlinie gefolgt war, dass der vom Stillhalter geleistete Differenzausgleich einkommensteuerrechtlich unbeachtlich bleibe, hat sie sich seit dem 12.04.2018 der Ansicht des BFH angeschlossen.[451]

---

446 *BFH*, Urt. v. 20.10.2016 – VIII R 55/13, juris, 28, 32.
447 *Aigner/Balbinot*, DStR 2015, 198 (203); *Buge*, in: Herrmann/Heuer/Raupach, EStG, § 20, Rn. 475; *Helios/Philipp*, BB 2010, 95 (100); *Jachmann-Michel/Lindenberg*, in: Lademann, EStG, § 20, Rn. 511; *Jochum*, in: Kirchhof/Mellinghoff/Kube, EStG, § 20, D/3 29, D/3 50; *Moritz/Strohm*, DB 2013, 603 (607); *Redert*, in: Fuhrmann/Kraeusel/Schiffers, 360° EStG eKommentar, § 20, Rn. 457; eine direkte Anwendung des § 20 Abs. 2 Satz 1 Nr. 3 Buchst. a) EStG ablehnend, aber für eine analoge Anwendung der Norm *Haisch/Helios*, FR 2011, 85 (89 f.).
448 *BFH*, Urt. v. 20.10.2016 – VIII R 55/13, juris, Rn. 30.
449 § 23 Abs. 1 Satz 1 Nr. 4 Satz 1 EStG a.F. lautete: „Termingeschäfte, durch die der Steuerpflichtige einen Differenzausgleich oder einen durch den Wert einer veränderlichen Bezugsgröße bestimmten Geldbetrag oder Vorteil erlangt, sofern der Zeitraum zwischen Erwerb und Beendigung des Rechts auf einen Differenzausgleich, Geldbetrag oder Vorteil nicht mehr als ein Jahr beträgt."
450 *BFH*, Urt. v. 20.10.2016 – VIII R 55/13, juris, Rn. 31.
451 *BMF*, v. 18.01.2016 – IV C 1-S 2252/08/10004:017//2015/0468306, BStBl I 2016, S. 85 (Rn. 26), geändert durch v. 12.04.2018 – IV C 1-S 2252/08/10004:021, 2018/0281370 2018, S. 624 (Rn. 26).

iii) Stellungnahme

Um die Frage umfassend beantworten zu können, wie ein Optionsgeschäft, das die Parteien durch Differenzausgleich beendet haben, beim Stillhalter steuerlich ins Gewicht fällt, bedarf es einer detaillierten Auseinandersetzung mit den einzelnen Ansichten.

(1) Analoge Anwendung von § 20 Abs. 1 Nr. 11 Hs. 2 EStG

Eine analoge Anwendung des § 20 Abs. 1 Nr. 11 Hs. 2 EStG scheidet von vornherein aus. Dafür fehlt es bereits an einer planwidrigen Regelungslücke: Während des Gesetzgebungsverfahrens haben mehrere Akteure darauf hingewiesen, dass die Vorschrift eine Erweiterung erfahren müsse, wenn sie auch Auszahlungen von Differenzausgleichen, Geldbeträgen oder Vorteilen berücksichtigen solle.[452] Zwar hat das *Niedersächsische Finanzgericht* insofern recht, als es sich bei Optionsgeschäften mit Differenzausgleich nicht um Finanzgeschäfte handelt, die für jedermann bzw. für jeden Abgeordneten alltäglich relevant sind, jedoch trifft diese Aussage für viele Lebensbereiche zu, nicht nur den Optionshandel. Den Abgeordneten lässt sich deshalb auch nicht das Bewusstsein unterstellen, die Eingaben während des Gesetzgebungsverfahrens nicht zur Kenntnis genommen oder bewusst ignoriert zu haben. Vielmehr drängt sich der Schluss auf, dass der Gesetzgeber § 20 Abs. 1 Nr. 11 EStG planmäßig so (eng) ausgestaltet hat, wie die Vorschrift letztlich in Kraft getreten ist.

Hinzu kommt, dass es sich bei § 20 Abs. 1 Nr. 11 EStG um eine Ausnahmevorschrift zum generellen Werbungskostenabzugsverbot handelt[453] – und als solche eng auszulegen ist.[454] Zudem sprechen weder systematische

---

452 *Bundessteuerberaterkammer*, Stellungnahme der Bundessteuerberaterkammer zum Entwurf eines Unternehmensteuerreformgesetzes 2008 vom 20.04.2007, <webarchiv.bundestag.de/archive/2007/0525/ausschuesse/a07/anhoerungen/056/Stellungnahmen/07-Bundessteuerberaterkammer.pdf>, S. 12, abgerufen am 16.07.2019; *Zentraler Kreditausschuss*, Stellungnahme des Zentralen Kreditausschusses vom 20. April 2007 zum Entwurf eines Unternehmensteuerreformgesetzes 2008 – Teil II: Abgeltungsteuer, <webarchiv.bundestag.de/archive/2007/0525/ausschuesse/a07/anhoerungen/057/Stellungnahmen/29-Zentraler_KreditA.pdf>, S. 2, abgerufen am 16.07.2019.
453 Vgl. Ausführungen unter Punkt C.I.2.b)ii: Zwischenergebnis: Durchbrechung des Werbungskostenabzugsverbots nach § 20 Abs. 9 Satz 1 Hs. 2 EStG.
454 *Haisch*, Derivatebesteuerung im Privatvermögen ab 2009, S. 132.

Gründe noch Sinn und Zweck der Regelung dafür, den Differenzausgleich im Rahmen des § 20 Abs. 1 Nr. 11 EStG zu berücksichtigen. Die Gesetzessystematik lässt es jedenfalls nicht zu, § 20 Abs. 1 Nr. 11 Hs. 2 EStG analog anzuwenden. Bereits die grundsätzliche Einordnung der steuerlichen Behandlung eingenommener Stillhalterprämien in § 20 Abs. 1 EStG entpuppt sich als systemwidrig: Bei der Stillhalterprämie handelt es sich weder um ein Entgelt für die Überlassung von Kapital zur Nutzung auf Zeit noch ist sie Ausfluss eines Mitgliedschaftsrechts aus der Beteiligung an einer Kapitalgesellschaft.[455] Zudem hat sich der Gesetzgeber ausdrücklich nur auf die Berücksichtigung von Glattstellungsprämien in § 20 Abs. 1 Nr. 1 Hs. 2 EStG beschränkt. Dies resultiert aus der seinerzeitigen Rechtsprechung des BFH, der die Glattstellungsprämien als Werbungskosten zu den Stillhalterprämien ansah[456].[457] Auch nach Sinn und Zweck des § 20 Abs. 1 Nr. 11 Hs. 2 EStG umfasst die Vorschrift keine Differenzausgleichszahlungen: Der Sinn und Zweck der Vorschrift erschöpft sich darin, die seinerzeitige BFH-Rechtsprechung zum Abzug der Glattstellungsprämien zu kodifizieren.[458]

Bei § 20 Abs. 1 Nr. 11 Hs. 2 EStG handelt es sich um eine abschließende Regelung, die bewusst nur die „im Glattstellungsgeschäft gezahlten Prämien" erwähnt. Ein Differenzausgleich lässt sich auch im Wege der Analogie nicht in sie hineinlesen.[459]

(2) Zur Anwendung von § 20 Abs. 2 Satz 1 Nr. 3 Buchst. b) EStG

Auch die Lesart, den Differenzausgleich im Rahmen des § 20 Abs. 2 Satz 1 Nr. 3 Buchst. b) EStG zu berücksichtigen, vermag nicht zu überzeugen. Dagegen spricht bereits, dass der Stillhalter keine Option „anschafft", indem er den Differenzausgleich leistet. Vielmehr tut er dies als Reaktion darauf, dass der Optionsinhaber sein vertraglich erworbenes Recht, die Option auszuüben, wahrnimmt.

Wer eine Option schreibt, führt zudem keine Veräußerung im Sinne des § 20 Abs. 2 Satz 1 Nr. 3 Buchst. b) EStG durch. Denn dafür bedürfte es einer Verfügung, d. h. eines Rechtsgeschäfts, durch welches der Inhaber

---

455 *Buge*, in: Herrmann/Heuer/Raupach, EStG, § 20, Rn. 401.
456 Vgl. Ausführungen unter Punkt C.I.2.a: Begriffsdefinition.
457 Vgl. *FG Hamburg*, Urt. v. 10.06.2016 – 5 K 185/13, juris, Rn. 81–89.
458 Vgl. *FG Hamburg*, Urt. v. 10.06.2016 – 5 K 185/13, juris, Rn. 90–94.
459 Vgl. *Haisch*, Derivatebesteuerung im Privatvermögen ab 2009, S. 131–132.

unmittelbar auf ein bestehendes Recht einwirkt, indem er es überträgt, aufhebt, belastet oder inhaltlich verändert.[460] Wer eine Option schreibt, nimmt aber keine Verfügung vor: Er wirkt nicht auf ein bestehendes Recht ein, sondern gewährt ein neues. Denn das Optionsrecht entsteht erst, nachdem die Parteien den Optionsvertrag abgeschlossen haben. Zusätzlich wäre es notwendig, dass eine Übertragung des rechtlichen oder wirtschaftlichen Eigentums gegen Entgelt auf einen Dritten stattfindet.[461]

(3) Kritik an einer Anwendung des § 20 Abs. 2 Satz 1 Nr. 3 Buchst. a) EStG auf den Differenzausgleich

Auch die Auffassung, dass der Differenzausgleich, den der Stillhalter bei der Beendigung des Optionsgeschäfts zahlt, in den Anwendungsbereich des § 20 Abs. 2 Satz 1 Nr. 3 Buchst. a) EStG falle, sieht sich zahlreicher Kritik ausgesetzt. Es wird vorgebracht, dass es sich bei Stillhaltergeschäften nicht um Termingeschäfte im Sinne der Vorschrift handle.[462] Aber auch unabhängig davon könne der Differenzausgleich kein Bestandteil eines Termingeschäfts sein, da der Steuerpflichtige nicht das Ziel verfolge, durch Abschluss eines Optionsvertrags einen Differenzausgleich zu erlangen.[463] Der Stillhalter strebt gerade nicht an, dass das Basisgeschäft zu einem für ihn negativen Ende kommt (Zahlung eines Differenzausgleichs). Vielmehr bekommt er seine Stillhalterprämie unabhängig davon, ob der Optionsinhaber das Basisgeschäft durchführt oder nicht, sondern allein dafür, dass er sich durch das Optionsgeschäft vertraglich bindet und einem Risiko aussetzt.

Darüber hinaus finden sich in der Literatur systematische Einwände dagegen, den Differenzausgleich unter § 20 Abs. 2 Satz 1 Nr. 3 Buchst. a) EStG zu fassen: So seien die Einkünfte des Stillhalters unter Berücksichtigung von Glattstellungsprämien in § 20 Abs. 1 Nr. 11 EStG bei den laufenden Erträgen zu erfassen, während der Käufer einer Opti-

---

460 *BGH*, Urt. v. 15.03.1951 – IV ZR 9/50, NJW 1951, 645 (647); Urt. v. 24.10.1979 – VIII ZR 289/78, juris, Rn. 20; *BFH*, Urt. v. 24.06.2003 – IX R 2/02, juris, Rn. 18; *Bayreuther*, in: MüKo-BGB, § 185, Rn. 3.
461 *BFH*, Urt. v. 12.06.2018 – VIII R 32/16, juris, Rn. 13 m.w.N.; *Haisch*, Derivatebesteuerung im Privatvermögen ab 2009, S. 136–137; *Jachmann-Michel/Lindenberg*, in: Lademann, EStG, § 20, Rn. 599.
462 *Niedersächsisches Finanzgericht*, Urt. v. 28.08.2013 – 2 K 35/13, juris, Rn. 17; *Philipowski*, DStR 2017, 1362–1368 (1363).
463 *Philipowski*, DStR 2017, 1362–1368 (1367).

on nach Historie und Wortlaut der Norm nach § 20 Abs. 2 Satz 1 Nr. 3 Buchst. a) EStG zu behandeln sei.[464] Auch die Regelung des § 23 Abs. 1 Satz 1 Nr. 4 EStG a.F. habe sich ausschließlich auf den Erwerb eines Rechts bezogen und demnach nur für den Käufer einer Option Anwendung gefunden.[465] Zwar verlangt der Wortlaut des § 20 Abs. 2 Satz 1 Nr. 3 Buchst. a) EStG nicht mehr ausdrücklich, dass der Steuerpflichtige ein Recht auf Differenzausgleich, Geldbetrag oder Vorteil erworben haben müsse – dies sei allerdings allein dem Umstand geschuldet, dass der Gesetzgeber die Regelung des § 23 Abs. 1 Satz 1 Nr. 4 Satz 1 EStG a.F. nur insoweit in § 20 Abs. 2 Satz 1 Nr. 3 Buchst. a) EStG übernommen habe, als Wertzuwächse unabhängig davon steuerbar sind, zu welchem Zeitpunkt die Parteien das Geschäft beenden.[466] Außerdem sprächen sowohl die Rechtsnachfolgeregelung des § 20 Abs. 4 Satz 6 EStG als auch die Übergangsregelung des § 52a Abs. 10 Satz 3 EStG a.F.[467] davon, dass der Steuerpflichtige ein Recht aus Termingeschäften erworben habe; damit setzten sie voraus, dass erworbene Termingeschäftspositionen vorhanden seien.[468] Dies trifft auf den Optionsinhaber zu, der ein Optionsrecht erwirbt, nicht jedoch auf den Stillhalter, der eine Option schreibt.

Hinzu kommt, dass der Steuerpflichtige nach dem Wortlaut des § 20 Abs. 2 Satz 1 Nr. 3 Buchst. a) EStG etwas erlangt haben muss – im Falle des Stillhalters also einen (negativen) Differenzausgleich. Den Differenzausgleich habe der Stillhalter jedoch gezahlt – und dadurch nicht erlangt, sondern (im Gegenteil) gegeben.[469]

Da es sich bei Stillhalter und Optionsinhaber um unterschiedliche Steuersubjekte mit unterschiedlichen steuerlichen Regelungen handle, sei es im Ergebnis nicht geboten, den Käufer und den Verkäufer einer Option miteinander korrespondierend zu besteuern:[470] Der Differenzausgleich, den der Stillhalter an den Optionsinhaber zahlt, sei deshalb nicht nach § 20 Abs. 2 Satz 1 Nr. 3 Buchst. a) EStG zu behandeln.

---

464 *FG Hamburg*, Urt. v. 10.06.2016 – 5 K 185/13, juris, Rn. 115; vgl. *Haisch*, Derivatebesteuerung im Privatvermögen ab 2009, S. 151.
465 *BFH*, Urt. v. 17.04.2007 – IX R 40/06, juris, Rn. 16.
466 *FG Hamburg*, Urt. v. 10.06.2016 – 5 K 185/13, juris, Rn. 112, 120.
467 I.d.F. des Unternehmensteuerreformgesetzes 2008, BGBl I, S. 1912–1938, aufgehoben durch das Gesetz zur Anpassung des nationalen Steuerrechts an den Beitritt Kroatiens zur EU und zur Änderung weiterer steuerlicher Vorschriften vom 25.04.2014, BGBl I, S. 1266–1300.
468 *Haisch*, Derivatebesteuerung im Privatvermögen ab 2009, S. 151.
469 *FG Hamburg*, Urt. v. 10.06.2016 – 5 K 185/13, juris, Rn. 110.
470 *FG Hamburg*, Urt. v. 10.06.2016 – 5 K 185/13, juris, Rn. 129.

iv) Bewertung und Fazit

Die besseren Argumente sprechen dafür, § 20 Abs. 1 Nr. 11 EStG weder direkt noch analog heranzuziehen, um die gezahlten Differenzausgleiche steuerlich zu behandeln,[471] und auch § 20 Abs. 2 Satz 1 Nr. 3 Buchst. b) EStG scheidet als einschlägiger Tatbestand aus[472]. Näher zu beleuchten bleibt jedoch die Frage, ob § 20 Abs. 2 Satz 1 Nr. 3 Buchst. a) EStG die normative Lücke schließen kann. Mit der Vorschrift wollte der Gesetzgeber die Wertzuwächse aus Termingeschäften neben der Vorschrift in § 20 Abs. 1 Nr. 11 EStG besteuern.[473]

Trotz aller Kritik sprechen im Ergebnis die besseren Gründe dafür, den Differenzausgleich, den der Stillhalter bei Beendigung zahlt, nach § 20 Abs. 2 Satz 1 Nr. 3 Buchst. a) i.V.m. Abs. 4 Satz 5 EStG zu erfassen. Zu den Einkünften aus Kapitalvermögen gehört auch der Gewinn bei Termingeschäften, durch die der Steuerpflichtige einen Differenzausgleich, Geldbetrag oder Vorteil erlangt, der durch den Wert einer veränderlichen Bezugsgröße bestimmt ist. Erfasst sind also Termingeschäfte, bei denen der Steuerpflichtige einen Differenzausgleich erlangt.

Die Kritik, dass es sich bei Stillhalter- nicht zugleich um Termingeschäfte handeln könne, vermag nicht zu überzeugen. „Stillhaltergeschäfte" sind weder eine eigene Geschäftsart noch besitzen sie eine eigene Rechtsnatur. Der Begriff dient vielmehr lediglich dazu, Optionsgeschäfte aus der Perspektive des Stillhalters zu beschreiben. Es ist also ein Terminus, der ein Optionsgeschäft abhängig von der Perspektive einer beteiligten Person (des Stillhalters) bezeichnet. Entscheidend ist also bei genauerem Hinsehen nicht, ob „Stillhaltergeschäfte" vorliegen, sondern ob Optionsgeschäfte Termingeschäfte im Sinne des § 20 Abs. 2 Satz 1 Nr. 3 Buchst. a) EStG

---

471 Vgl. Ausführungen unter Punkt C.I.3.b)iii(1): Analoge Anwendung von § 20 Abs. 1 Nr. 11 Hs. 2 EStG.
472 Vgl. Ausführungen unter Punkt C.I.3.b)iii(2): Zur Anwendung von § 20 Abs. 2 Satz 1 Nr. 3 Buchst. b) EStG.
473 BT-Drs. 16/4841, S. 55.

C. Einkommensteuerliche Behandlung de lege lata

sind. Dass dies der Fall ist, ist indes allgemein anerkannt:[474] Bei Optionsgeschäften handelt es sich um sogenannte bedingte Termingeschäfte.[475]

Darüber hinaus lässt sich aus dem Wortlaut des § 20 Abs. 2 Satz 1 Nr. 3 Buchst. a) EStG nicht ableiten, dass nur ein solcher Differenzausgleich im Rahmen eines Termingeschäfts beachtlich sein soll, den der Steuerpflichtige „erstrebt" hat. Vielmehr stellt § 20 Abs. 2 Satz 1 Nr. 3 Buchst. a) EStG mit „erlangt" auf die Beendigung eines Termingeschäfts in den dort genannten Varianten ab.[476] „Erlangt" ist also vielmehr im Sinne von „erzielen" zu verstehen.[477] Zwar sind Optionsvereinbarung und Abwicklung des Optionsgeschäfts (Basisgeschäft) *zivilrechtlich* getrennt voneinander zu betrachten,[478] steuerlich erstreckt sich § 20 Abs. 2 Satz 1 Nr. 3 Buchst. a) EStG jedoch auch auf Konstellationen, in denen die Parteien ein Optionsgeschäft durch Differenzausgleich beenden.[479] Mit Zahlung eines Differenzausgleichs liegt dann eine Beendigungsform des Ausgangstermingeschäfts vor, die in den Anwendungsbereich des § 20 Abs. 2 Satz 1 Nr. 3 Buchst. a) EStG fällt.

Erlangt ist der Differenzausgleich im Sinne der Vorschrift jedenfalls dann, wenn er tatsächlich geleistet wird, da die Parteien das Optionsgeschäft in diesem Fall mit Durchführung des Basisgeschäfts beenden.[480] Erlangter Bestandteil des Gewinns kann nicht nur ein positiver, sondern

---

474 Vgl. *BFH*, Urt. v. 26.09.2012 – IX R 50/09, juris, Rn. 13–15; Urt. v. 12.01.2016 – IX R 48/14, juris, Rn. 15; Urt. v. 20.10.2016 – VIII R 55/13, juris, Rn. 30; Urt. v. 24.10.2017 – VIII R 35/15, juris, Rn. 13; *BMF*, v. 18.01.2016 – IV C 1-S 2252/08/10004:017//2015/0468306, BStBl I 2016, S. 85 (Rn. 9); BT-Drs. 16/4841, S. 55; *Buge*, in: Herrmann/Heuer/Raupach, EStG, § 20, Rn. 472; *Haisch*, Derivatebesteuerung im Privatvermögen ab 2009, S. 146–150; *Heuermann*, DB 2004, 1848 (1852); *Jochum*, in: Kirchhof/Mellinghoff/Kube, EStG, § 20, F 23; *Redert*, in: Fuhrmann/Kraeusel/Schiffers, 360° EStG eKommentar, § 20, Rn. 495–502; zum Begriff des Termingeschäfts ausführlich auch *Dahm/Hamacher*, DStR 2014, 455.
475 Vgl. Ausführungen unter Punkt B.I.1: Optionen; *Jochum*, in: Kirchhof/Mellinghoff/Kube, EStG, § 20, F 23.
476 Vgl. *BFH*, Urt. v. 26.09.2012 – IX R 50/09, juris, Rn. 15; *Haisch*, Derivatebesteuerung im Privatvermögen ab 2009, S. 150–151.
477 Vgl. *BFH*, Urt. v. 12.01.2016 – IX R 48/14, juris, Rn. 18.
478 Vgl. Ausführungen unter Punkt B.I.2: Grundzüge der zivilrechtlichen Einordnung des Optionsgeschäfts.
479 Vgl. *BFH*, Urt. v. 26.09.2012 – IX R 50/09, juris, Rn. 16.
480 Vgl. *BFH*, Urt. v. 26.09.2012 – IX R 50/09, juris, Rn. 16; *Haisch*, Derivatebesteuerung im Privatvermögen ab 2009, S. 156–157; die Frage, ob eine tatsächliche Leistung erforderlich ist oder ob es lediglich auf das wirtschaftliche Ergebnis des Termingeschäfts ankommt (vgl. hierzu *BFH*, Urt. v. 12.01.2016 – IX R 48/14, juris, Rn. 15–16) kann hier dahinstehen.

auch ein gezahlter, d. h. negativer Betrag sein: Nach dem Willen des Gesetzgebers fällt auch ein Verlust unter den Terminus.[481] Der Wortlaut „Gewinn bei Termingeschäften" macht deutlich, dass es nur auf den Abschluss und damit das Vorliegen eines Termingeschäfts sowie dessen wirtschaftliches Ergebnis ankommt.[482] Auch die Formulierung in § 20 Abs. 4 Satz 5 EStG („Differenzausgleich [...] abzüglich Aufwendungen") spricht nicht dafür, dass lediglich ein positiver Differenzausgleich Ausgangspunkt für die Subtraktion von Aufwendungen sein kann: Es ist durchaus auch möglich, weitere Aufwendungen von einem gezahlten und damit negativen Differenzausgleich abzuziehen. Relevant ist also letztlich allein, dass sich im Falle der Zahlung des Differenzausgleichs das Risiko aus dem Optionsgeschäft für den Stillhalter verwirklicht und er einen negativen Gewinn (Verlust) erzielt.[483]

Keine Rolle können auch die Argumente in der alten Rechtsprechung des BFH zu der Frage spielen, ob § 23 Abs. 1 Satz 1 Nr. 4 EStG a.F. nur beim Optionsinhaber und nicht beim Stillhalter anzuwenden sei. Denn sie beschäftigten sich lediglich mit der Frage, wie die eingenommene Stillhalterprämie beim Stillhalter steuerlich zu berücksichtigen war.[484] Nicht zu entscheiden war jedoch, wie ein geleisteter Differenzausgleich des Stillhalters steuerlich zu Buche schlägt.

Ohnehin wollte der Gesetzgeber mit dem UntStReformG 2008 beim Stillhalter nur den verbleibenden Vermögenszuwachs besteuern:[485] Die Änderung des Wortlauts von § 20 Abs. 2 Satz 1 Nr. 3 Buchst. a) EStG im Vergleich zu § 23 Abs. 1 Nr. 4 Satz 1 EStG a.F.[486] lässt sich deshalb nicht allein damit erklären, dass lediglich die Spekulationsfrist entfallen sollte.

Auch aus der Gesetzesbegründung zu § 20 Abs. 4 Satz 5 EStG, die von „Aufwendungen für das Optionsrecht" im Rahmen der Gewinnermitt-

---

481 BT-Drs. 16/4841, S. 57; vgl. auch *BFH*, Urt. v. 26.09.2012 – IX R 50/09, juris, Rn. 16; Urt. v. 12.01.2016 – IX R 48/14, juris, Rn. 18; Urt. v. 20.10.2016 – VIII R 55/13, juris, Rn. 19.
482 Vgl. *BFH*, Urt. v. 12.01.2016 – IX R 48/14, juris, Rn. 16.
483 Vgl. *BFH*, Urt. v. 13.02.2008 – IX R 68/07, juris, Rn. 16; Urt. v. 26.09.2012 – IX R 50/09, juris, Rn. 16.
484 Vgl. z.B. *BFH*, Urt. v. 17.04.2007 – IX R 40/06, juris, Rn. 16; Urt. v. 11.02.2014 – IX R 46/12, juris.
485 BT-Drs. 16/4841, S. 54.
486 § 23 Abs. 1 Satz 1 Nr. 4 Satz 1 EStG a.F. lautete: „Termingeschäfte, durch die der Steuerpflichtige einen Differenzausgleich oder einen durch den Wert einer veränderlichen Bezugsgröße bestimmten Geldbetrag oder Vorteil erlangt, sofern der Zeitraum zwischen Erwerb und Beendigung des Rechts auf einen Differenzausgleich, Geldbetrag oder Vorteil nicht mehr als ein Jahr beträgt."

lung spricht,⁴⁸⁷ lässt sich nicht ableiten, dass § 20 Abs. 2 Satz 1 Nr. 3 Buchst. a) EStG nur für den Käufer einer Option gilt. Denn hierbei handelt es sich lediglich um eine beispielhafte Beschreibung des Begriffs der Aufwendungen. Auch die Übergangsregelung nach § 52a Abs. 10 Satz 3 EStG a.F. liefert keine Anhaltspunkte dafür, dass sie nur den Erwerb eines Rechts oder nur den Erwerber eines Rechts anspricht. Vielmehr sollte die Vorschrift allein abstrakt regeln, ab welchem Zeitpunkt die neue Rechtslage Anwendung findet. Konsequenterweise hat der Gesetzgeber die Norm auch 2014 aufgehoben, nachdem sie überflüssig geworden war.

Für die Lesart, den Differenzausgleich unter § 20 Abs. 2 Satz 1 Nr. 3 Buchst. a) EStG zu fassen, spricht auch die Tatsache, dass es so möglich ist, einen Gleichlauf mit Festgeschäften⁴⁸⁸ zu erreichen:⁴⁸⁹ Sie fallen nicht nur unter den Begriff der Termingeschäfte, sondern für sie ist auch anerkannt, dass sowohl für den Berechtigten als auch für den Verpflichteten § 20 Abs. 2 Satz 1 Nr. 3 Buchst. a) EStG anzuwenden ist.⁴⁹⁰ Festgeschäfte und Optionsgeschäfte sind in ihrem Wesenskern vergleichbar. Denn bei einem Festgeschäft (z. B. Future) haben sowohl der Verpflichtete als auch der Berechtigte (Käufer) jeweils unbegrenzte Gewinn- und Verlustchancen. Bei Optionsgeschäften erhält der Käufer eine theoretisch unbegrenzte Gewinnchance, während sein Verlust auf die gezahlte Prämie beschränkt ist. Andererseits hat der Stillhalter ein theoretisch unbeschränktes Verlustrisiko und eine Gewinnchance, die auf die eingenommene Prämie begrenzt ist. In beiden Fällen steht also die unbegrenzte Gewinnchance der Käuferseite dem unbegrenzten Verlustrisiko der Verkäuferseite spiegelbildlich gegenüber. Vor diesem Hintergrund zeigt sich, dass es sich nicht rechtfertigen lässt, bedingte und unbedingte Termingeschäfte unterschiedlich zu behandeln. Wenn § 20 Abs. 2 Satz 1 Nr. 3 Buchst. a) EStG schon den theoretisch unbegrenzten Gewinn beim Käufer erfasst, so ist es aufgrund

---

487 BT-Drs. 16/4841, S. 57.
488 Vgl. zur Begrifflichkeit *BMF*, v. 18.01.2016 – IV C 1-S 2252/08/10004:017//2015/0468306, BStBl I 2016, S. 85 (Rn. 36); *Jochum*, in: Kirchhof/Mellinghoff/Kube, EStG, § 20, D/3 29–30; *Moritz/Strohm*, in: Moritz/Strohm, Handbuch Besteuerung privater Kapitalanlagen, S. 129–297 (238 f.).
489 Vgl. *Moritz/Strohm*, DB 2013, 603 (607 f.).
490 *BMF*, v. 18.01.2016 – IV C 1-S 2252/08/10004:017//2015/0468306, BStBl I 2016, S. 85 (Rn. 36); *Haisch*, DStZ 2007, 762 (772); *Haisch*, Derivatebesteuerung im Privatvermögen ab 2009, S. 201; *Haisch/Helios*, FR 2011, 85 (90).

der Gemeinsamkeiten nur folgerichtig, dass sich die Vorschrift auch auf den theoretisch unbegrenzten Verlust des Stillhalters erstreckt.[491]

Die Erfassung des vom Stillhalter gezahlten Differenzausgleichs unter § 20 Abs. 2 Satz 1 Nr. 3 Buchst. a) EStG fügt sich im Übrigen auch bruchfrei in die Systematik des § 20 EStG ein. Ebenso wie die physische Lieferung des Basiswerts stellt auch die Zahlung eines Differenzausgleichs eine bestimmte Form der Durchführung eines Optionsgeschäfts dar. In beiden Fällen richtet sich die steuerliche Betrachtung nach § 20 Abs. 2 EStG.[492] Bei den beiden anderen Beendigungsformen – der Glattstellung und dem Verfall[493] – ist die „Leistung" des Stillhalters allein darin zu sehen, dass er sich vertraglich bindet und ein Risiko eingeht. Die Zahlung eines Differenzausgleichs steht hingegen einer Veräußerung wirtschaftlich näher.

Im Ergebnis fällt der Differenzausgleich, den der Stillhalter bei Beendigung des Optionsgeschäfts leistet, unter den Tatbestand des § 20 Abs. 2 Satz 1 Nr. 3 Buchst. a) EStG.

v) Gewinnermittlung nach § 20 Abs. 4 Satz 5 EStG, insbesondere im Hinblick auf die Stillhalterprämie

Die Ermittlung des Gewinns richtet sich im Fall des § 20 Abs. 2 Satz 1 Nr. 3 Buchst. a) EStG nach § 20 Abs. 4 Satz 5 EStG: Bei einem Termingeschäft ist der gezahlte Differenzausgleich abzüglich der Aufwendungen, die im unmittelbaren Zusammenhang mit dem Termingeschäft stehen, als Gewinn anzusehen.

Aus dem Wortlaut „Gewinn bei einem Termingeschäft" ergibt sich, dass § 20 Abs. 4 Satz 5 EStG das gesamte Termingeschäft im Blick hat. Im Hinblick auf das Optionsgeschäft entsteht dadurch jedoch die Frage, wie die eingenommene Stillhalterprämie bei der Gewinnermittlung zu erfassen ist. Denn auch das Schreiben einer Option, also die Begründung und mithin der Beginn des Optionsgeschäfts, ist Bestandteil des Termingeschäfts in Form des Optionsgeschäfts, sodass auch die eingenommene Stillhalterprämie Teil des Termingeschäfts ist.[494]

---

491 Vgl. zu alledem *Haisch/Helios*, FR 2011, 85 (90).
492 Vgl. Ausführungen unter Punkt C.I.3.a: Physische Lieferung des Basiswerts.
493 Vgl. zum Verfall Ausführungen unter Punkt C.I.4: Beendigung eines Stillhaltergeschäfts durch Verfall.
494 *Wagner*, DStZ 2006, 176 (186) formuliert: „Ohne Zweifel ist die Stillhalterprämie Teil des Termingeschäfts, das hier als Optionsgeschäft ausgestaltet ist."

C. Einkommensteuerliche Behandlung de lege lata

Aufgrund des insoweit eindeutigen Wortlauts fällt die eingenommene Stillhalterprämie in erster Linie in den Anwendungsbereich des § 20 Abs. 1 Nr. 11 Hs. 1 EStG. Da sie jedoch auch Teil des Termingeschäfts ist, kommt es zu einer Überschneidung zwischen § 20 Abs. 1 Nr. 11 und Abs. 2 Satz 1 Nr. 3 Buchst. a) i.Vm. Abs. 4 Satz 5 EStG. Es stellt sich deshalb die Frage, wie die eingenommene Stillhalterprämie steuerlich zu erfassen ist, wenn die Parteien das Optionsgeschäft durch Zahlung eines Differenzausgleichs beenden.

(1) BFH geht auf Thematik nicht ein

Der BFH hat sich in seiner Entscheidung vom 20.10.2016[495] nur mit der Frage näher befasst, wie der Differenzausgleich, den der Stillhalter zahlt, tatbestandlich zu erfassen ist. Auf die sich eigentlich aufdrängende Anschlussfrage, wie der Gewinn zu ermitteln ist, ging das Gericht indes nicht ein.

In seinem Urteil stellt der BFH lediglich fest, dass der gezahlte Differenzausgleich einen Verlust darstelle, der unter § 20 Abs. 2 Satz 1 Nr. 3 Buchst. a) EStG falle und mit Einkünften aus § 20 Abs. 1 EStG verrechnet werden könne.[496] Das Gesetz ordne insofern eine getrennte Besteuerung von Stillhalterprämie und Glattstellungsgeschäft nach § 20 Abs. 1 Nr. 11 EStG einerseits und des Differenzausgleichs nach § 20 Abs. 2 Satz 1 Nr. 3 Buchst. a) EStG andererseits an.[497] Eine Begründung für diese getrennte Behandlung von Stillhalterprämie und Differenzausgleich liefert der BFH nicht. Der VIII. Senat scheint insofern – entgegen der Ansicht des IX. Senats[498] – aber wohl an einer Aufspaltung des Optionsgeschäfts in Eröffnungs-, Basis- und Gegengeschäft[499] festhalten zu wollen. Eine einheitliche Behandlung hält er offenbar nur dann für notwendig, wenn die Parteien ihr Optionsgeschäft durch Glattstellung beenden (§ 20 Abs. 1 Nr. 11 EStG).[500]

---

495 *BFH*, Urt. v. 20.10.2016 – VIII R 55/13, juris.
496 *BFH*, Urt. v. 20.10.2016 – VIII R 55/13, juris, Rn. 33.
497 *BFH*, Urt. v. 20.10.2016 – VIII R 55/13, juris, Rn. 32.
498 Vgl. *BFH*, Urt. v. 12.01.2016 – IX R 49/14, juris, Rn. 13; Urt. v. 12.01.2016 – IX R 48/14, juris, Rn. 17.
499 Vgl. *BFH*, Urt. v. 24.06.2003 – IX R 2/02, juris, Rn. 16; Urt. v. 17.04.2007 – IX R 40/06, juris, Rn. 14.
500 *BFH*, Urt. v. 20.10.2016 – VIII R 55/13, juris, Rn. 32.

(2) Eigene Auffassung

Anknüpfungspunkt für die steuerliche Behandlung nach § 20 Abs. 2 Satz 1 Nr. 3 Buchst. a) EStG ist das Vorliegen eines Termingeschäfts. Die Differenzausgleichszahlungsvereinbarung ist kein separates Termingeschäft neben dem Optionsgeschäft und mithin auch nicht die bloße Zahlung zu deren Erfüllung.

Der Wortlaut in § 20 Abs. 2 Satz 1 Nr. 3 Buchst. a) EStG („Termingeschäft, durch das der Steuerpflichtige […] erlangt") beschreibt eine Ursächlichkeit für die Zahlung eines Differenzausgleichs. Die Entstehung der Zahlungsverpflichtung und die nachfolgende Zahlung des Differenzausgleichs haben ihre Ursache in der Optionsvereinbarung. Kein separates Termingeschäft ist hingegen die Differenzausgleichszahlungsvereinbarung. Denn dieser fehlt auch eine wesentliche Eigenschaft eines Termingeschäfts: Sie ist kein Finanzinstrument, dessen Preis von Börsen- oder Marktpreisen eines Basiswerts abhängt.[501] Denn die Zahlungsvereinbarung selbst ist nicht handelbar – für sie lässt sich kein Preis bilden. Anders verhält es sich hingegen bei Optionen: Ihre Preisbildung hängt wesentlich von den Börsen- oder Marktpreisen eines Basiswerts ab.

Dafür, die eingenommene Stillhalterprämie und den gezahlten Differenzausgleich im Rahmen des § 20 Abs. 2 Satz 1 Nr. 3 Buchst. a) i.V.m. Abs. 4 Satz 5 EStG einheitlich zu behandeln, spricht ein weiteres Argument: Die Verpflichtung des Stillhalters, bei Ausübung der Option einen Differenzausgleich zu zahlen, und die tatsächliche Zahlung des Differenzausgleichs bilden eine wirtschaftliche Einheit.[502] Es handelt sich um ein zwar zeitlich gestaffeltes, aber wirtschaftlich einheitliches Geschäft.[503] Dabei bildet die Differenzausgleichszahlung den wirtschaftlichen Schwerpunkt: Das Optionsgeschäft ist als einheitliches Termingeschäft nach § 20 Abs. 2 Satz 1 Nr. 3 Buchst. a) i.V.m. Abs. 4 Satz 5 EStG zu beurteilen, wenn es zu einer Beendigung durch Differenzausgleich kommt.

Zu klären ist daher, ob die eingenommene Stillhalterprämie auch von § 20 Abs. 4 Satz 5 EStG erfasst wird. Dabei sind zwei Herangehensweisen denkbar. Die Stillhalterprämie könnte einerseits als Bestandteil des Diffe-

---

501 *BMF*, v. 18.01.2016 – IV C 1-S 2252/08/10004:017//2015/0468306, BStBl I 2016, S. 85 (Rn. 9); *Buge*, in: Herrmann/Heuer/Raupach, EStG, § 20, Rn. 472; *Redert*, in: Fuhrmann/Kraeusel/Schiffers, 360° EStG eKommentar, § 20, Rn. 495–502.
502 *FG Hamburg*, Urt. v. 10.06.2016 – 5 K 185/13, juris, Rn. 100–101; *Philipowski*, DStR 2017, 1362–1368 (1366).
503 Vgl. für den Fall der physischen Lieferung C.I.3.a)i(1)(a)(cc) Stellungnahme: Berücksichtigung beim Basisgeschäft.

C. Einkommensteuerliche Behandlung de lege lata

renzausgleichs, eines durch den Wert einer veränderlichen Bezugsgröße bestimmten Geldbetrags oder eines Vorteils erfasst werden. Andererseits könnte sie als negative Aufwendung, die im unmittelbaren Zusammenhang mit dem Termingeschäft steht, einzuordnen sein.

Schon die Terminologie spricht dagegen, die eingenommene Stillhalterprämie als Differenzausgleich einzuordnen. Denn darunter ist die Zahlung eines Geldbetrags in Höhe der Differenz zwischen Basispreis und Marktpreis des Basiswerts zum Ausübungszeitpunkt zu verstehen – und gerade nicht die Stillhalterprämie. Die unterschiedlichen Begrifflichkeiten sind dem Gesetzgeber auch durchaus bewusst, wie sich aus der Verwendung in § 20 Abs. 1 Nr. 11 EStG und § 20 Abs. 2 Satz 1 i.V.m. Abs. 4 Satz 5 EStG ergibt.

Die eingenommene Stillhalterprämie lässt sich auch nicht als Geldbetrag erfassen, der durch den Wert einer veränderlichen Bezugsgröße bestimmt wird. Denn sie hängt nicht mehr von einem veränderlichen Basiswert ab; vielmehr vereinbaren sie die Parteien zum Zeitpunkt des Abschlusses des Optionsgeschäfts. Sie ändert sich auch nicht während der Laufzeit des Optionsgeschäfts und ist unabhängig davon, ob es zur Ausübung kommt oder nicht.[504]

Auch stellt die eingenommene Stillhalterprämie keinen erlangten Vorteil im Sinne des § 20 Abs. 4 Satz 5 EStG dar. Zum einen handelt es sich um einen Auffangtatbestand, um Vermögensmehrungen und -minderungen zu erfassen, die nicht in Geld bestehen,[505] zum anderen lässt sich die eingenommene Stillhalterprämie nicht als Vorteil sehen, da der Wert des Vorteils ebenfalls dem Grunde und der Höhe nach unmittelbar oder mittelbar von einem veränderlichen Basiswert abhängen muss[506] – was die statische Stillhalterprämie aber gerade nicht tut.

Ist sie schon kein Bestandteil des Differenzausgleichs, eines durch den Wert einer veränderlichen Bezugsgröße bestimmten Geldbetrags oder eines Vorteils, könnte die Stillhalterprämie aber als negative Aufwendung einzuordnen sein. Unter Aufwendungen sind Vermögensabflüsse in Geld oder Geldeswert zu verstehen.[507] Nach einer rein wortgetreuen Auslegung

---

504 Vgl. *BFH*, Urt. v. 17.04.2007 – IX R 40/06, juris, 14, 19; *Haisch*, Derivatebesteuerung im Privatvermögen ab 2009, S. 154–155; *Heuermann*, DB 2004, 1848 (1849); *Schlüter*, DStR 2000, 226 (228).
505 *Redert*, in: Fuhrmann/Kraeusel/Schiffers, 360° EStG eKommentar, § 20, Rn. 505.
506 *Haisch*, Derivatebesteuerung im Privatvermögen ab 2009, S. 154–155.
507 Vgl. *Buge*, in: Herrmann/Heuer/Raupach, EStG, § 20, Rn. 573; *Bleschick*, in: Kirchhof/Seer, Einkommensteuergesetz (EStG), § 20, Rn. 150; vgl. zum Aufwendungsbegriff i.S.d. § 9 EStG *BFH*, Beschluss v. 04.07.1990 – GrS 1/89, juris,

sind eingenommene Stillhalterprämien schwerlich als negative Aufwendungen zu sehen. Zwar stellen die eingenommenen Stillhalterprämien einen Vermögens(zu)fluss in Geld dar, jedoch differenziert auch der Gesetzgeber zwischen Vermögenszuflüssen und -abflüssen – und verwendet hierfür die Begriffe Aufwendungen und Einnahmen. Bei letzteren handelt es sich nach § 8 Abs. 1 EStG um alle Güter, die in Geld oder Geldeswert bestehen und dem Steuerpflichtigen im Rahmen einer der Einkunftsarten des § 2 Abs. 1 Satz 1 Nr. 4 bis 7 EStG zufließen. Würde man auch negative Vermögensabflüsse als Einnahmen einordnen, gäbe es aber keinerlei Unterschied mehr zum Begriff der Aufwendungen. Aus Aufwendungen könnten dann Einnahmen werden und umgekehrt, indem man den Begriffen jeweils das Wörtchen „negativ" voranstellte.

Es zeigt sich, dass der Wortlaut des § 20 Abs. 4 Satz 5 EStG die eingenommene Stillhalterprämie nicht erfasst. Der Wortlaut des § 20 Abs. 2 Satz 1 Nr. 3 EStG i.V.m. § 20 Abs. 4 Satz 5 EStG ist von seiner Ausgestaltung her auf die Käuferseite ausgelegt. Satz 5 trägt dem Umstand Rechnung, dass bei Termingeschäften an die Stelle von Anschaffung und Veräußerung die Zahlung des Differenzausgleichs tritt, sodass sich der Gewinn – im Unterschied zu § 20 Abs. 4 Satz 1 EStG – nicht als Unterschiedsbetrag zwischen den Einnahmen aus der Veräußerung und den Anschaffungskosten darstellt.[508] In Betracht gezogen werden könnte eine analoge Anwendung des § 20 Abs. 4 Satz 5 EStG.

Haisch/Helios stufen den gezahlten Differenzausgleich als negativen erhaltenen Differenzausgleich und die eingenommene Stillhalterprämie als negative unmittelbare Aufwendung ein[509]. Vor diesem Hintergrund diskutieren sie eine „quasi spiegelverkehrte analoge Anwendung"[510] des § 20 Abs. 2 Satz 1 Nr. 3 Buchst. a) EStG i.V.m. § 20 Abs. 4 Satz 5 EStG. Zur Begründung stellen sie einen Vergleich dazu an, wie das Steuerrecht unbedingte Termingeschäfte (sogenannte Festgeschäfte, z. B. Futures) behan-

---

Rn. 60; Urt. v. 09.11.1993 – IX R 81/90, juris, Rn. 8; *Kreft*, in: Herrmann/Heuer/Raupach, EStG, § 9, Rn. 65; *Moritz/Strohm*, in: Moritz/Strohm, Handbuch Besteuerung privater Kapitalanlagen, S. 129–297 (Rn. 253); *Oertel*, in: Kirchhof/Seer, Einkommensteuergesetz (EStG), § 9, Rn. 6; *Schramm*, in: Fuhrmann/Kraeusel/Schiffers, 360° EStG eKommentar, § 9, Rn. 20.

508 Vgl. *Jochum*, in: Kirchhof/Mellinghoff/Kube, EStG, § 20, F 25; *Bleschick*, in: Kirchhof/Seer, Einkommensteuergesetz (EStG), § 20, Rn. 155.
509 *Haisch/Helios*, FR 2011, 85 (89 f.).
510 *Haisch/Helios*, FR 2011, 85 (89 f.).

C. Einkommensteuerliche Behandlung de lege lata

delt: Bei ihnen besteuere § 20 Abs. 2 Satz 1 Nr. 3 Buchst. a) i.V.m. Abs. 4 Satz 5 EStG sowohl den Berechtigten als auch den Verpflichteten.[511]

Gegen die Ansicht von *Haisch/Helios* spricht jedoch bereits, dass keine planwidrige Regelungslücke vorliegt, die mittels Analogie zu schließen wäre. Die Problematik war dem Gesetzgeber durchaus bekannt: Zahlreiche Verbände hatten ihn darauf während des Gesetzgebungsverfahrens hingewiesen.[512] Darüber hinaus ist fraglich, ob die Prämie, die der Verkäufer eines Futures eingenommen hat, überhaupt unter § 20 Abs. 2 Satz 1 Nr. 3 i.V.m. § 20 Abs. 4 Satz 5 EStG fällt. Auch in diesem Zusammenhang lässt sich die eingenommene Prämie schwerlich mit dem Wortlaut fassen und es stellt sich dieselbe Problematik wie bei Optionsgeschäften.

Im BMF-Schreiben vom 18.01.2016 führt die Finanzverwaltung aus, steuerlich sei bei Futuregeschäften „als Differenzausgleich die Summe oder die Differenz der während der Laufzeit eines Kontrakts geleisteten Zahlungen im Zeitpunkt der Fälligkeit des Kontrakts zu erfassen".[513] Unklar bleibt dabei jedoch, ob unter die Formulierung „Summe [...] geleistete[r] Zahlungen" auch die eingenommenen Prämien zu fassen sind. Zu beachten ist auch, dass es sich bei dem BMF-Schreiben um eine norminterpretierende Verwaltungsvorschrift handelt, die für Personen, die außerhalb der Verwaltung stehen, nicht bindend ist.[514]

Zusammenfassend lässt sich sagen, dass die Differenzausgleichszahlungsvereinbarung und die hierauf erfolgte Zahlung des Differenzausgleichs kein separates Termingeschäft neben dem Optionsgeschäft darstellen. Optionsvereinbarung und Differenzausgleichszahlung sind vielmehr

---

511 Vgl. zur einheitlichen Behandlung bei Festgeschäften bereits die Ausführungen unter C.I.3.b)v Bewertung und Fazit.
512 *Bundessteuerberaterkammer*, Stellungnahme der Bundessteuerberaterkammer zum Entwurf eines Unternehmensteuerreformgesetzes 2008 vom 20.04.2007, <webarchiv.bundestag.de/archive/2007/0525/ausschuesse/a07/anhoerungen/056/Stellungnahmen/07-Bundessteuerberaterkammer.pdf>, S. 12, abgerufen am 16.07.2019; *Zentraler Kreditausschuss*, Stellungnahme des Zentralen Kreditausschusses vom 20. April 2007 zum Entwurf eines Unternehmensteuerreformgesetzes 2008 – Teil II: Abgeltungsteuer, <webarchiv.bundestag.de/archive/2007/0525/ausschuesse/a07/anhoerungen/057/Stellungnahmen/29-Zentraler_KreditA.pdf>, S. 2, abgerufen am 16.07.2019; vgl. Ausführungen unter Punkt C.I.3.b)iii(1): Analoge Anwendung von § 20 Abs. 1 Nr. 11 Hs. 2 EStG.
513 Vgl. *BMF*, v. 18.01.2016 – IV C 1-S 2252/08/10004:017//2015/0468306, BStBl I 2016, S. 85 (Rn. 36).
514 Vgl. zum Begriff der Verwaltungsvorschrift und dem Umfang der Bindungswirkung *Grashoff/Mach*, Grundzüge des Steuerrechts, Rn. 11–14; *Koenig*, in: Koenig, AO, § 4, Rn. 51–60.

ein (wirtschaftlich) einheitliches Termingeschäft, sodass sich die Gewinnermittlung für das komplette Termingeschäft nach § 20 Abs. 4 Satz 5 EStG richtet. Die eingenommene Stillhalterprämie wird von dessen Wortlaut nicht erfasst. Auch eine analoge Anwendung scheidet aus.

(3) Zwischenergebnis

In Konstellationen, in denen die Parteien eine Option unter Zahlung eines Differenzausgleichs beenden, erstrecken sich Wortlaut und Systematik des § 20 Abs. 1 Nr. 11 EStG im Ergebnis nicht auf die eingenommene Stillhalterprämie. Vielmehr ist das Optionsgeschäft als einheitliches Termingeschäft nach § 20 Abs. 2 Satz 1 Nr. 3 Buchst. a) i.V.m. Abs. 4 Satz 5 EStG zu beurteilen. Die Differenzausgleichszahlungsvereinbarung ist kein separates Termingeschäft neben dem Optionsgeschäft und mithin auch nicht die bloße Zahlung zu deren Erfüllung. Zudem bilden die Verpflichtung des Stillhalters, bei Ausübung der Option einen Differenzausgleich zu zahlen, und die tatsächliche Zahlung des Differenzausgleichs eine wirtschaftliche Einheit.[515] Es handelt sich um ein zwar zeitlich gestaffeltes, aber wirtschaftlich einheitliches Geschäft.[516] Dabei bildet die Differenzausgleichszahlung den wirtschaftlichen Schwerpunkt: Das Optionsgeschäft ist als einheitliches Termingeschäft nach § 20 Abs. 2 Satz 1 Nr. 3 Buchst. a) i.V.m. Abs. 4 Satz 5 EStG zu beurteilen, wenn es zu einer Beendigung durch Differenzausgleich kommt. Die Gewinnermittlung für das komplette Geschäft richtet sich nach § 20 Abs. 4 Satz 5 EStG. Von diesem werden jedoch die eingenommenen Stillhalterprämien nicht erfasst.

Dabei handelt es sich um ein Ergebnis, das dem Willen des Gesetzgebers widerspricht: Mit Einführung des UntStReformG 2008 wollte er sämtliche Beträge, die ein Steuerpflichtiger einnimmt (insbesondere auch die Stillhalterprämie) der Besteuerung nach § 20 EStG unterwerfen.[517] Seine Intention hat der Gesetzgeber in der konkreten Ausgestaltung des § 20 EStG – insbesondere des § 20 Abs. 4 Satz 5 EStG – aber nicht zum Ausdruck gebracht.

---

515 *FG Hamburg*, Urt. v. 10.06.2016 – 5 K 185/13, juris, Rn. 100–101; *Philipowski*, DStR 2017, 1362–1368 (1366).
516 Vgl. für den Fall der physischen Lieferung C.I.3.a)i(1)(a)(cc) Stellungnahme: Berücksichtigung beim Basisgeschäft.
517 Vgl. BT-Drs. 16/4841, S. 54.

C. Einkommensteuerliche Behandlung de lege lata

Damit besteht nach aktueller Gesetzeslage in Konstellationen, in denen der Inhaber die Option ausübt und der Stillhalter einen Differenzausgleich zahlt, aber – entgegen der Ansicht von *Philipowski* – nicht das Problem, dass der Differenzausgleich nicht steuerlich berücksichtigt werden könne, obwohl dies verfassungsrechtlich geboten wäre[518]. Vielmehr besteht die Problematik, dass die eingenommene Stillhalterprämie im Rahmen der Beendigung eines Optionsgeschäfts durch Differenzausgleich steuerlich nicht erfasst ist.

vi) Sonstige abzugsfähige Aufwendungen

§ 20 Abs. 4 Satz 5 EStG lässt sämtliche Aufwendungen, die unmittelbar im Zusammenhang mit dem Termingeschäft stehen, zum Abzug zu.[519] Die Vorschrift stellt im Gegensatz zum Wortlaut des § 20 Abs. 4 Satz 1 EStG auf einen Zusammenhang mit dem gesamten Termingeschäft ab – und nicht lediglich auf den Anschaffungs- und Veräußerungsvorgang. Damit sind im Falle der Beendigung eines Optionsgeschäfts durch Differenzausgleichszahlung nicht nur Transaktionskosten für das Schreiben der Option, sondern auch Zinsaufwendungen abzugsfähig, die im Rahmen des Termingeschäfts (z.B. als Marginzinsen[520]) anfallen.[521] Rechtsdogmatisch durchbricht § 20 Abs. 4 Satz 5 EStG das Verbot, Werbungskosten bei der Ermittlung der Einkünfte aus Kapitalvermögen abzuziehen (§ 20 Abs. 9 EStG) und geht diesem vor.[522]

---

518 *Philipowski*, DStR 2017, 1362–1368 (1368).
519 *Jochum*, in: Kirchhof/Mellinghoff/Kube, EStG, § 20, F 25; *Bleschick*, in: Kirchhof/Seer, Einkommensteuergesetz (EStG), § 20, Rn. 155.
520 Falls die Margin in einer nicht vom Kunden gehaltenen Fremdwährung zu hinterlegen ist, verleiht der Broker diesen Betrag und verlangt hierfür Zinsen (z. B. Kunde führt Konto in EUR und handelt an US-Börsen mit Optionen, sodass Sicherheit in USD zu hinterlegen ist).
521 Vgl. *Jochum*, in: Kirchhof/Mellinghoff/Kube, EStG, § 20, F 25; *Bleschick*, in: Kirchhof/Seer, Einkommensteuergesetz (EStG), § 20, Rn. 155; a.A. *Haisch*, in: Haisch/Helios, Rechtshandbuch Finanzinstrumente, § 6, Rn. 64; *Moritz/Strohm*, in: Moritz/Strohm, Handbuch Besteuerung privater Kapitalanlagen, S. 129–297 (Rn. 253).
522 *Jochum*, in: Kirchhof/Mellinghoff/Kube, EStG, § 20, K 45; *Bleschick*, in: Kirchhof/Seer, Einkommensteuergesetz (EStG), § 20, 15, 186.

vii) Fremdwährungen im Rahmen von § 20 Abs. 4 Satz 5 EStG

Bei Differenzausgleichszahlungen, die die Parteien in Fremdwährung durchführen, greift § 20 Abs. 4 Satz 1 Hs. 2 EStG nicht; er ist lediglich bei Veräußerungsgeschäften einschlägig. Deshalb ist in der Rechtsanwendung auf die allgemeinen Regelungen in § 8 Abs. 1 i.V.m. § 2 Abs. 1 Nr. 5 EStG und § 9 Abs. 1 Satz 1 EStG zurückzugreifen.[523]

Für die gezahlten Differenzausgleiche und die unmittelbaren Aufwendungen ist der Devisengeldkurs am Tag des Abflusses der Differenzausgleiche, Geldbeträge oder Vorteile zu verwenden, da es sich um Fremdwährungsabflüsse handelt.[524] Da die eingenommenen Stillhalterprämien nach aktueller Rechtslage nicht erfasst werden, bedarf es auch keiner Umrechnung in Euro. Ansonsten wären diese mit dem Devisenbriefkurs der jeweiligen Fremdwährung, der am Tag des Zuflusses der Stillhalterprämie galt, umzurechnen.[525]

viii) Besteuerungszeitpunkt

Differenzausgleiche, Geldbeträge oder Vorteile i.S.d. § 20 Abs. 2 Satz 1 Nr. 3 Buchst. a) EStG sind im Zeitpunkt des Zu- oder Abflusses steuerlich zu erfassen. Für sie gilt das Zufluss- und Abflussprinzip (§ 11 Abs. 1 und 2 EStG).[526] Der vom Stillhalter gezahlte Differenzausgleich ist damit im Zeitpunkt der Zahlung steuerlich zu berücksichtigen.

Fraglich ist, zu welchem Zeitpunkt die unmittelbaren Aufwendungen, die beim Schreiben der Option (z. B. Transaktionskosten) anfallen, steuerlich zu erfassen sind, wenn deren Zahlung und die Zahlung des Differenzausgleichs in unterschiedliche Veranlagungszeiträume fallen. Denn grund-

---

523 Vgl. Ausführungen unter Punkt C.I.1.b: In Fremdwährung eingenommene Stillhalterprämie.
524 Vgl. *Dahm/Hamacher*, DStR 2008, 1910 (1916); *Haisch*, Derivatebesteuerung im Privatvermögen ab 2009, S. 130; *Jachmann-Michel/Lindenberg*, in: Lademann, EStG, § 20, Rn. 493.
525 Vgl. *BMF*, v. 18.01.2016 – IV C 1-S 2252/08/10004:017//2015/0468306, BStBl I 2016, S. 85 (Rn. 247); früher wurde auch beim Zufluss der Devisengeldkurs verwendet, vgl. v. 05.11.2002 – VV DEU BMF 2002-11-05 IV C 1-S 2400-27/02, BStBl I 2002, S. 1346 (Rn. 10); *Dahm/Hamacher*, DStR 2008, 1910 (1916); *Haisch*, Derivatebesteuerung im Privatvermögen ab 2009, S. 130; *Jachmann-Michel/Lindenberg*, in: Lademann, EStG, § 20, Rn. 493.
526 *Haisch*, Derivatebesteuerung im Privatvermögen ab 2009, S. 169; *Haisch*, in: Haisch/Helios, Rechtshandbuch Finanzinstrumente, § 6, Rn. 65.

C. Einkommensteuerliche Behandlung de lege lata

sätzlich gilt für die unmittelbaren Aufwendungen im Zusammenhang mit dem Optionsgeschäft ebenfalls das Abflussprinzip (§ 11 Abs. 2 EStG).[527] Jedoch stellt § 20 Abs. 4 Satz 5 EStG eine eigenständige, das Abflussprinzip durchbrechende Regelung dar, da sie die unmittelbaren Aufwendungen mit dem Differenzausgleich verknüpft.[528] Die im Rahmen des Eröffnungsgeschäfts angefallenen Aufwendungen sowie in anderen Veranlagungszeiträumen angefallene Zinsaufwendungen sind mithin abweichend vom Abflussprinzip stets zum Zeitpunkt der Zahlung des Differenzausgleichs abzusetzen.

Ein bereits ergangener Steuerbescheid, der die eingenommene Stillhalterprämie nach § 20 Abs. 1 Nr. 11 EStG berücksichtigt, ist nach § 175 Abs. 1 Nr. 2 AO zu ändern und die eingenommene Stillhalterprämie bleibt unberücksichtigt.

ix) Zwischenergebnis zum Differenzausgleich

Seit Einführung des UntStReformG 2008 ist der geleistete Differenzausgleich steuerlich nach § 20 Abs. 2 Satz 1 Nr. 3 Buchst. a) EStG zu berücksichtigen. Kommt es zur Zahlung eines Differenzausgleichs, fällt das gesamte Optionsgeschäft (d. h. vom Schreiben der Option bis zur Zahlung des Differenzausgleichs) unter den Tatbestand des § 20 Abs. 2 Satz 1 Nr. 3 Buchst. a) EStG. Für die steuerliche Erfassung findet keine Differenzierung zwischen Stillhaltergeschäft einerseits und Differenzausgleichszahlung andererseits statt.

Die Differenzausgleichszahlung ist kein eigenständiges (separates) Termingeschäft im Sinne des § 20 Abs. 2 Satz 1 Nr. 3 EStG.[529] Vielmehr liegt ein zeitlich gestaffeltes, wirtschaftlich einheitliches Geschäft auch dann vor, wenn die Parteien das Optionsgeschäft durch Zahlung eines Differenzausgleichs beenden.[530] Um den Gewinn des gesamten Optionsgeschäfts zu ermitteln, kommt einheitlich § 20 Abs. 4 Satz 5 EStG zur Anwendung. Die eingenommene Stillhalterprämie ist in dieser Konstellation nicht von § 20 Abs. 1 Nr. 11 Hs. 1 EStG erfasst.

---

527 *Haisch*, Derivatebesteuerung im Privatvermögen ab 2009, S. 169.
528 *Haisch*, Derivatebesteuerung im Privatvermögen ab 2009, S. 171; *Haisch*, in: Haisch/Helios, Rechtshandbuch Finanzinstrumente, § 6, Rn. 65.
529 Vgl. Ausführungen unter Punkt C.I.3.b)vi(2): Eigene Auffassung.
530 Vgl. für den Fall der physischen Lieferung C.I.3.a)i(1)(a)(cc) Stellungnahme: Berücksichtigung beim Basisgeschäft.

Jedoch ergibt sich im Rahmen der Gewinnermittlung nach § 20 Abs. 4 Satz 5 EStG die Problematik, dass die eingenommene Stillhalterprämie nicht vom Wortlaut erfasst ist. Dabei handelt es sich um ein Ergebnis, das dem Willen des Gesetzgebers widerspricht: Mit Einführung des UntStReformG 2008 wollte er sämtliche Beträge, die ein Steuerpflichtiger einnimmt (insbesondere auch die Stillhalterprämie), der Besteuerung nach § 20 EStG unterwerfen.[531] Seine Intention hat der Gesetzgeber in der konkreten Ausgestaltung des § 20 EStG – insbesondere des § 20 Abs. 4 Satz 5 EStG – aber nicht hinreichend klar zum Ausdruck gebracht.

Ein bereits ergangener Steuerbescheid, der die eingenommene Stillhalterprämie nach § 20 Abs. 1 Nr. 11 EStG berücksichtigt, ist nach § 175 Abs. 1 Nr. 2 AO zu ändern.

Die im Rahmen des Eröffnungsgeschäfts angefallenen Aufwendungen sowie in anderen Veranlagungszeiträumen angefallene Zinsaufwendungen sind abweichend vom Abflussprinzip stets zum Zeitpunkt der Zahlung des Differenzausgleichs abzusetzen. Hierbei sind in Fremdwährung gezahlte Differenzausgleiche und die unmittelbaren Aufwendungen mit dem am Tag des Abflusses geltenden Devisengeldkurs in Euro umzurechnen.

c) Differenzausgleich zusätzlich zur Lieferung der Basiswerte

Bei der Ausübung von Aktienoptionen mit physischer Lieferung des Basiswerts kann es aufgrund von Kapitalmaßnahmen des zugrunde liegenden Basiswerts dazu kommen, dass der Stillhalter nicht nur den Basiswert liefern, sondern auch einen Differenzausgleich für nicht ganzzahlige Basiswerte an den Optionsinhaber leisten muss. Die Körperschaft, die dem Geschäft als Basiswert zugrunde liegt, kann einen sogenannten Aktiensplit vornehmen, bei dem es eine Aktie in zwei oder mehrere Aktien aufteilt. Dabei bleibt der Gesellschaftsanteil, den der einzelne Aktionär an dem Unternehmen hält, sowie das Grundkapital der Gesellschaft vor und nach dem Aktiensplit gleich.[532] Daneben steht ihm der Weg eines sogenannten Reverse-Splits offen, bei dem mehrere Aktien zu einem Wertpapier zusammengefasst werden.[533] Aktiensplits und Reverse-Splits kommen in

---

531 Vgl. BT-Drs. 16/4841, S. 54.
532 *BMF*, v. 18.01.2016 – IV C 1-S 2252/08/10004:017//2015/0468306, BStBl I 2016, S. 85 (Rn. 88).
533 *BMF*, v. 18.01.2016 – IV C 1-S 2252/08/10004:017//2015/0468306, BStBl I 2016, S. 85 (89a).

der Praxis häufig zum Einsatz, um eine optische Kurskorrektur vorzunehmen. Beispielsweise könnte der Börsenkurs der A-AG am 01.01.2019 bei € 20 liegen und der Stillhalter S eine Verkaufsoption auf die A-AG mit einem Basispreis von € 15, vereinbarter Stückzahl 100 und einem Verfall zum 31.03.2019 schreiben. Sodann führt die A-AG mit Wirkung zum 01.03.2019 einen Reverse-Split 3:1 durch (d.h. für drei alte Aktien gibt sie eine neue aus). In den standardisierten Optionsbedingungen der Terminbörsen ist nun regelmäßig vorgesehen, dass sich der Optionsvertrag entsprechend anpasst.[534] Der Basispreis erhöht sich auf € 45 und die vereinbarte Stückzahl verringert sich auf 33 Aktien (100 geteilt durch 3 = 33,33). Der nicht ganzzahlige Rest von 0,33 Anteilen wird per Differenzausgleichszahlung (0,33 x € 45 = € 15) ausgeglichen. Durch diese Anpassungen im Optionsvertrag bleibt das gehandelte Volumen der Option von ursprünglich 100 x € 15 = € 1500 auch nach dem Reverse-Split von 33 x € 45 = € 1485 zzgl. € 15 als Differenzausgleich gleich hoch.

In solchen Konstellationen stellt sich die Frage, wie die eingenommenen Stillhalterprämien in die Gewinnermittlung einfließen. Zum einen könnten sie steuerlich im Rahmen der Gewinnermittlung bezüglich der physischen Lieferung und der Differenzausgleichszahlung jeweils anteilig zu berücksichtigen sein.[535] Denkbar ist zum anderen aber auch, sie ganzheitlich der Gewinnermittlung bezüglich des Basiswerts oder des Differenzausgleichs zuzurechnen.

Auf der Suche nach Antworten erweisen sich Wortlaut und Systematik des EStG als unergiebig. Für die Annahme, sie ganzheitlich bei der Gewinnermittlung des Basiswerts zu berücksichtigen, spricht zum einen der Wille des Gesetzgebers: Mit dem UntStReformG 2008 wollte er erreichen, dass sämtliche private Finanzprodukte mit Abgeltungswirkung auf eine Weise zu besteuern sind, die in der Praxis einfach zu handhaben ist.[536] Hinzu kommt, dass die physische Lieferung in den fraglichen Situationen den absoluten wirtschaftlichen Schwerpunkt bildet; die Differenzausgleichszahlung erfolgt lediglich für den minimalen betragsmäßigen Bereich eines nicht ganzzahligen Basiswerts. Im Ergebnis liegt es daher näher, die eingenommene Stillhalterprämie ganzheitlich bei der Gewinn-

---

534 Vgl. *Eurex Frankfurt AG*: Kontraktspezifikationen für Futures-Kontrakte und Optionskontrakte an der Eurex Deutschland: Stand 25.03.2019, Ziff. 2.6.10.1, <www.eurexchange.com/resource/blob/331530/f037d1d3149664dbcfd8398896fd6c2f/data/contract_specifications_de_ab_2019_07_15.pdf>, abgerufen am 16.07.2019.
535 Vgl. *BFH*, Urt. v. 11.10.2007 – IV R 52/04, juris, Rn. 33.
536 Vgl. Ausführungen unter Punkt B.II.2.a: Zweck der Abgeltungsteuer.

ermittlung des Basiswerts zu berücksichtigen – und nicht anteilig aufzuteilen.

d) Zwischenergebnis zur Ausübung

Ein Optionsgeschäft kann auf zwei Arten durch Ausübung beendet werden: mit physischer Lieferung des Basiswerts oder mit Zahlung eines Differenzausgleichs.

Übt der Optionsinhaber eine Option mit physischer Lieferung aus, sind beim Stillhalter das Options- und das Basisgeschäft sowohl bei Kauf- als auch bei Verkaufsoptionen einheitlich zu betrachten. Im Rahmen der Gewinnermittlung ist die eingenommene Stillhalterprämie bei Kaufoptionen als Einnahme aus der Veräußerung des Basiswerts zu berücksichtigen, während sie bei Verkaufsoptionen die Anschaffungskosten des Basiswerts mindert.

Bei Futureoptionen[537] entsteht dann aber ein Folgeproblem auf Ebene des Futuregeschäfts: Denn bei Futures ist der Gewinn für den Fall, dass die Parteien das Futuregeschäft glattstellen oder der Stillhalter bei Fälligkeit des Futures einen Differenzausgleich zahlt, nach § 20 Abs. 2 Satz 1 Nr. 3 Buchst. a) i.V.m. Abs. 4 Satz 5 EStG zu ermitteln.[538] Nach der aktuellen Gesetzeslage ist es aber in beiden Fällen nicht möglich, die eingenommene Stillhalterprämie im Rahmen der Gewinnermittlung auf Ebene des Futuregeschäfts zu erfassen.[539]

Übt der Optionsinhaber eine Option mit Differenzausgleich aus, ist der Betrag beim Stillhalter nach § 20 Abs. 2 Satz 1 Nr. 3 Buchst. a) EStG steuerlich zu berücksichtigen. Wortlaut und Systematik des § 20 Abs. 1 Nr. 11 EStG erstrecken sich in diesem Fall nicht auf die eingenommene Stillhalterprämie. Bei dem Optionsgeschäft handelt es sich um ein zeitlich gestaffeltes, aber wirtschaftlich einheitliches Termingeschäft nach § 20 Abs. 2 Satz 1 Nr. 3 Buchst. a) i.V.m. Abs. 4 Satz 5 EStG. Die Gewinnermittlung für das komplette Geschäft richtet sich nach § 20 Abs. 4 Satz 5 EStG. Der Wortlaut der Vorschrift erfasst jedoch nicht die eingenommenen Still-

---

537 Vgl. Ausführungen unter Punkt B.I.1.c: Basiswerte.
538 *Haisch*, Derivatebesteuerung im Privatvermögen ab 2009, S. 201.
539 Vgl. zur selben Thematik im Rahmen der Gewinnermittlung auf der Ebene des Optionsgeschäfts die ausführliche Darstellung unter Punkt C.I.3.b)vi: Gewinnermittlung nach § 20 Abs. 4 Satz 5 EStG, insbesondere im Hinblick auf die Stillhalterprämie. Die Problematik, wie Gewinne auf Ebene des Futuregeschäfts zu ermitteln sind, erörtert die Untersuchung nicht näher.

halterprämien. Dabei handelt es sich um ein Ergebnis, das dem Willen des Gesetzgebers widerspricht: Mit Einführung des UntStReformG 2008 wollte er sämtliche Beträge, die ein Steuerpflichtiger einnimmt (insbesondere auch die Stillhalterprämie), der Besteuerung nach § 20 EStG unterwerfen.[540] Seine Intention hat der Gesetzgeber in der konkreten Ausgestaltung des § 20 EStG – insbesondere des § 20 Abs. 4 Satz 5 EStG – aber nicht hinreichend klar zum Ausdruck gebracht.

Kommt es aufgrund von Kapitalmaßnahmen beim Basiswert neben einer physischen Lieferung zu einer Differenzausgleichszahlung, ist die eingenommene Stillhalterprämie ganzheitlich bei der Gewinnermittlung des Basiswerts zu berücksichtigen.

4. Beendigung eines Stillhaltergeschäfts durch Verfall

Eine weitere Möglichkeit, ein Optionsgeschäft zu beenden, ist der Verfall der Option zum Ende der Laufzeit. Lässt der Inhaber die Option verfallen, verbinden sich damit keine weiteren steuerlichen Auswirkungen beim Stillhalter. Es bleibt bei der Steuerpflicht im Hinblick auf die vereinnahmten Stillhalterprämien nach § 20 Abs. 1 Nr. 11 EStG.[541]

5. Zwischenergebnis zur steuerlichen Behandlung des Stillhalters

Der Tatbestand des § 20 Abs. 1 Nr. 11 Hs. 1 EStG ist grundsätzlich bereits dann erfüllt, wenn die Parteien ein Stillhaltergeschäft abschließen. Sobald dem Stillhalter die Stillhalterprämie zufließt, ist sie grundsätzlich steuerbar.

Um Stillhalterprämien, die der Stillhalter in Fremdwährung einnimmt, umzurechnen ist – mangels Regelung, die mit § 20 Abs. 4 Satz 1 Hs. 2 EStG vergleichbar ist – auf die allgemeinen Regelungen nach § 8 Abs. 1 i.V.m. § 2 Abs. 1 Nr. 5 EStG und § 9 Abs. 1 Satz 1 EStG zurückzugreifen. Eine Umrechnung in Euro findet mit dem Devisenbriefkurs der jeweiligen Fremdwährung statt, der am Tag des Zuflusses der Prämien gilt.

---

540 Vgl. BT-Drs. 16/4841, S. 54.
541 Vgl. Ausführungen unter Punkt C.I.1.a: Besteuerungstatbestand – § 20 Abs. 1 Nr. 11 Hs. 1 EStG.

Beenden können die Parteien ein Optionsgeschäft auf drei Arten: durch Glattstellung, Ausübung oder Verfall. In allen drei Szenarien ergeben sich steuerliche Besonderheiten für den Stillhalter.

Damit ein Glattstellungsgeschäft im Sinne des § 20 Abs. 1 Nr. 11 Hs. 2 EStG vorliegt, müssen die Parteien das Ausgangsgeschäft *rechtlich* beenden. Eine sogenannte wirtschaftliche Glattstellung fällt demgegenüber nicht unter den Wortlaut der Vorschrift – vielmehr gelten dann beide Optionspositionen mit spiegelbildlicher wirtschaftlicher Wirkung grundsätzlich bis zum Verfallstag nebeneinander fort. Ob eine rechtliche Glattstellung vorliegt, richtet sich danach, was Kunde und Broker im Hinblick auf Orderaufträge vereinbart haben. Nicht ausschlaggebend ist hingegen, ob ein sogenannter Glattstellungsvermerk vorliegt; ihn führt der Gesetzgeber in seiner Gesetzesbegründung nur beispielhaft auf, um das Erfordernis der rechtlichen Glattstellung zu unterstreichen. Broker und Stillhalter können vielmehr auch individuelle Vereinbarungen (etwa in AGB) treffen, auf welche Art und Weise sie ein Ausgangsgeschäft durch Glattstellung beenden wollen.

Die Glattstellungsprämien, die der Stillhalter im Rahmen des Glattstellungsgeschäfts zahlt, stellen für ihn Werbungskosten dar. Indem § 20 Abs. 1 Nr. 11 Hs. 2 EStG anordnet, dass Glattstellungsprämien die Einnahmen mindern, durchbricht die Vorschrift das grundsätzliche Verbot nach § 20 Abs. 9 Satz 1 Hs. 2 EStG, Werbungskosten bei der Ermittlung der Einnahmen aus Kapitaleinkünften abzuziehen. Damit verstößt der Gesetzgeber gegen das verfassungsrechtliche Prinzip der Folgerichtigkeit. Der Verstoß ist jedoch gerechtfertigt: Aufgrund ihrer Besonderheiten entziehen sich Glattstellungsprämien einer Typisierbarkeit durch den Gesetzgeber. Denn sie stellen erhebliche wirtschaftliche Aufwendungen dar und überschreiten die (vom Statistischen Bundesamt ermittelten) typischen Aufwendungen bei Weitem.

Sonstige Aufwendungen, die im Zusammenhang mit seiner Tätigkeit entstehen, kann der Stillhalter aufgrund des eindeutigen Wortlauts von § 20 Abs. 1 Nr. 11 EStG nicht von seinen Einnahmen aus den Prämien abziehen. Indem der Gesetzgeber sonstige Aufwendungen aber beim Optionsinhaber zum Abzug zulässt (§ 20 Abs. 2 Satz 1 Nr. 3 Buchst. a) i.V.m. Abs. 4 Satz 5 EStG und § 20 Abs. 2 Satz 1 Nr. 3 Buchst. b) i.V.m Abs. 4 Satz 1 EStG), verstößt er gegen den allgemeinen Gleichheitssatz (Art. 3 Abs. 1 GG). Anders als beim steuerlichen Umgang mit den Glattstellungsprämien lässt sich der Verstoß im Hinblick auf sonstige Aufwendungen jedoch nicht rechtfertigen. § 20 Abs. 1 Nr. 11 EStG ist insoweit verfassungswidrig.

C. Einkommensteuerliche Behandlung de lege lata

Um die Gewinne bei mehreren gleichartigen Stillhalterpositionen zu ermitteln, steht es Kunde und Broker bei Glattstellungsgeschäften offen, sich untereinander auf die konkrete Verrechnungsmethode (FiFo, LiFo oder Durchschnittswerte) zu verständigen. Aufgrund der Steuerverstrickung aller Optionsgeschäfte lässt sich jedenfalls – unabhängig von der Verrechnungsmethode – eine Besteuerung in der Totalprognose nicht vermeiden.

Fallen der Zufluss der Stillhalterprämie und der Abfluss einer gezahlten Glattstellungsprämie in verschiedene Veranlagungszeiträume, ist letztere im Veranlagungszeitraum des Zuflusses der Stillhalterprämie zu berücksichtigen. Ein bereits ergangener Steuerbescheid, der die eingenommene Stillhalterprämie nach § 20 Abs. 1 Nr. 11 Hs. 1 EStG berücksichtigt, ist dementsprechend nach § 175 Abs. 1 Nr. 2 AO zu ändern.

Sofern die Parteien eine Option nicht glattstellen, sondern ausüben und es zu einer physischen Lieferung des Basiswerts kommt, sind Options- und Basisgeschäft sowohl bei Kauf- als auch bei Verkaufsoptionen steuerlich als Einheit zu betrachten. Bei Kaufoptionen ist die eingenommene Stillhalterprämie im Rahmen der Gewinnermittlung als Einnahme aus der Veräußerung des Basiswerts zu berücksichtigen; bei Verkaufsoptionen mindert sie die Anschaffungskosten des Basiswerts. Wenn das Optionsgeschäft sein Ende durch Ausübung mit physischer Lieferung findet, sind in Fremdwährungen eingenommene Stillhalterprämien nicht zum Zeitpunkt des Zuflusses, sondern des Abschlusses des Basisgeschäfts mit dem Devisenbriefkurs in Euro umzurechnen. Bei der Lieferung von Futures entsteht dann aber ein Folgeproblem auf Ebene des Futuregeschäfts: Kommt es zur Glattstellung des Futuregeschäfts oder Zahlung eines Differenzausgleichs bei Fälligkeit des Future, lässt es der aktuelle Gesetzeswortlaut von § 20 Abs. 2 Satz 1 Nr. 3 Buchst. a) i.V.m. Abs. 4 Satz 5 EStG nicht zu, die vereinnahmte Optionsprämie steuerlich zu erfassen. Beenden die Parteien das Optionsgeschäft durch Ausübung der Option mit physischer Lieferung, sind in Fremdwährungen eingenommene Stillhalterprämien nicht zum Zeitpunkt des Zuflusses, sondern des Abschlusses des Basisgeschäfts mit dem Devisenbriefkurs in Euro umzurechnen.

Beenden die Parteien das Optionsgeschäft durch Differenzausgleich, ist der geleistete Betrag seit dem UntStReformG 2008 nach § 20 Abs. 2 Satz 1 Nr. 3 Buchst. a) EStG steuerlich zu berücksichtigen. Der Tatbestand des § 20 Abs. 2 Satz 1 Nr. 3 Buchst. a) EStG erfasst dabei das gesamte Optionsgeschäft (d. h. vom Schreiben der Option bis zur Zahlung des Differenzausgleichs); es findet keine Differenzierung zwischen Stillhaltergeschäft einerseits und Differenzausgleichszahlung andererseits statt. Die Differenzausgleichszahlung ist kein eigenständiges (separates) Termingeschäft im

Sinne des § 20 Abs. 2 Satz 1 Nr. 3 EStG. Vielmehr handelt es ich auch bei einem Optionsgeschäft, das die Parteien durch Zahlung eines Differenzausgleichs beenden, um eine zeitlich gestaffelte wirtschaftliche Einheit. Deshalb richtet sich die Gewinnermittlung des gesamten Optionsgeschäfts einheitlich nach § 20 Abs. 4 Satz 5 EStG; die eingenommene Stillhalterprämie unterfällt in dieser Konstellation nicht § 20 Abs. 1 Nr. 11 Hs. 1 EStG.

Im Rahmen der Gewinnermittlung nach § 20 Abs. 4 Satz 5 EStG ist die eingenommene Stillhalterprämie dann aber nicht vom Wortlaut erfasst. Dieses Ergebnis widerspricht dem Willen des Gesetzgebers: Durch das UntStReformG 2008 wollte er erreichen, dass sämtliche Beträge, die ein Steuerpflichtiger einnimmt (insbesondere auch die Stillhalterprämie), nach § 20 EStG zu besteuern sind. Seine Intention hat der Gesetzgeber in der konkreten Ausgestaltung des § 20 EStG – insbesondere des § 20 Abs. 4 Satz 5 EStG – aber nicht hinreichend zum Ausdruck gebracht. Ein bereits ergangener Steuerbescheid, der die eingenommene Stillhalterprämie nach § 20 Abs. 1 Nr. 11 EStG berücksichtigt, ist nach § 175 Abs. 1 Nr. 2 AO zu ändern.

Die im Rahmen des Eröffnungsgeschäfts angefallenen Aufwendungen sowie in anderen Veranlagungszeiträumen angefallene Zinsaufwendungen sind abweichend vom Abflussprinzip stets zum Zeitpunkt der Zahlung des Differenzausgleichs abzusetzen. Hierbei sind in Fremdwährung gezahlte Differenzausgleiche und die unmittelbaren Aufwendungen mit dem am Tag des Abflusses geltenden Devisengeldkurs in Euro umzurechnen.

Kommt es aufgrund von Kapitalmaßnahmen beim Basiswert neben einer physischen Lieferung zu einer Differenzausgleichszahlung, ist die eingenommene Stillhalterprämie ganzheitlich bei der Gewinnermittlung des Basiswerts zu berücksichtigen.

Verfällt die geschriebene Option nach Ablauf der Zeit, ist allein die eingenommene Stillhalterprämie nach § 20 Abs. 1 Nr. 11 Hs. 1 EStG steuerlich zu erfassen.

II. Optionsinhaber

Ein ganzheitliches Bild der steuerlichen Behandlung des privaten Optionshandels entsteht nur, wenn der analytische Blick neben den Geschäftsvorfällen aufseiten des Stillhalters auch die Käuferseite ins Visier nimmt. Dabei folgt die steuerliche Untersuchung des Optionsinhabers erneut chronologisch dem „Leben einer Option": Vom Erwerb (1.) bis zu den drei

C. Einkommensteuerliche Behandlung de lege lata

unterschiedlichen Arten der Beendigung eines Optionsgeschäfts: durch Glattstellung (2.), Ausübung (3.) oder Verfall (4.).

1. Erwerb der Option

Es hat grundsätzlich keinerlei steuerliche Auswirkungen, dass der Optionsinhaber ein Optionsrecht anschafft. Anders als beim Stillhalter, der eine Option einräumt (vgl. § 20 Abs. 1 Nr. 11 Hs. 1 EStG), verwirklicht die Anschaffung keinen steuerlichen Tatbestand des § 20 EStG. Vielmehr handelt es sich um einen erfolgsneutralen Kapitaltausch (Optionsrecht gegen Zahlung von Geld). Infolge ist die Prämie, die der Stillhalter einnimmt, bereits mit dem Zufluss zu versteuern,[542] wohingegen die selbe Zahlung beim Optionsinhaber (zunächst) steuerlich unbeachtlich ist. Bei LEAPs[543] kann die unterschiedliche steuerliche Einordnung dazu führen, dass die steuerliche Relevanz auf Seiten des Stillhalters und auf Seiten des Optionsinhabers über mehrere Veranlagungszeiträume auseinanderfällt.

Im deutschen Einkommensteuerrecht gilt jedoch kein allgemeines Korrespondenzprinzip, das den Gesetzgeber dazu zwingt, die Abzugsmöglichkeit beim Leistenden und die Besteuerung beim Empfänger nach Art, Höhe und Zeitpunkt gleich zu behandeln.[544] Ebenso wenig mindert sich die wirtschaftliche Leistungsfähigkeit des Optionsinhabers zum Zeitpunkt des Erwerbs. Denn für den aufgewandten Geldbetrag erhält er ein Äquivalent: das Optionsrecht. Für die Frage, ob sich die Besteuerung nach der Leistungsfähigkeit richtet, ist es zu diesem Zeitpunkt auch irrelevant, ob es später womöglich zu Schwankungen des Werts des Optionsrechts kommt: Erst bei Beendigung des Optionsgeschäfts zeigt sich, ob sich die steuerliche Leistungsfähigkeit des Optionsinhabers insgesamt erhöht oder verringert hat. Tatbestandlicher Anknüpfungspunkt für eine steuerliche Relevanz des Optionsgeschäfts für den Erwerber ist deshalb nach § 20 Abs. 2 EStG eine realisierte Wertveränderung des Kapitalvermögens.[545]

---

542 Vgl. Ausführungen unter Punkt C.I.1.a: Besteuerungstatbestand – § 20 Abs. 1 Nr. 11 Hs. 1 EStG.
543 Vgl. zur Begrifflichkeit Ausführungen unter Punkt B.I.7.b)iii: Poor Man's Covered Call (PMCC).
544 *BFH*, Urt. v. 26.02.2002 – IX R 20/98, juris, Rn. 24; *Dreyer/Broer*, DStR 2002, 1590 (1595); *Tipke*, StuW. 1980, 1 (8); *Thürmer*, in: Heuermann/Brandis, Ertragsteuerrecht, § 12 EStG, Rn. 155.
545 Vgl. *Bleschick*, in: Kirchhof/Seer, Einkommensteuergesetz (EStG), § 20, Rn. 117.

2. Beendigung eines Optionsgeschäfts durch Glattstellung

Aufgrund der Bedingungen an Terminbörsen ist es nicht möglich, dass der Optionsinhaber das Optionsrecht auf einen Dritten überträgt.[546] Von seiner Optionsposition kann er sich vielmehr nur durch Glattstellung lösen.

Der Optionsinhaber kann die Option sowohl rechtlich als auch wirtschaftlich glattstellen. Bei der rechtlichen Glattstellung schließen die Parteien einen Aufhebungsvertrag hinsichtlich der ursprünglichen Option und beenden sie dadurch in rechtlicher Hinsicht. Um eine Optionsposition wirtschaftlich glattzustellen, schreibt der Optionsinhaber eine Option der gleichen Art, ohne das Ursprungsgeschäft dadurch aber zivilrechtlich zu beenden. Die Ausgangsoption erlischt bei der wirtschaftlichen Glattstellung also letztlich nicht. Vielmehr bestehen der ursprüngliche Optionsvertrag und der Optionsvertrag, den der Optionsinhaber im Rahmen der wirtschaftlichen Glattstellung geschlossen hat, bis zum Verfallstag mit spiegelbildlicher wirtschaftlicher Wirkung grundsätzlich nebeneinander fort.

Doch wie sind die beiden Formen der Glattstellung beim Optionsinhaber steuerrechtlich zu erfassen?

Das EStG gibt darauf keine explizite Antwort: Es verwendet den Begriff der Glattstellung lediglich beim Stillhalter (vgl. § 20 Abs. 1 Nr. 11 EStG). Als weitere Normen, um Einkünfte aus der Veräußerung oder sonstigen Beendigung börsengehandelter Optionsgeschäfte zu besteuern, kommen aber § 20 Abs. 2 Satz 1 Nr. 1 EStG und § 20 Abs. 2 Satz 1 Nr. 3 EStG in Betracht. Zunächst fällt der Blick auf die rechtliche Glattstellung durch den Optionsinhaber, da sie tendenziell höheren Anforderungen unterliegt.

a) Rechtliche Glattstellung

Eine rechtliche Glattstellung liegt jedenfalls dann vor, wenn der Optionsinhaber eine Option der gleichen Art mit einem sogenannten Closing-Vermerk[547] so schreibt, wie er sie zunächst erworben hat. Möglich ist es auch,

---

546 Vgl. *Eurex Frankfurt AG*: Bedingungen für den Handel an der Eurex Deutschland: Stand 02.05.2019, Ziff. 3.1 Abs. 7, <www.eurexchange.com/resource/blob/311274/e2c143d82ccfdbb551262d61a7700482/data/handelsbedingungenpdf_ab-20190502.pdf>, abgerufen am 16.07.2019; *BMF*, v. 18.01.2016 – IV C 1-S 2252/08/10004:017//2015/0468306, BStBl I 2016, S. 85 (Rn. 14).

547 Auch Glattstellungsvermerk: Der Kunde kennzeichnet seine aufgegebene Order als Glattstellungsgeschäft.

C. Einkommensteuerliche Behandlung de lege lata

dass Kunde und Broker generell vereinbaren, wie die Orderaufträge des Kunden auszulegen sind. Selbst wenn der Kunde eine Börsenorder ohne Closing-Vermerk aufgibt, kann also eine rechtliche Glattstellung erfolgen. Dafür bedarf es einer vertraglichen Vereinbarung zwischen den Vertragspartnern des Optionsvertrags, dass Order des Kunden stets als sogenannte Closing-Geschäfte anzusehen sind: Falls der Kunde bereits eine offene Position hält, kommt es für die rechtliche Glattstellung darauf an, was Kunde und Broker (etwa in AGB) vereinbart haben.[548]

Infolge der rechtlichen Glattstellung gehen die zivilrechtlichen Ansprüche aus dem ursprünglichen Optionsvertrag durch eine Aufhebungsabrede, die in dem Glattstellungsvermerk durch den Optionsinhaber oder der Vereinbarung mit dem Broker zum Ausdruck kommt, unter (deshalb auch: beendende Glattstellung).[549] Bei der Frage, wie die rechtliche bzw. beendende Glattstellung im Hinblick auf den Optionsinhaber in das normative Regime des § 20 EStG einzuordnen ist, ergeben sich einige Einzelfragen.

i) Kaufoption (Call) – keine Anwartschaft i.S.d. § 20 Abs. 2 Satz 1 Nr. 1 Satz 2 EStG

Nach § 20 Abs. 2 Satz 1 Nr. 1 Satz 1 EStG gehören zu den Einkünften aus Kapitalvermögen auch Gewinne, die daraus entstehen, dass der Steuerpflichtige Anteile an Körperschaften im Sinne des § 20 Abs. 1 Nr. 1 EStG veräußert. Auch Anwartschaften auf Anteile sind nach § 20 Abs. 2 Satz 1 Nr. 1 Satz 2 EStG Anteile an einer Körperschaft. Insoweit könnten auch Kaufoptionen, die sich auf die Lieferung von Aktien oder anderen Anteilen an Körperschaften[550] richten, Anwartschaften im Sinne des § 20 Abs. 2 Satz 1 Nr. 1 Satz 2 EStG darstellen. Demgegenüber sind Kaufoptionen, die auf die Lieferung anderer Basiswerte als Anteile an Körperschaften (z. B. Futures) zielen oder lediglich einen Differenzausgleich beinhalten, vom Wortlaut der Vorschrift von vornherein nicht umfasst.[551]

---

548 Vgl. Ausführungen unter Punkt C.I.2.a)v: Stellungnahme und eigene Ansicht.
549 Vgl. *Haisch*, Derivatebesteuerung im Privatvermögen ab 2009, S. 125; *Redert*, in: Fuhrmann/Kraeusel/Schiffers, 360° EStG eKommentar, § 20, Rn. 456; *Reiner*, Derivative Finanzinstrumente im Recht, S. 345.
550 Bzw. bei ausländischen Rechtsgebilden solche, die nach einem konkreten Typenvergleich mit den inländischen Körperschaften vergleichbar sind, vgl. *Bleschick*, in: Kirchhof/Seer, Einkommensteuergesetz (EStG), § 20, Rn. 119.
551 Vgl. *Haisch*, Derivatebesteuerung im Privatvermögen ab 2009, S. 143.

II. Optionsinhaber

Weitgehend unstreitig ist, dass sich § 20 Abs. 2 Nr. 1 EStG auf sogenannte vertikale Anwartschaften erstreckt.[552] Hierbei handelt es sich um rechtlich gesicherte Positionen auf den Erwerb von Anteilen gegenüber der Körperschaft selbst.[553] Auch Umtausch- und Optionsrechte aus Wandel- und Optionsanleihen im Sinne des § 221 Abs. 1 AktG sind erfasst.[554]

Demgegenüber stellen die sogenannten horizontalen Anwartschaften schuldrechtliche Ansprüche auf Übertragung von Anteilen an Körperschaften dar, wobei sich der Anspruch – im Gegensatz zu den vertikalen Anwartschaften – gegen einen anderen Gesellschafter oder einen fremden Dritten richtet.[555] Mit Urteil vom 19.12.2007[556] hat der BFH zum nahezu wortgleichen § 17 Abs. 1 Satz 3 EStG[557] entschieden, dass auch Optionen auf die Lieferung von Anteilen an Körperschaften unter die Vorschrift fallen. In seiner umfassenden Begründung kommt der BFH zu dem Schluss, dass die Aufzählung in § 17 Abs. 1 Satz 3 EStG weit gefasst sei: Weder der Gesetzeswortlaut noch die Gesetzessystematik oder der Normzweck legten eine restriktive Auslegung, insbesondere des Begriffs der Anwartschaften, nahe. Dem BFH folgen insoweit auch einige Stimmen in der Literatur – und sprechen sich dafür aus, dass § 20 Abs. 2 Satz 1 Nr. 1 Satz 2 EStG auf Kaufoptionen anwendbar ist.[558] Auf Differenzen zwischen § 17 und

---

552 *Moritz/Strohm*, in: Frotscher/Geurts, EStG, § 20, Rn. 218; *Moritz/Strohm*, in: Moritz/Strohm, Handbuch Besteuerung privater Kapitalanlagen, S. 129–297 (Rn. 184).
553 *Moritz/Strohm*, in: Moritz/Strohm, Handbuch Besteuerung privater Kapitalanlagen, S. 129–297 (Rn. 184).
554 Vgl. *Haisch*, Derivatebesteuerung im Privatvermögen ab 2009, S. 143–146; *Haisch*, in: Haisch/Helios, Rechtshandbuch Finanzinstrumente, § 6, Rn. 52; *Levedag*, in: Schmidt, 37. Aufl., EStG, § 20, Rn. 127. Zur steuerlichen Behandlung des Optionsrechts im Rahmen von Wandel- und Optionsanleihen: *Altenburg*, Die Besteuerung von Wandelschuldverschreibungen im deutschen und niederländischen Steuerrecht, S. 152–159.
555 *Haisch*, Derivatebesteuerung im Privatvermögen ab 2009, S. 143–146; *Haisch*, in: Haisch/Helios, Rechtshandbuch Finanzinstrumente, § 6, Rn. 53; *Levedag*, in: Schmidt, 37. Aufl., EStG, § 20, Rn. 127; *Moritz/Strohm*, in: Moritz/Strohm, Handbuch Besteuerung privater Kapitalanlagen, S. 129–297 (Rn. 184); *Moritz/Strohm*, in: Frotscher/Geurts, EStG, § 20, Rn. 218.
556 *BFH*, Urt. v. 19.12.2007 – VIII R 14/06, juris.
557 § 17 Abs. 1 Satz 3 EStG lautet: „Anteile an einer Kapitalgesellschaft sind Aktien, Anteile an einer Gesellschaft mit beschränkter Haftung, Genussscheine oder ähnliche Beteiligungen und Anwartschaften auf solche Beteiligungen."
558 *Moritz/Strohm*, in: Moritz/Strohm, Handbuch Besteuerung privater Kapitalanlagen, S. 129–297 (Rn. 184); *Redert*, in: Fuhrmann/Kraeusel/Schiffers, 360° EStG eKommentar, § 20, Rn. 472.

§ 20 EStG, die ein anderes Ergebnis nahe legen könnten, gehen sie aber nicht weiter ein.

Gegen eine Lesart, die börsengehandelte Kaufoptionen im Rahmen privater Vermögensverwaltung unter den Begriff der Anwartschaft im Sinne des § 20 Abs. 2 Satz 1 Nr. 1 Satz 2 EStG fasst, spricht zunächst die gesetzliche Systematik: Bei sämtlichen Rechten, die § 20 Abs. 2 Satz 1 Nr. 1 EStG neben den Anwartschaften nennt, handelt es sich ausschließlich um Ansprüche gegen die Kapitalgesellschaft.[559] Börsengehandelte Optionen geben dem Optionsinhaber hingegen einen Anspruch gegen den Stillhalter, bei dem es sich um den eigenen Broker des Kunden handelt und mithin einen Dritten. Auch der Zweck, den der Gesetzgeber mit § 20 Abs. 2 EStG verfolgt, erfordert keine andere Auslegung: Er will alle Konstellationen erfassen, in denen Finanzinstrumente ihren Wert ändern. Bei börsengehandelten Kaufoptionen handelt es sich aber – wie bei allen Optionen – um Termingeschäfte.[560] Die Veräußerung eines als Termingeschäft ausgestalteten Finanzinstruments fällt steuerlich in § 20 Abs. 2 Satz 1 Nr. 3 Buchst. b) EStG. Ausweislich der Gesetzesbegründung sollte § 20 Abs. 2 Satz 1 Nr. 3 EStG insbesondere Optionsgeschäfte erfassen: Unter den Begriff des Termingeschäfts sind sowohl die Verkaufs- als auch die Kaufoption einzuordnen.[561]

Im Ergebnis sind börsengehandelte Optionsgeschäfte, insbesondere Kaufoptionen, die auf die Lieferung von Aktien bzw. Anteilen an Körperschaften im Sinne des § 20 Abs. 1 Nr. 1 EStG gerichtet sind, jedenfalls im Rahmen privater Vermögensverwaltung keine Anwartschaften im Sinne des § 20 Abs. 2 Satz 1 Nr. 1 Satz 2 EStG.[562]

Doch selbst wenn man börsengehandelte Kaufoptionen, die auf die Lieferung von Aktien gerichtet sind, im Rahmen privater Vermögensverwaltung als Anwartschaften im Sinne des § 20 Abs. 2 Satz 1 Nr. 1 Satz 2 EStG

---

559 *Haisch*, Derivatebesteuerung im Privatvermögen ab 2009, S. 145.
560 Vgl. Ausführungen unter Punkt C.I.3.b)v: Bewertung und Fazit.
561 BT-Drs. 16/4841, S. 55; der Gesetzgeber spricht hierbei sowohl von Verkaufs- als auch Kaufoptionen: „[...] Buchstabe b macht deutlich, dass auch die Veräußerung eines als Termingeschäft ausgestalteten Finanzinstruments, z. B. einer Verkaufs- oder Kaufoption, im Privatvermögen [...]".
562 Ebenso *Haisch*, Derivatebesteuerung im Privatvermögen ab 2009, S. 144–145; *Haisch*, in: Haisch/Helios, Rechtshandbuch Finanzinstrumente, § 6, Rn. 53; *Jachmann-Michel/Lindenberg*, in: Lademann, EStG, § 20, Rn. 613; *Levedag*, in: Schmidt, 37. Aufl., EStG, § 20, Rn. 127; *Moritz/Strohm*, in: Frotscher/Geurts, EStG, § 20, Rn. 218; a.A. *Moritz/Strohm*, in: Moritz/Strohm, Handbuch Besteuerung privater Kapitalanlagen, S. 129–297 (Rn. 184).

einordnete, hätte dies keine praktischen Auswirkungen auf die Besteuerung. Denn sowohl für § 20 Abs. 1 Satz 1 Nr. 1 EStG als auch § 20 Abs. 2 Satz 1 Nr. 3 Buchst. b) EStG richtet sich die Gewinnermittlung nach der identischen Norm: § 20 Abs. 4 Satz 1 EStG.

ii) Steuerliche Erfassung nach § 20 Abs. 2 Satz 1 Nr. 3 Buchst. b) EStG

Da es sich bei börsengehandelten Optionen um keine Anwartschaft im Sinne des § 20 Abs. 2 Satz 1 Nr. 1 Satz 2 EStG handelt, kommt allenfalls in Betracht, die rechtliche Glattstellung steuerlich im Rahmen des § 20 Abs. 2 Satz 1 Nr. 3 Buchst. b) EStG zu berücksichtigen.

(1) Option – ein als Termingeschäft ausgestaltetes Finanzinstrument

Allgemein anerkannt ist, dass Optionsgeschäfte eine Unterform der Termingeschäfte im Sinne des § 20 Abs. 2 Satz 1 Nr. 3 Buchst. a) EStG sind:[563] Sie lassen sich rechtlich als sogenannte bedingte Termingeschäfte klassifizieren.[564] Zwar unterscheiden sich der Wortlaut von § 20 Abs. 2 Satz 1 Nr. 3 Buchst. a) und b EStG dadurch, dass Gegenstand der Veräußerung bei Buchst. b) ein Finanzinstrument ist, das als Termingeschäft ausgestaltet ist, wohingegen § 20 Abs. 2 Satz 1 Nr. 3 Buchst. a) EStG nur Termingeschäfte mit Differenzausgleich, Zahlung eines Geldbetrags oder Vorteils erfasst. Unter den weiten Begriff der Finanzinstrumente fällt jedoch das gesamte Spektrum der finanzwirtschaftlichen Instrumente.[565] Aus diesem Grund findet sich teilweise die Einschätzung, dass dem Merkmal keine

---

563 Vgl. *BFH*, Urt. v. 26.09.2012 – IX R 50/09, juris, Rn. 13–15; Urt. v. 12.01.2016 – IX R 48/14, juris, Rn. 15; Urt. v. 20.10.2016 – VIII R 55/13, juris, Rn. 30; *BMF*, v. 18.01.2016 – IV C 1-S 2252/08/10004:017//2015/0468306, BStBl I 2016, S. 85 (Rn. 9); BT-Drs. 16/4841, S. 55; *Buge*, in: Herrmann/Heuer/Raupach, EStG, § 20, Rn. 472; *Haisch*, Derivatebesteuerung im Privatvermögen ab 2009, S. 146–150; *Heuermann*, DB 2004, 1848 (1852); *Jochum*, in: Kirchhof/Mellinghoff/Kube, EStG, § 20, F 23; *Redert*, in: Fuhrmann/Kraeusel/Schiffers, 360° EStG eKommentar, § 20, Rn. 495–502; zum Begriff des Termingeschäfts ausführlich auch *Dahm/Hamacher*, DStR 2014, 455.
564 Vgl. Ausführungen unter Punkt B.I.1: Optionen; *Jochum*, in: Kirchhof/Mellinghoff/Kube, EStG, § 20, F 23.
565 Ausführlich zur Begriffsbestimmung *Haisch*, Derivatebesteuerung im Privatvermögen ab 2009, S. 158–160; *Moritz/Strohm*, in: Moritz/Strohm, Handbuch Besteuerung privater Kapitalanlagen, S. 129–297 (Rn. 205).

C. Einkommensteuerliche Behandlung de lege lata

eigenständige Bedeutung zukomme,[566] sondern allein der sprachlichen Feinheit geschuldet sei, dass ein Termingeschäft als solches nicht veräußert werden könne.[567] Da es sich bei Optionen aber jedenfalls um Termingeschäfte handelt, fallen sie in jedem Fall in die Kategorie der Finanzinstrumente, die als Termingeschäft ausgestaltet sind. Im Ergebnis fallen Optionsgeschäfte in den Anwendungsbereich des § 20 Abs. 2 Satz 1 Nr. 3 Buchst. b) EStG.[568]

(2) Glattstellung als „Veräußerung"

Um alle Voraussetzungen des § 20 Abs. 2 Satz 1 Nr. 3 Buchst. b) i.V.m. Abs. 2 Satz 2 EStG zu erfüllen, muss der Steuerpflichtige das als Termingeschäft ausgestaltete Finanzinstrument jedoch auch veräußern, einlösen oder zurückzahlen.

„Einlösen" meint dabei, dass der Steuerpflichtige die Leistung, die er in einer Schuldverschreibung versprochen hat, unter gleichzeitiger Rückübertragung der Schuldverschreibung erfüllt.[569] Auf börsengehandelte Optionsgeschäfte passen diese Voraussetzungen nicht, denn diese sind keine Schuldverschreibungen (vgl. § 793 BGB), sondern unverbrieft.[570]

Das Merkmal „zurückzahlen" liegt vor, wenn der Steuerpflichtige eine Kapitalforderung durch die vollständige oder teilweise Rückzahlung des überlassenen Kapitals erfüllt.[571] Da bei einer rechtlichen Glattstellung kei-

---

566 *Buge*, in: Herrmann/Heuer/Raupach, EStG, § 20, Rn. 483.
567 *Moritz/Strohm*, in: Frotscher/Geurts, EStG, § 20, Rn. 242; *Moritz/Strohm*, in: Moritz/Strohm, Handbuch Besteuerung privater Kapitalanlagen, S. 129–297 (Rn. 205).
568 *Jachmann-Michel/Lindenberg*, in: Lademann, EStG, § 20, Rn. 597; *Jochum*, in: Kirchhof/Mellinghoff/Kube, EStG, § 20, D/3 4; *Ratschow*, in: Heuermann/Brandis, Ertragsteuerrecht, § 20 EStG, Rn. 372.
569 *Haisch*, Derivatebesteuerung im Privatvermögen ab 2009, S. 139; *Haisch*, in: Haisch/Helios, Rechtshandbuch Finanzinstrumente, § 6, Rn. 42; *Jachmann-Michel/Lindenberg*, in: Lademann, EStG, § 20, Rn. 707c; *Redert*, in: Fuhrmann/Kraeusel/Schiffers, 360° EStG eKommentar, § 20, Rn. 545.
570 Vgl. Ausführungen unter Punkt B.I.1.g: Abgrenzung zu verbrieften Optionen (Optionsscheine).
571 *Haisch*, Derivatebesteuerung im Privatvermögen ab 2009, S. 141; *Haisch*, in: Haisch/Helios, Rechtshandbuch Finanzinstrumente, § 6, Rn. 43; *Jachmann-Michel/Lindenberg*, in: Lademann, EStG, § 20, Rn. 707c; *Redert*, in: Fuhrmann/Kraeusel/Schiffers, 360° EStG eKommentar, § 20, Rn. 546.

II. Optionsinhaber

ne Zahlung erfolgt, um eine Forderung zu erfüllen, liegt also auch keine Rückzahlung im Sinne der Vorschrift vor.

Handelt es sich bei der rechtlichen Glattstellung aber um eine „Veräußerung"? Der Regelung in § 20 Abs. 2 EStG liegt der allgemeine ertragsteuerliche Veräußerungsbegriff zugrunde: Eine Veräußerung liegt grundsätzlich vor, wenn der Steuerpflichtige das Eigentum oder die Forderungsinhaberschaft an einem Wirtschaftsgut aus § 20 Abs. 2 Satz 1 Nr. 1 bis 8 EStG entgeltlich auf einen Dritten überträgt.[572] Bei der rechtlichen Glattstellung findet aber keine Übertragung des Optionsrechts statt – vielmehr hebt der Inhaber das Optionsrecht durch Vertrag mit dem ursprünglichen Vertragspartner auf. Es liegt daher keine Veräußerung im Sinne des allgemeinen ertragsteuerlichen Verständnisses vor.

Dennoch hat der BFH nach alter Rechtslage entschieden, dass es sich bei der Glattstellung durch den Optionsinhaber um eine Veräußerung im Sinne des § 23 Abs. 1 Satz 1 Nr. 1 Buchst. b) EStG a.F. handelt.[573] Als Begründung führt er an, dass das Eröffnungsgeschäft und das Glattstellungsgeschäft keine Einheit bildeten, die sich lediglich auf einen Differenzausgleich richte. Gegen eine einheitliche Betrachtung spreche, dass das Eröffnungsgeschäft nicht zwingend zu einer Glattstellung durch den Optionsinhaber führen müsse – schließlich könne der Optionsinhaber die Option auch ausüben. Eine Veräußerung im Rechtssinne liege vor, wenn eine Verfügung vorliege, die das Ergebnis eines obligatorischen Geschäfts ist. Eine Verfügung definiert der BFH wiederum als Rechtsgeschäft, das unmittelbar darauf gerichtet ist, auf ein bestehendes Recht einzuwirken, es zu verändern, zu übertragen oder aufzuheben. Da der Optionsinhaber nach den Handelsbedingungen der Terminbörse nicht an Dritte veräußern könne, bilde die Glattstellungstransaktion den einzigen Weg, um sich von der eingenommenen Position zu trennen und damit den wirtschaftlichen Wert zu verwirklichen. Das Glattstellungsgeschäft führe also letztlich zu einer Aufhebung des Optionsrechts, worin eine Verfügung zu sehen sei.

Insoweit komme es auch nicht darauf an, dass sich die Glattstellung nicht als Rückveräußerung der erworbenen Option darstelle. Denn § 23 Abs. 1 Satz 1 Nr. 1 Buchst. b) EStG a.F. fordere nicht, dass die erworbene

---

572 In ständiger Rechtsprechung zuletzt *BFH*, Urt. v. 12.06.2018 – VIII R 32/16, juris, Rn. 13; *Buge*, in: Herrmann/Heuer/Raupach, EStG, § 20, Rn. 422; *Jachmann-Michel/Lindenberg*, in: Lademann, EStG, § 20, 707a; *Moritz/Strohm*, in: Moritz/Strohm, Handbuch Besteuerung privater Kapitalanlagen, S. 129–297 (Rn. 206); *Redert*, in: Fuhrmann/Kraeusel/Schiffers, 360° EStG eKommentar, § 20, Rn. 541.
573 *BFH*, Urt. v. 24.06.2003 – IX R 2/02, juris; Urt. v. 29.06.2004 – IX R 26/03, juris.

C. Einkommensteuerliche Behandlung de lege lata

Position rückübertragen werden und damit als solche weiter fortbestehen müsse. Auch führe die Veräußerung nicht lediglich dazu, das Eröffnungsgeschäft rückgängig zu machen, sondern zu seiner wirtschaftlichen Erfüllung: Mit der Glattstellung realisierten sich die Werterhöhungen des Wirtschaftsgutes „Option". Für das Gegengeschäft erhalte der Optionsinhaber eine Prämie, die von der Kursentwicklung des Basiswerts abhänge und damit den Wert der Option selbst repräsentiere. Alle diese Argumente sprechen für den BFH dafür, die Glattstellung jedenfalls im Rahmen des § 23 Abs. 1 Satz 1 Nr. 1 Buchst. b) EStG a.F. als Veräußerung einzuordnen.

Diese Lesart des BFH lässt sich auch auf den neuen § 20 Abs. 2 Satz 1 Nr. 3 Buchst. b) EStG übertragen. Bei außerbörslichen Optionen kann der Optionsinhaber sein Optionsrecht während der Laufzeit der Option auf einen Dritten übertragen und so Wertveränderungen realisieren. Diesen Weg verstellen ihm bei börsengehandelten Optionen die Handelsbedingungen: Während der Laufzeit kann er Wertveränderungen nur durch Glattstellung realisieren, und in beiden Fällen hat der Optionsinhaber schlussendlich kein Optionsrecht mehr inne. Durch § 20 Abs. 2 Satz 1 Nr. 3 Buchst. b) EStG sollten Wertänderungen beim Optionsinhaber steuerlich erfasst werden. Nach dem Willen des Gesetzgebers sollte dies insbesondere auch für die Glattstellung von Optionsgeschäften gelten.[574]

Im Ergebnis stellt die rechtliche Glattstellung einer Optionsposition durch den Optionsinhaber eine Veräußerung im Sinne des § 20 Abs. 2 Satz 1 Nr. 3 Buchst. b) EStG dar.[575] Dies gilt auch für Optionsgeschäfte, die ein Steuerpflichtiger an internationalen Handelsplätzen nach demselben Prinzip handelt.[576]

---

574 BT-Drs. 16/4841, S. 55.
575 *BMF*, v. 18.01.2016 – IV C 1-S 2252/08/10004:017//2015/0468306, BStBl I 2016, S. 85 (24, 31); *Buge*, in: Herrmann/Heuer/Raupach, EStG, § 20, Rn. 475–476; *Haisch*, in: Haisch/Helios, Rechtshandbuch Finanzinstrumente, § 6, Rn. 67; *Helios/Philipp*, BB 2010, 95 (97); *Jachmann-Michel/Lindenberg*, in: Lademann, EStG, § 20, Rn. 628; *Moritz/Strohm*, in: Moritz/Strohm, Handbuch Besteuerung privater Kapitalanlagen, S. 129–297 (Rn. 206); *Bleschick*, in: Kirchhof/Seer, Einkommensteuergesetz (EStG), § 20, Rn. 131.
576 Vgl. *BFH*, Urt. v. 14.12.2004 – VIII R 5/02, juris, Rn. 40; Urt. v. 14.12.2004 – VIII R 81/03, juris, Rn. 33.

b) Besteuerungsumfang – Gewinnermittlung nach § 20 Abs. 4 EStG

Für die Gewinnermittlung im Rahmen der rechtlichen Glattstellung kommt § 20 Abs. 4 Satz 5 EStG nicht zur Anwendung: Die Vorschrift definiert lediglich den „Gewinn bei einem Termingeschäft" und erstreckt sich somit nur auf Fälle des § 20 Abs. 2 Satz 1 Nr. 3 Buchst. a) EStG.[577] Vielmehr ist bei der Ermittlung des Gewinns auf § 20 Abs. 4 Satz 1 EStG abzustellen.[578]

Gewinn ist demnach der Saldo zwischen den Einnahmen aus der Veräußerung abzüglich der Aufwendungen, die im unmittelbaren sachlichen Zusammenhang mit dem Veräußerungsgeschäft stehen, und den Anschaffungskosten. Der Saldo kann sowohl positiv als auch negativ sein.[579]

Zu den Einnahmen aus der Veräußerung gehören nach § 8 EStG alle Güter, die der Steuerpflichtige bei der Veräußerung einer Kapitalanlage erhält.[580] Beim Glattstellungsgeschäft erhält der Optionsinhaber eine Optionsprämie, bei der es sich wiederum um eine Einnahme aus der Veräußerung handelt.

Zur Wahrung des Nettoprinzips mindern die Aufwendungen, die im unmittelbaren sachlichen Zusammenhang mit dem Veräußerungsgeschäft anfallen, den Gewinn. Der Begriff der Aufwendungen im Sinne des § 20 Abs. 4 Satz 1 deckt sich mit dem Begriff der Aufwendungen im Sinne des § 9 Abs. 1 EStG: Umfasst sind alle Güter in Geld oder Geldeswert, deren Abfluss durch eine Veräußerung im Sinne des § 20 Abs. 2 Satz 1 EStG veranlasst ist.[581] Das Merkmal der Unmittelbarkeit gewährleistet, dass die

---

577 *Jochum*, in: Kirchhof/Mellinghoff/Kube, EStG, § 20, F 29; *Bleschick*, in: Kirchhof/Seer, Einkommensteuergesetz (EStG), § 20, Rn. 156.
578 BT-Drs. 16/4841, S. 57; *Hamacher/Dahm*, in: Korn/Carlé, et al., EStG, § 20, Rn. 409; *Jochum*, in: Kirchhof/Mellinghoff/Kube, EStG, § 20, F 29; *Moritz/Strohm*, in: Frotscher/Geurts, EStG, § 20, Rn. 305; *Bleschick*, in: Kirchhof/Seer, Einkommensteuergesetz (EStG), § 20, Rn. 156.
579 BT-Drs. 16/4841, S. 57; statt aller *Moritz/Strohm*, in: Moritz/Strohm, Handbuch Besteuerung privater Kapitalanlagen, S. 129–297 (Rn. 238).
580 *Buge*, in: Herrmann/Heuer/Raupach, EStG, § 20, Rn. 562; *Redert*, in: Fuhrmann/Kreusel/Schiffers, 360° EStG eKommentar, § 20, Rn. 578.
581 Vgl. *Buge*, in: Herrmann/Heuer/Raupach, EStG, § 20, Rn. 573; *Bleschick*, in: Kirchhof/Seer, Einkommensteuergesetz (EStG), § 20, Rn. 150; vgl. zum Aufwendungsbegriff i.S.d. § 9 EStG BFH, Beschluss v. 04.07.1990 – GrS 1/89, juris, Rn. 60; Urt. v. 09.11.1993 – IX R 81/90, juris, Rn. 8; *Kreft*, in: Herrmann/Heuer/Raupach, EStG, § 9, Rn. 65; *Oertel*, in: Kirchhof/Seer, Einkommensteuergesetz (EStG), § 9, Rn. 6; *Schramm*, in: Fuhrmann/Kreusel/Schiffers, 360° EStG eKommentar, § 9, Rn. 20.

Aufwendungen gerade durch den Akt der Veräußerung veranlasst sind.[582] Für den Optionsinhaber sind im Wesentlichen die Transaktionskosten, also Provisionen und Gebühren für Broker und Börse, als Aufwendungen einzustufen.[583]

Unklar ist jedoch, ob der Steuerpflichtige neben den Transaktionskosten auch weitere Aufwendungen von den Einnahmen abziehen kann – etwa Zinsaufwendungen bei fremdfinanziertem Handel[584]. Im Ergebnis sind solche Zinsaufwendungen nicht abziehbar, da nach § 20 Abs. 4 Satz 1 Hs. 1 EStG stets ein unmittelbarer Zusammenhang mit der Veräußerung bestehen muss. Zinsaufwendungen sind jedoch nicht dadurch veranlasst, dass der Optionsinhaber sein Recht veräußert, sondern durch das Halten des Termingeschäfts als solches (im Gegensatz zur Formulierungen in § 20 Abs. 4 Satz 5 EStG[585]).[586]

Dafür, dass weitere Aufwendungen nicht abziehbar sind, spricht auch, dass Ausnahmen vom Abzugsverbot für Werbungskosten nach § 20 Abs. 9 Satz 1 EStG nur in restriktivem Maß zulässig sind.[587] Zu beachten ist jedoch, dass bei der Ermittlung der Einkünfte neben dem Abzug der Aufwendungen i.S.d. § 20 Abs. 4 EStG stets auch der Sparer-Pauschbetrag zusätzlich abziehbar ist.[588]

Auch die Anschaffungskosten kann der Steuerpflichtige von den Einnahmen aus der Veräußerung abziehen. Anschaffungskosten sind alle Aufwendungen, die sowohl geleistet werden, um ein Wirtschaftsgut zu erwerben und in einen Zustand zu versetzen, der dem angestrebten Zweck entspricht, als auch dem Wirtschaftsgut einzeln zuzuordnen sind.[589] Hierzu

---

582 *Jachmann-Michel*, in: Hey, Einkünfteermittlung, S. 251 (269).
583 Vgl. *Redert*, in: Fuhrmann/Kraeusel/Schiffers, 360° EStG eKommentar, § 20, Rn. 579.
584 Falls die Margin in einer nicht vom Kunden gehaltenen Fremdwährung zu hinterlegen ist, verleiht der Broker diesen Betrag und verlangt hierfür Zinsen (z. B. Kunde führt Konto in EUR und handelt an US-Börsen mit Optionen, sodass Sicherheit in USD zu hinterlegen ist).
585 Vgl. Ausführungen unter Punkt C.II.3.b)ii: Gewinnermittlung.
586 Vgl. *Haisch*, Derivatebesteuerung im Privatvermögen ab 2009, S. 168; *Bleschick*, in: Kirchhof/Seer, Einkommensteuergesetz (EStG), § 20, Rn. 150.
587 Zur Frage der Verfassungsmäßigkeit der Ausnahmeregelung vgl. *Jochum*, in: Kirchhof/Mellinghoff/Kube, EStG, § 20, K 59; *Redert*, in: Fuhrmann/Kraeusel/Schiffers, 360° EStG eKommentar, § 20, Rn. 584; *Wenzel*, DStR 2009, 1182 (1184); *Worgulla*, Die Bruttobesteuerung in der Schedule der Einkünfte aus Kapitalvermögen.
588 *Buge*, in: Herrmann/Heuer/Raupach, EStG, § 20, Rn. 682.
589 BFH, Urt. v. 28.10.2009 – VIII R 22/07, juris, Rn. 13; *Buge*, in: Herrmann/Heuer/Raupach, EStG, § 20, Rn. 565; *Haisch*, Derivatebesteuerung im Privatvermö-

gehören auch die sogenannten Anschaffungsnebenkosten – also insbesondere Provisionen und Gebühren (Transaktionskosten), die beim Erwerb eines Wirtschaftsguts anfallen.[590]

Zinsaufwendungen sind hingegen nicht als Anschaffungsnebenkosten abziehbar: Sie betreffen nicht den Anschaffungsvorgang selbst, sondern den kompletten Vorgang des Haltens der Optionsposition.

Im Ergebnis bestimmt sich der Gewinn im Rahmen der rechtlichen Glattstellung aus dem Saldo der Optionsprämie, die der Optionsinhaber im Glattstellungsgeschäft eingenommen hat, abzüglich der gezahlten Optionsprämien im Eröffnungsgeschäft sowie jeweiliger Transaktionskosten.[591]

c) Gewinnermittlung bei mehreren gleichartigen Optionspositionen

Besondere Probleme ergeben sich in Konstellationen, in denen der Steuerpflichtige mehrere gleichartige Optionen hält. Zu klären ist, nach welchen Maßstäben sich dort die steuerrechtliche Erfassung richtet.

Die Fallgruppe zeichnet sich dadurch aus, dass der Steuerpflichtige mehrere Optionen derselben Gattung (Basiswert, Basispreis, Verfall, Call/ Put) zu unterschiedlichen Zeitpunkten und zu unterschiedlichen Preisen anschafft. Die einzelnen Optionen führt der Broker nicht jeweils einzeln im Depot des Kunden, sondern er bildet ein Sammelposten: Für den Kunden ist nur die Gesamtanzahl der offenen Optionskontrakte sichtbar. In aller Regel stellt der Steuerpflichtige die verschiedenen Optionen aus seinem Portfolio zu unterschiedlichen Zeitpunkten und Preisen rechtlich glatt. Im Rahmen der Gewinnermittlung stellt sich dann stets die Frage: Aus welcher der gehaltenen Optionspositionen gelten die Einkünfte als vereinnahmt – und welche Anschaffungskosten sind deshalb für die Saldoermittlung anzusetzen?

---

gen ab 2009, S. 168; *Jochum*, in: Kirchhof/Mellinghoff/Kube, EStG, § 20, K 37; *Moritz/Strohm*, in: Moritz/Strohm, Handbuch Besteuerung privater Kapitalanlagen, S. 129–297 (Rn. 239); *Bleschick*, in: Kirchhof/Seer, Einkommensteuergesetz (EStG), § 20, Rn. 150.

590 *Buge*, in: Herrmann/Heuer/Raupach, EStG, § 20, Rn. 565; *Moritz/Strohm*, in: Moritz/Strohm, Handbuch Besteuerung privater Kapitalanlagen, S. 129–297 (Rn. 239); *Redert*, in: Fuhrmann/Kraeusel/Schiffers, 360° EStG eKommentar, § 20, Rn. 581–582; *Möllenbeck*, in: Littmann/Bitz/Pust, EStG, § 20, Rn. 1433.

591 So auch BFH, Urt. v. 24.06.2003 – IX R 2/02, juris; Urt. v. 29.06.2004 – IX R 26/03, juris; *Buge*, in: Herrmann/Heuer/Raupach, EStG, § 20, Rn. 485.

C. Einkommensteuerliche Behandlung de lege lata

Denkbar wäre es etwa, eine Verrechnung nach § 20 Abs. 4 Satz 7 EStG vorzunehmen.[592] Nach der Vorschrift gilt für vertretbare Wertpapiere, die der Steuerpflichtige einem Verwahrer zur Sammelverwahrung anvertraut hat, die FiFo-Methode (First-in-First-out). Demnach gelten die zuerst angeschafften Wertpapiere als zuerst veräußert. Nach dem eindeutigen Wortlaut greift die Regelung aber nicht für börsengehandelte Optionen, da es sich bei ihnen nicht um vertretbare (verbriefte) Wertpapiere handelt.[593]

Die FiFo-Methode könnte jedoch auch ohne ausdrückliche gesetzliche Regelung für Optionsgeschäfte maßgeblich sein. Darüber hinaus könnte auch die LiFo-Methode (Last-in-First-out) zur Anwendung kommen. Zudem könnte es nahe liegen, die Anschaffungskosten nach Durchschnittswerten zu ermitteln.[594] Hierzu würden die aufgewandten Optionsprämien der Optionen derselben Gattung addiert und durch die Anzahl der gekauften Optionen geteilt. Hieraus ergebe sich die durchschnittlich aufgewandte Optionsprämie pro Option. Stellt der Optionsinhaber eine seiner Optionen derselben Gattung glatt, würde die konkret eingenommene Optionsprämie im Glattstellungsgeschäft mit der durchschnittlich aufgewandten Optionsprämie saldiert.

Zu berücksichtigen ist für die aktuelle Rechtslage auch, dass es, nachdem der Gesetzgeber bei Einkünften aus Kapitalvermögen keine Spekulationsfrist mehr vorsieht, auch bei Anwendung der FiFo- oder LiFo-Methode nicht mehr zu Steuerausfällen kommt. Es ist deshalb *a priori* nicht zwingend, bei der Gewinnermittlung die Durchschnittswerte zu Grunde zu legen.

Aufgrund der Steuerverstrickung aller Optionsgeschäfte lässt sich jedenfalls – unabhängig von der Verrechnungsmethode – eine Besteuerung in der Totalprognose nicht vermeiden. Möglich ist es lediglich, eine Steuerstundung zu erreichen.[595] Im Ergebnis liegt es deshalb am nächsten, es

---

592 Zur selben Thematik beim Stillhalter, vgl. Ausführungen unter Punkt C.I.2.e: Gewinnermittlung bei mehreren gleichartigen Stillhalterpositionen.
593 *Dahm/Hamacher*, DStR 2008, 1910 (1916 f.); *Haisch*, Derivatebesteuerung im Privatvermögen ab 2009, S. 230; *Hamacher/Dahm*, in: Korn/Carlé, et al., EStG, § 20, Rn. 410; *Jochum*, in: Kirchhof/Mellinghoff/Kube, EStG, § 20, F 31; *Moritz/Strohm*, in: Frotscher/Geurts, EStG, § 20, Rn. 315; *Redert*, in: Fuhrmann/Kraeusel/Schiffers, 360° EStG eKommentar, § 20, Rn. 595.
594 Vgl. *BFH*, Urt. v. 24.11.1993 – X R 49/90, juris; Urt. v. 04.05.1994 – X R 157/90, juris jeweils zu § 23 Abs. 1 Nr. 2 EStG a.F.; *Haisch*, Derivatebesteuerung im Privatvermögen ab 2009, S. 176; *Jochum*, in: Kirchhof/Mellinghoff/Kube, EStG, § 20, F 31; *Moritz/Strohm*, in: Frotscher/Geurts, EStG, § 20, Rn. 315.
595 Vgl. *Haisch*, Derivatebesteuerung im Privatvermögen ab 2009, S. 176.

einer Vereinbarung zwischen Kunde und Broker zu überlassen, welche Verrechnungsmethodik sie anwenden.[596]

d) Glattstellungsprämien in Fremdwährungen

Bei Geschäften, die der Optionsinhaber nicht in Euro tätigt, sind die Einnahmen zum Zeitpunkt der Veräußerung und die Anschaffungskosten zum Zeitpunkt der Anschaffung in Euro umzurechnen (§ 20 Abs. 4 Satz 1 Hs. 2 EStG).

Bei den Optionsprämien, die der Optionsinhaber im Glattstellungsgeschäft einnimmt, ist der Devisenbriefkurs der jeweiligen Fremdwährung, der am Tag des Zuflusses der Prämien gilt, zu Grunde zu legen.[597] Für die aufgewandten Optionsprämien ist, da es sich um einen Fremdwährungsabfluss handelt, der Devisengeldkurs am Tag des Abflusses zu verwenden.[598] Letztlich kommt so jeweils der Umrechnungskurs zur Anwendung, mit dem die Kreditinstitute bei Ankauf bzw. Verkauf von Devisen abrechnen.[599]

e) Besteuerungszeitpunkt

Eine steuerliche Veranlagung findet erst statt, wenn die Parteien das Glattstellungsgeschäft abschließen.[600] Bis dahin sind die Optionsprämien, die der Steuerpflichtige für den Erwerb der Option aufgewandt hat, steuerlich unbeachtlich. Deshalb besteht beim Optionsinhaber – anders als beim

---

596 *Dahm/Hamacher*, DStR 2008, 1910 (1916 f.); *Haisch*, Derivatebesteuerung im Privatvermögen ab 2009, S. 176; *Haisch/Krampe*, FR 2010, 311 (320); *Hamacher/Dahm*, in: Korn/Carlé, et al., EStG, § 20, Rn. 410; *Jochum*, in: Kirchhof/Mellinghoff/Kube, EStG, § 20, F 31; *Moritz/Strohm*, in: Frotscher/Geurts, EStG, § 20, Rn. 315; *Redert*, in: Fuhrmann/Kraeusel/Schiffers, 360° EStG eKommentar, § 20, Rn. 595.
597 Vgl. *BMF*, v. 18.01.2016 – IV C 1-S 2252/08/10004:017//2015/0468306, BStBl I 2016, S. 85 (Rn. 247); *Haisch*, Derivatebesteuerung im Privatvermögen ab 2009, S. 130; *Jachmann-Michel/Lindenberg*, in: Lademann, EStG, § 20, Rn. 493.
598 *Dahm/Hamacher*, DStR 2008, 1910 (1916); *Haisch*, Derivatebesteuerung im Privatvermögen ab 2009, S. 130; *Jachmann-Michel/Lindenberg*, in: Lademann, EStG, § 20, Rn. 493.
599 *Dahm/Hamacher*, DStR 2008, 1910 (1916); *Haisch*, Derivatebesteuerung im Privatvermögen ab 2009, S. 130.
600 Vgl. *Haisch*, Derivatebesteuerung im Privatvermögen ab 2009, S. 172.

C. Einkommensteuerliche Behandlung de lege lata

Stillhalter[601] – in Konstellationen, in denen der Zufluss der Stillhalter- und der Abfluss der gezahlten Glattstellungsprämie in verschiedene Veranlagungszeiträume fallen, kein Problem dabei, den Zeitpunkt der steuerlichen Einordnung eindeutig zu bestimmen.

f) Steuerliche Behandlung der wirtschaftlichen Glattstellung

Bei der wirtschaftlichen Glattstellung schreibt der Optionsinhaber eine Option der gleichen Art, ohne dabei jedoch einen ausdrücklichen Glattstellungsvermerk abzugeben oder sich auf eine beendende Vereinbarung mit dem Broker stützen zu können. Es fehlt an einer Aufhebungsabrede: Zivilrechtlich ist das Ausgangsoptionsgeschäft nicht beendet. Da die Ausgangsoption bei der wirtschaftlichen Glattstellung nicht erlischt, kann auch keine Verfügung und mithin keine Veräußerung i.S.d. § 20 Abs. 2 Satz 1 Nr. 3 Buchst. b) EStG vorliegen.[602] Vielmehr bestehen der ursprüngliche Optionsvertrag und der Optionsvertrag, den der Optionsinhaber im Rahmen des wirtschaftlichen Glattstellungsgeschäfts geschlossen hat, bis zum Verfallstag mit spiegelbildlicher wirtschaftlicher Wirkung grundsätzlich nebeneinander fort; im Falle der Ausübung sind beide zu erfüllen.[603] Im Ergebnis sind beide Optionspositionen steuerlich getrennt zu betrachten.[604]

g) Zwischenergebnis zur Glattstellung

Um die Glattstellung durch den Optionsinhaber steuerlich passgenau bewerten zu können, ist zunächst zwischen der rechtlichen und der wirtschaftlichen Glattstellung zu unterscheiden. Lediglich die rechtliche Glattstellung führt zu einer Veräußerung i.S.d. § 20 Abs. 2 Satz 1 Nr. 3

---

601 Vgl. zur Thematik beim Stillhalter Ausführungen unter C.I.2.g Besteuerungszeitpunkt.
602 Vgl. *Haisch*, Derivatebesteuerung im Privatvermögen ab 2009, 162–161; *Jachmann-Michel/Lindenberg*, in: Lademann, EStG, § 20, Rn. 628; *Moritz/Strohm*, in: Frotscher/Geurts, EStG, § 20, Rn. 244.
603 *Jochum*, in: Kirchhof/Mellinghoff/Kube, EStG, § 20, C/11 7; *Moritz/Strohm*, in: Moritz/Strohm, Handbuch Besteuerung privater Kapitalanlagen, S. 129–297 (Rn. 175); *Redert*, in: Fuhrmann/Kraeusel/Schiffers, 360° EStG eKommentar, § 20, Rn. 456; *Reiner*, Derivative Finanzinstrumente im Recht, S. 345.
604 *Moritz/Strohm*, in: Frotscher/Geurts, EStG, § 20, Rn. 244.

Buchst. b) EStG. Stellt der Optionsinhaber die Option hingegen nur rein wirtschaftlich glatt, bleiben die beiden Optionspositionen nebeneinander bestehen und sind steuerlich getrennt voneinander zu betrachten.

Hat ein Steuerpflichtiger mehrere gleichartige Optionspositionen inne, steht es ihm und dem Broker offen zu vereinbaren, welche Verrechnungsmethode (FiFo, LiFo oder Durchschnittswerte) sie im Rahmen der Gewinnermittlung bei der Glattstellung heranziehen wollen, um die Anschaffungskosten hinsichtlich des jeweiligen Optionsgeschäfts zu bestimmen und zuzuordnen.

3. Beendigung eines Optionsgeschäfts durch Ausübungsentscheidung

Bei der Frage, wie der Optionsinhaber steuerlich zu behandeln ist, wenn er das Optionsgeschäft durch Ausübung beendet, ist zwischen zwei Szenarien zu unterscheiden: der Ausübung durch physische Lieferung (a) und durch Zahlung eines Differenzausgleichs (b).

a) Physische Lieferung des Basiswerts

Bei der physischen Lieferung des Basiswerts schafft der Optionsinhaber einen lieferbaren Basiswert entweder an (i) oder veräußert ihn (ii).

i) Ausübung einer Kaufoption

Übt der Optionsinhaber eine Kaufoption aus, veräußert ihm der Stillhalter den Basiswert zum vereinbarten Basispreis. Im Gegenzug zahlt er den vereinbarten Basispreis an den Stillhalter.

Aus ökonomischer Sicht ist es für den Optionsinhaber jedenfalls nur dann sinnvoll, seine Kaufoption auszuüben, wenn der Marktpreis des Basiswerts am Tag der Ausübung höher liegt als der Basispreis der Option. Denn dann erhält der Optionsinhaber den Basiswert zu einem Preis, der gegenüber dem aktuellen Marktumfeld vergünstigt ist.

Übt der Inhaber die Option aus, erlischt das eingeräumte Optionsrecht.[605] Folgt man der Einschätzung, die der BFH im Rahmen der recht-

---

605 *Casper*, Der Optionsvertrag, S. 151; *Haisch*, Derivatebesteuerung im Privatvermögen ab 2009, S. 162.

C. Einkommensteuerliche Behandlung de lege lata

lichen Glattstellung vorgenommen hat, könnte es sich bei der Ausübung einer Option deshalb um eine „Veräußerung" i.S.d § 20 Abs. 2 Satz 1 Nr. 3 Buchst. b) EStG handeln.[606] Dagegen spricht jedoch, dass eine Veräußerung i.S.d. § 20 Abs. 2 Satz 1 Nr. 1 EStG grundsätzlich erfordert, dass eine Rechtsübertragung auf einen Dritten erfolgt: Diese Voraussetzung ist laut BFH aber nur ausnahmsweise bei börsengehandelten Optionen entbehrlich, da es die Optionsbedingungen nicht zulassen, dass der Inhaber das Optionsrecht an Dritte überträgt, sondern nur, dass er es glattstellt.

Vor diesem Hintergrund liegt keine Veräußerung i.S.d. § 20 Abs. 2 Satz 1 Nr. 1 EStG vor, wenn der Optionsinhaber die Option ausübt und sie dadurch erlischt. Denn im Rahmen der Ausübung bringt der Optionsinhaber die Option zum Erlöschen, weil er den Basiswert geliefert bekommen möchte, nicht um eine Wertveränderung des Optionsrechts zu realisieren. Auch liegt kein Einlösen oder Zurückzahlen i.S.d. § 20 Abs. 2 Satz 2 EStG vor: Börsengehandelte Optionen sind weder Schuldverschreibungen noch findet eine Zahlung zur Erfüllung einer Forderung aus der Option statt.[607] Im Ergebnis hat die Ausübung auf Ebene der Option keine weitere steuerliche Relevanz. Auch die aufgewandten Optionsprämien finden dort steuerlich keine Beachtung.

Es stellen sich bei der Besteuerung des Optionsinhabers, der eine Kaufoptionen durch physische Lieferung ausübt, insbesondere zwei Fragen. Zum einen ist zu klären, wie die Prämien, die er für den Optionserwerb aufgewandt hat, sowie diesbezügliche Transaktionskosten steuerlich zu behandeln sind (1). Zum anderen ist auf den ersten Blick unklar, ob und wie der Differenzbetrag zwischen Basispreis und Marktpreis am Tag der Anschaffung des Basiswerts steuerlich zu erfassen ist (2).

(1) Steuerliche Beachtlichkeit der Optionsprämie auf Ebene des angeschafften Basiswerts?

Unklar ist, ob und gegebenenfalls inwiefern die aufgewandten Optionsprämien auf der Ebene des angeschafften Basiswerts steuerlich eine Rolle spielen.

Dafür ist zunächst zu klären, welche Besteuerungsnorm einschlägig ist. Beim Optionsinhaber liegt jedenfalls dann ein Anschaffungsgeschäft nach

---

606 Vgl. Ausführungen unter Punkt C.II.2.a)ii(2): Glattstellung als „Veräußerung".
607 Vgl. Ausführungen unter Punkt C.II.2.a)ii(2): Glattstellung als „Veräußerung"; vgl. auch *Haisch*, Derivatebesteuerung im Privatvermögen ab 2009, S. 162.

§ 20 Abs. 2 EStG hinsichtlich des Basiswerts vor, wenn der Basiswert ein Wirtschaftsgut im Sinne des § 20 Abs. 2 EStG ist.[608] Dies ist bei börsengehandelten Optionen der Fall, da diese sich auf Aktien (§ 20 Abs. 2 Satz 1 Nr. 1 i.V.m. Abs. 1 Nr. 1 EStG) oder Futures (§ 20 Abs. 2 Satz 1 Nr. 3 EStG) beziehen. Dann ist der Erwerb des Basiswerts zunächst einmal einkommensteuerlich neutral.[609] Erst bei einem späteren Verkauf bzw. einer Veräußerung des Basiswerts findet gegebenenfalls eine steuerliche Berücksichtigung beim Optionsinhaber statt.[610] Im Rahmen der Gewinnermittlung bezüglich der geschlossenen Position im Basiswert könnten die Prämien, die der der Optionsinhaber gezahlt hat, im Rahmen der Ermittlung der Anschaffungskosten des Basiswerts nach § 20 Abs. 4 Satz 1 EStG zu berücksichtigen sein.

(a) Getrennte Betrachtung von Options- und Basisgeschäft

Einerseits könnte man die aufgewandten Optionsprämien bei der Gewinnermittlung des Basiswerts nicht als Anschaffungsnebenkosten berücksichtigen. Als Begründung stellen die Vertreter dieser Ansicht auf die vom BFH vertretene sogenannten Trennungstheorie ab: Es sei stets zwischen dem Optionsgeschäft und dem Basisgeschäft zu unterscheiden. Dafür spreche, dass die Optionsprämie nicht dafür aufgewandt werde, einen Basiswert zu erwerben, sondern lediglich für die Möglichkeit des Erwerbs. Um einen Posten den Anschaffungskosten zuordnen zu können, müsse der Blick stets auf den Zweck der Aufwendungen fallen. Aufwendungen, die im Zusammenhang mit der Entscheidung entstünden, ob der Steuerpflichtige das Wirtschaftsgut anschafft oder nicht, zählten später nicht zu den aktivierungsfähigen Anschaffungsnebenkosten.[611]

So verhalte es sich im Übrigen auch beim Erwerb einer Option: Mit dem Erwerb sei noch keine Entscheidung darüber getroffen, ob der Steuerpflichtige den Basiswert kaufe oder nicht. Die erworbene Option eröffne dem Käufer vielmehr lediglich eine neue Basis für die Entscheidung, ob er den Basiswert später erwerbe oder nicht. Bei genauerem Hinsehen erwerbe

---

608 Vgl. *Hamacher/Dahm*, in: Korn/Carlé, et al., EStG, § 20, Rn. 586.
609 *Jachmann-Michel/Lindenberg*, in: Lademann, EStG, § 20, Rn. 623.
610 *Haisch*, in: Haisch/Helios, Rechtshandbuch Finanzinstrumente, § 6, Rn. 128; *Jachmann-Michel/Lindenberg*, in: Lademann, EStG, § 20, Rn. 623.
611 Vgl. *Schmid/Renner*, DStR 2005, 815 (817) zur Frage der Aktivierungspflicht bei im Betriebsvermögen gehaltenen Optionen.

C. Einkommensteuerliche Behandlung de lege lata

er die Option also gerade nicht, um den Basiswert zu erwerben. Nach den Ausführungen des BFH sei „[...] *das Stillhalten durch den Optionsverkäufer eine wirtschaftlich und rechtlich selbstständige Leistung, die losgelöst von dem etwa nachfolgenden Effektengeschäft zu beurteilen ist. Es handelt sich entgegen der Ansicht des FA und des BMF nicht um eine Neben-, sondern um die eigentliche Hauptleistung des Verkäufers aus dem Optionsvertrag, die inhaltlich spiegelbildlich dem Optionsrecht des Optionsnehmers entspricht.*"[612] Die Optionsprämie zahle der Erwerber daher allein für das Optionsrecht und nicht für den Erwerb des Basiswerts. Bei der gezahlten Optionsprämie handle es sich letztlich allein um Aufwendungen für die Leistung aus dem Optionsvertrag, aber nicht um Aufwendungen aus dem Basisgeschäft.[613] Für eine Trennung spreche zudem, dass Optionen eigenständige Investment- und Spekulationsobjekte[614] seien, deren Erwerb typischerweise nicht zum Erwerb der Aktien selbst führe. Es lasse sich auch nicht grundsätzlich unterstellen, dass eine Option regelmäßig genutzt werde, um den Basiswert zu erwerben.

(b) Einheitliche Betrachtung

Nach weit überwiegender Ansicht sind die Optionsprämien, die der Inhaber für die Anschaffung der Option aufwendet, sowie die Transaktionskosten steuerlich als Anschaffungsnebenkosten des Basiswerts einzuordnen.[615]

---

612 *BFH*, Urt. v. 18.12.2002 – I R 17/02, juris, Rn. 18.
613 Zum Ganzen: *Schmid/Renner*, DStR 2005, 815 (817 f.).
614 Zur Frage, wie die Anschaffungskosten eines Basiswerts bei teilwertreduzierten Optionen von im Betriebsvermögen gehalten Optionen zu bestimmen sind, vgl. *FG Düsseldorf*, Urt. v. 29.11.2016 – 6 K 4005/14 K,F, juris, Rn. 25, 29.
615 *BMF*, v. 18.01.2016 – IV C 1-S 2252/08/10004:017//2015/0468306, BStBl I 2016, S. 85 (Rn. 22); *Aigner/Balbinot*, DStR 2015, 198 (204); *Buge*, in: Herrmann/Heuer/Raupach, EStG, § 20, Rn. 476, 565, 573; *Dahm/Hamacher*, DStR 2008, 1910 (1912); *Haisch*, DStZ 2007, 762 (771); *Haisch*, Derivatebesteuerung im Privatvermögen ab 2009, S. 179–180; *Hamacher/Dahm*, in: Korn/Carlé, et al., EStG, § 20, Rn. 586; *Helios/Philipp*, BB 2010, 95 (96); *Jachmann-Michel/Lindenberg*, in: Lademann, EStG, § 20, Rn. 483, 623; *Levedag*, in: Schmidt, 40. Aufl., EStG, § 20, Rn. 169; *Bleschick*, in: Kirchhof/Seer, Einkommensteuergesetz (EStG), § 20, Rn. 150; *Sagasser/Leuschner*, in: Assmann/Schütze/Buck-Heeb, Handbuch des Kapitalanlagerechts, Rn. 1076.

(c) Stellungnahme: Berücksichtigung beim Basisgeschäft

Der überzeugenden Einschätzung, dass die aufgewandten Optionsprämien (samt Transaktionskosten) als Anschaffungsnebenkosten des Basiswerts einzuordnen sind, stehen weder die vom BFH vertretene Trennungstheorie noch die Aussage, dass Optionen ein eigenständiges Investment- und Spekulationsobjekt seien,[616] entgegen.

Der Begriff der Anschaffungskosten ist sowohl im Rahmen der Gewinneinkünfte als auch im Rahmen der Überschusseinkünfte einheitlich nach § 255 HGB auszulegen:[617] Zu ihnen gehören nicht nur die Aufwendungen, die geleistet werden, um einen Vermögensgegenstand zu erwerben und ihn in einen betriebsbereiten Zustand zu versetzen, soweit sie dem Vermögensgegenstand einzeln zugeordnet werden können, sondern auch die Nebenkosten und nachträglichen Anschaffungskosten. Anschaffungspreisminderungen, die sich dem Vermögensgegenstand einzeln zuordnen lassen, sind abzusetzen.

Anschaffungskosten sind also alle Kosten, die der Steuerpflichtige trägt, um ein Wirtschaftsgut in die eigene Verfügungsmacht zu überführen.[618] Die Frage, welche Kosten dem Anschaffungsvorgang konkret zuzuordnen sind, ist dabei wesentlich nach wirtschaftlichen Gesichtspunkten zu beantworten:[619] Notwendig ist ein hinreichender Zusammenhang der Zahlungen zur Anschaffung.[620]

Wie auch die Gegenansicht nicht bestreitet, ermöglichen Optionen es ihrem Inhaber, den Basiswert zu erwerben. Übt der Optionsinhaber eine von ihm gehaltene Option aus, um den Basiswert zu erwerben, stellt er einen unmittelbaren finalen Zusammenhang zwischen Ausübung und Erwerb her.[621] Dafür spricht auch, dass der Inhaber seine Kaufoption regelmäßig nur dann ökonomisch sinnvoll ausübt, wenn er den Basiswert aufgrund der Optionsvereinbarung bei der Ausübung zu einem geringeren Basispreis erhält als am freien Markt. Die Kaufoption gibt ihm damit die

---

616 *FG Düsseldorf*, Urt. v. 29.11.2016 – 6 K 4005/14 K,F, juris, Rn. 25.
617 *BFH*, Urt. v. 26.02.2002 – IX R 20/98, juris, Rn. 15; Urt. v. 28.10.2009 – VIII R 22/07, juris, Rn. 12, jeweils m.w.N.; *Jachmann-Michel/Lindenberg*, in: Lademann, EStG, § 20, Rn. 757.
618 *Jochum*, in: Kirchhof/Mellinghoff/Kube, EStG, § 20, F 15.
619 Vgl. *BFH*, Urt. v. 17.10.2001 – I R 32/00, juris, Rn. 19 m.w.N.; *Kirsch*, in: Kirsch, 360° BilR eKommentar, § 255, Rn. 22; *Schindler*, in: Kirchhof/Seer, Einkommensteuergesetz (EStG), § 6, Rn. 37.
620 Vgl. *Jachmann-Michel/Lindenberg*, in: Lademann, EStG, § 20, Rn. 760.
621 *Haisch*, Derivatebesteuerung im Privatvermögen ab 2009, S. 180 m.w.N.

C. Einkommensteuerliche Behandlung de lege lata

Möglichkeit, einen Basiswert zu einem Preis zu erwerben, der unter dem Marktwert liegt.[622]

Seit der BFH die Trennungstheorie in seinen Urteilen vom 12.01.2016 für die neue Rechtslage nach dem UntStReformG 2008 betreffend den Optionsinhaber aufgegeben hat, steht auch die vormals vertretene höchstrichterliche Meinung einer Berücksichtigung der aufgewandten Optionsprämien bei der Gewinnermittlung im Rahmen des Basisgeschäfts nicht mehr im Wege.[623] Im Ergebnis sind Optionsgeschäft und Basisgeschäft deshalb auch beim Optionsinhaber als zeitlich gestaffelte wirtschaftliche Einheit zu betrachten.

(2) „Vorteil" wegen günstigen Kaufs des Basiswerts

Durch die Klärung der Frage, ob die aufgewandten Optionsprämien bei der Gewinnermittlung des Basiswerts zu berücksichtigen sind, ist aber noch nicht geklärt, ob der „Erfolg", den der Optionsinhaber im Rahmen der Ausübung der Option dadurch erlangt hat, dass er den Basiswert unter Marktpreis anschaffen konnte, steuerlich separat vom Basisgeschäft zu behandeln ist.

(a) Separate Vorabbesteuerung des „Erfolgs" einer Kaufoption

Sagasser vertritt die Ansicht, dass der „Erfolg" aus der Option nach § 20 Abs. 2 Satz 1 Nr. 3 Buchst. a) EStG zu versteuern sei.[624] Denn dabei handle es sich um einen Vorteil im Sinne der Vorschrift, der dem Steuerpflichtigen dadurch zugeflossen sei, dass er den Basiswert i.S.d. § 11 Abs. 1 EStG bezogen habe. In der Folge falle der Ausübungserfolg bereits mit dem Erwerb des Basiswerts steuerlich ins Gewicht – und nicht erst später im Rahmen einer eventuellen steuerlichen Behandlung des Basiswerts. Darüber hinaus erhöhten sich die Anschaffungskosten des Basiswerts um den Betrag, der als Vorteil aus dem Optionsgeschäft nach § 20 Abs. 2 Satz 1 Nr. 3 Buchst. a) EStG zu versteuern sei. Werde der Basiswert zu einem

---

622 Vgl. auch *Haisch*, Derivatebesteuerung im Privatvermögen ab 2009, S. 180.
623 *BFH*, Urt. v. 12.01.2016 – IX R 49/14, juris, Rn. 13; Urt. v. 12.01.2016 – IX R 50/14, juris, Rn. 11; Urt. v. 12.01.2016 – IX R 48/14, juris, Rn. 17.
624 Zum Ganzen: *Sagasser/Leuschner*, in: Assmann/Schütze/Buck-Heeb, Handbuch des Kapitalanlagerechts, Rn. 1076.

späteren Zeitpunkt steuerpflichtig veräußert, so reduziere sich auch der Veräußerungsgewinn um den bereits vorab (beim Erwerb) erzielten Vorteil aus dem Termingeschäft.

(b) Keine separate steuerliche Behandlung des „Erfolgs" einer Kaufoption

Gegen eine separate steuerliche Behandlung des „Erfolgs" einer Kaufoption führen einige Stimmen in der Literatur an, dass es nach dem Gesetzeswortlaut nicht ausreiche, dass der Steuerpflichtige irgendeinen Vorteil erlange, vielmehr müsse der Vorteil unmittelbar oder mittelbar von einer veränderlichen Bezugsgröße abhängen.[625]

Bei dem Vorteil einerseits und der veränderlichen Bezugsgröße andererseits müsse es sich stets um zwei verschiedene Größen handeln.[626] Im Falle einer Lieferung der Basiswerte liege der Vorteil aber in der Differenz zwischen dem Marktpreis und dem Basispreis – und damit letztlich in dem gelieferten Basiswert selbst.[627] Hinzu komme, dass der Gesetzgeber mit dem Begriff „Vorteil" eigentlich Liefergeschäfte aus dem Anwendungsbereich des § 20 Abs. 2 Satz 1 Nr. 3 EStG habe ausschließen wollen.[628] Ob es sich bei dem zu bewertenden Termingeschäft um ein Differenz- oder ein Liefergeschäft handle, richte sich danach, ob der Kontrakt die Lieferung des Basiswerts vorsehe.[629]

Auch nach der Gesetzessystematik könne es sich bei dem „Erfolg" aus dem Optionsgeschäft um keinen Vorteil im Sinne des § 20 Abs. 2 Satz 1 Nr. 3 Buchst. a) EStG handeln. Denn sonst würde die Lieferung steuerlich doppelt erfasst, da die Lieferung der Basiswerte auf Seiten des Lieferers bereits grundsätzlich als steuerbare Veräußerung im Sinne von § 20 Abs. 2 EStG bzw. § 23 Abs. 1 EStG zu erfassen sei. Darin liege zwar

---

625 *Haisch*, Derivatebesteuerung im Privatvermögen ab 2009, S. 152; *Helios/Philipp*, BB 2010, 95 (96); *Moritz/Strohm*, in: Moritz/Strohm, Handbuch Besteuerung privater Kapitalanlagen, S. 129–297 (Rn. 202); *Jachmann-Michel/Lindenberg*, in: Lademann, EStG, § 20, Rn. 576.
626 *Haisch*, Derivatebesteuerung im Privatvermögen ab 2009, S. 152; *Moritz/Strohm*, in: Frotscher/Geurts, EStG, § 20, Rn. 239.
627 *Haisch*, Derivatebesteuerung im Privatvermögen ab 2009, S. 152–153; *Helios/Philipp*, BB 2010, 95 (96).
628 Vgl. *Jochum*, in: Kirchhof/Mellinghoff/Kube, EStG, § 20, D/3 19; *Moritz/Strohm*, in: Moritz/Strohm, Handbuch Besteuerung privater Kapitalanlagen, S. 129–297 (Rn. 202).
629 *Hamacher/Dahm*, in: Korn/Carlé, et al., EStG, § 20, Rn. 577.

C. Einkommensteuerliche Behandlung de lege lata

kein Fall einer klassischen Doppelbesteuerung, da die potentielle Besteuerung bei zwei unterschiedlichen Steuerpflichtigen eintrete. Jedoch folge daraus, dass ein Veräußerungsvorgang beim Veräußerer vorliege, zugleich, dass beim Erwerber ein Anschaffungsvorgang gegeben sei. Nach der Gesetzesdogmatik müssten jedoch alle Anschaffungsvorgänge einkommensteuerneutral sein.[630]

Dass der „Erfolg" steuerlich zunächst nicht erfasst wird, verstoße auch nicht gegen den Gesetzeszweck, wonach alle Wertänderungen privater Finanzprodukte der Besteuerung unterliegen sollen. Denn der „Erfolg" sei steuerlich ja erfasst – allerdings erst bei einer späteren Veräußerung des Basiswerts. Damit komme es lediglich zu einer Steuerstundung, die der Gesetzgeber bei Transaktionen mit Sachlieferungen gerade bewusst akzeptiere.[631]

Nicht zuletzt biete auch die Gesetzeshistorie keinen Anlass dafür, von der allgemeinen Dogmatik abzurücken, dass Lieferungen von Basiswerten einen einkommensteuerneutralen Anschaffungsvorgang darstellen. Vielmehr lasse sich aus der Gesetzesbegründung zum UntStReformG 2008 ableiten, dass der Gesetzgeber die Lieferung von Basiswerten bei Termingeschäften als einkommensteuerneutrale Anschaffungsvorgänge habe einstufen wollen.[632]

(c) Stellungnahme

Der letztgenannten Auffassung ist zuzustimmen. Auch aus den Gesetzesmaterialien ist nicht ersichtlich, dass der Gesetzgeber eine Vorabbesteuerung des „Erfolgs" des Optionsinhabers beim Erwerb des Basiswerts vorsehen wollte. Eine solche separate Besteuerung des „Erfolgs" eines günstigeren Erwerbs des Basiswerts führt zu einer im EStG nicht vorgesehenen künstlichen Aufspaltung der steuerlichen Behandlung: Der „Erfolg" wäre als Einkunft aus dem Termingeschäft (Optionsgeschäft) nach § 20 Abs. 2 Satz 1 Nr. 3 Buchst. a) EStG einzuordnen, wohingegen das Basisgeschäft nach dessen Beendigung einer selbstständigen Besteuerung unterfiele.

---

630 Zur Thematik der doppelten Erfassung, vgl. *Haisch*, Derivatebesteuerung im Privatvermögen ab 2009, S. 153 m.w.N.
631 *Haisch*, Derivatebesteuerung im Privatvermögen ab 2009, S. 153 mit Verweis auf § 20 Abs. 4a EStG.
632 *Haisch*, Derivatebesteuerung im Privatvermögen ab 2009, S. 154 mit Verweis auf BR-Drs. 220/07, S. 91.

Bei der Vorgehensweise, die *Sagasser* vorschlägt,[633] käme es nicht nur zu einer doppelten steuerlichen Erfassung der Lieferung im Rahmen der Gewinnermittlung. Sie hätte auch eine Doppelbesteuerung des „Erfolgs" beim Optionsinhaber und Erwerber des Basiswerts zur Folge. Lieferbare Basiswerte bei börsengehandelten Optionsgeschäften sind Aktien oder Futures. Bei Aktien richtet sich die Gewinnermittlung des Basisgeschäfts nach § 20 Abs. 4 Satz 1 EStG. Gewinn ist demnach der Saldo aus dem eingenommenen Veräußerungspreis abzüglich der Veräußerungsnebenkosten abzüglich der Anschaffungskosten abzüglich der Anschaffungsnebenkosten. Der Wortlaut des § 20 Abs. 4 Satz 1 EStG bietet keinen Anhaltspunkt dafür, wie der bereits vorab besteuerte „Erfolg" den Gewinn bei der späteren Gewinnermittlung des Basisgeschäfts mindern könnte. Der bereits versteuerte „Vorteil/Erfolg" lässt sich weder unter „Einnahmen aus der Veräußerung oder unmittelbare Veräußerungsaufwendungen" noch unter „Anschaffungs- oder Anschaffungsnebenkosten" subsumieren. Denn bei dem „Erfolg" handelt es sich weder um Einnahmen noch um Kosten.[634]

Nach dem eindeutigen Wortlaut sind bei der späteren Veräußerung des Basiswerts die Einnahmen aus dessen Veräußerung anzusetzen: Dazu gehören nach § 8 EStG alle Güter, die der Steuerpflichtige bei der Veräußerung einer Kapitalanlage erhält.[635] Anzusetzen ist also der gesamte Geldzufluss und nicht etwa ein bereits um den „Erfolg" reduzierter Geldzufluss.

Im Ergebnis ist der „Erfolg", den der Optionsinhaber beim Kauf dadurch realisiert, dass er den Basiswert günstiger als zum Marktpreis anschafft, steuerlich so zu erfassen, dass sich der Veräußerungsgewinn des Basiswerts entsprechend erhöht.

(3) Zwischenergebnis

Wenn der Optionsinhaber eine Kaufoption ausübt, erhöhen die gezahlten Optionsprämien samt deren Anschaffungsnebenkosten die Anschaffungskosten des Basiswerts. Der wirtschaftliche „Erfolg" aus der Kaufoption, der darin liegt, dass der Optionsinhaber den Basiswert unter Marktpreis erwer-

---

633 Vgl. Ausführungen unter Punkt C.II.3.a)i(2)(a): Separate Vorabbesteuerung des „Erfolgs" einer Kaufoption.
634 Im Ergebnis ebenso *Redert*, in: Fuhrmann/Kraeusel/Schiffers, 360° EStG eKommentar, § 20, Rn. 505.
635 *Buge*, in: Herrmann/Heuer/Raupach, EStG, § 20, Rn. 562; *Redert*, in: Fuhrmann/Kraeusel/Schiffers, 360° EStG eKommentar, § 20, Rn. 578.

ben konnte, unterliegt keiner eigenständigen steuerlichen Behandlung. Im Falle einer Ausübung mit physischer Lieferung des Basiswerts richten sich die steuerlichen Konsequenzen also allein nach der steuerlichen Behandlung des Basiswerts.[636]

(4) Aufgewandte Optionsprämien in Fremdwährung: Umrechnung in Euro

Nach § 20 Abs. 4 Satz 1 Hs. 2 EStG sind die Anschaffungskosten bei Geschäften, die der Steuerpflichtige nicht in Euro getätigt hat, zum Zeitpunkt der Anschaffung in Euro umzurechnen. In Fremdwährung aufgewandte Optionsprämien sind deshalb als Anschaffungskosten des Basiswerts zum Zeitpunkt der Anschaffung in Euro umzurechnen. Wenn der Inhaber die Option durch Lieferung ausübt, ist damit der Zeitpunkt gemeint, zu dem die Parteien durch Ausübung der Option den Kaufvertrag über den Basiswert abschließen.[637] Da es sich um einen Fremdwährungsabfluss handelt, erfolgt die Umrechnung mit dem Devisengeldkurs.[638]

(5) Besteuerungszeitpunkt

Die aufgewandten Optionsprämien sind im Falle der Ausübung einer Kaufoption erst dann steuerlich zu berücksichtigen, wenn der Optionsinhaber den erworbenen Basiswert wieder veräußert. Bis dahin sind die Prämien, die der Inhaber für den Erwerb der Option aufgewandt hat, steuerlich unbeachtlich.

ii) Verkaufsoptionen

Übt der Optionsinhaber eine Verkaufsoption aus, veräußert er dem Stillhalter den Basiswert zum vereinbarten Basispreis. Er liefert den Basiswert

---

636 *Helios/Philipp*, BB 2010, 95 (96).
637 Vgl. *BMF*, v. 18.01.2016 – IV C 1-S 2252/08/10004:017//2015/0468306, BStBl I 2016, S. 85 (Rn. 85); *Redert*, in: Fuhrmann/Kraeusel/Schiffers, 360° EStG eKommentar, § 20, Rn. 585.
638 Vgl. *Dahm/Hamacher*, DStR 2008, 1910 (1916); *Haisch*, Derivatebesteuerung im Privatvermögen ab 2009, S. 130; *Jachmann-Michel/Lindenberg*, in: Lademann, EStG, § 20, Rn. 493.

an den Stillhalter und erhält von diesem den vereinbarten Basispreis. Für den Optionsinhaber ist es wirtschaftlich nur dann sinnvoll, seine Verkaufsoption auszuüben, wenn der Marktpreis des Basiswerts am Ausübungstag unter dem Basispreis liegt, den die Parteien mit der Option vereinbart haben. In diesem Fall verkauft der Optionsinhaber den Basiswert zu einem Preis an den Stillhalter, der höher ist als der aktuelle Marktpreis.

Obwohl die Verkaufsoption dadurch erlischt, dass der Inhaber sie ausübt, liegt dabei keine Veräußerung im Sinne des § 20 Abs. 2 Sätze 1 und 2 EStG vor.[639] Auf Ebene der Option ist es steuerlich nicht weiter relevant, ob der Inhaber sie ausübt. Die aufgewandten Optionsprämien finden auf der Ebene der Option steuerlich keine Beachtung. Für die steuerliche Einordnung macht es dabei einen Unterschied, ob eine sogenannte gedeckte oder eine ungedeckten Position vorliegt.

(1) Gedeckte Position

Bei einer gedeckten Position hält der Optionsinhaber bereits den Basiswert in seinem Depot und kann seine Lieferverpflichtung hieraus erfüllen.

Übt der Optionsinhaber seine Option aus, so liegt ein Veräußerungsgeschäft nach § 20 Abs. 2 EStG hinsichtlich des Basiswerts vor, wenn der Basiswert ein Wirtschaftsgut im Sinne des § 20 Abs. 2 EStG ist.[640] Da bei börsengehandelten Optionen entweder Aktien oder Futures den Basiswert bilden, ist die Voraussetzung erfüllt.[641]

Um den Geschäftsvorfall der Ausübung einer Verkaufsoption durch Lieferung passgenau steuerlich einordnen zu können, sind dieselben Fragen wie bei den Kaufoptionen[642] zu beantworten. Zum einen ist zu klären, wie die für den Optionserwerb aufgewandten Prämien steuerlich zu behandeln sind, zum anderen, ob und wie der Differenzbetrag zwischen Basispreis und Marktpreis am Tag der Veräußerung des Basiswerts steuerlich zu erfassen ist.

---

639 Vgl. Ausführungen unter Punkt C.II.3.a)i: Ausübung einer Kaufoption.
640 *BMF*, v. 18.01.2016 – IV C 1-S 2252/08/10004:017//2015/0468306, BStBl I 2016, S. 85 (Rn. 29); *Jachmann-Michel/Lindenberg*, in: Lademann, EStG, § 20, Rn. 502.
641 Aktien fallen unter § 20 Abs. 2 Satz 1 Nr. 1 Satz 1 EStG; Futures unter § 20 Abs. 2 Satz 1 Nr. 3 EStG, bzgl. Futures vgl. nur *Buge*, in: Herrmann/Heuer/Raupach, EStG, § 20, Rn. 472.
642 Vgl. Ausführungen unter Punkt C.II.3.a)i: Ausübung einer Kaufoption.

C. Einkommensteuerliche Behandlung de lege lata

(a) Problem: Verbuchung der gezahlten Optionsprämien

Auch im Rahmen der Verkaufsoptionen stellt sich die Frage, wie die Optionsprämien, die der Optionsinhaber aufgewandt hat, um die Verkaufsoption zu erwerben, steuerlich zu berücksichtigen sind. Als Antwort finden sich auch hierzu zwei Lesarten. So kommt *Schmid* zu dem Ergebnis, dass die aufgewandten Optionsprämien bei der Gewinnermittlung des Basiswerts nicht zu berücksichtigen seien.[643] Die überwiegende Literatur und die Finanzverwaltung vertreten demgegenüber die Auffassung, dass die aufgewandten Optionsprämien als Aufwendungen, die im unmittelbaren sachlichen Zusammenhang mit dem Veräußerungsgeschäfts stehen, nach § 20 Abs. 4 Satz 1 Hs. 1 EStG Berücksichtigung finden sollten.[644]

Dagegen führt *Schmid* an, dass es sich bei den Optionsprämien nicht um Veräußerungskosten des Basiswerts handle. Da das Optionsrecht ein eigenständiges Wirtschaftsgut darstelle, nicht mit dem Basisgeschäft im Zusammenhang stehe und somit auch keinen Einfluss auf dessen Veräußerungsgewinn haben könne, seien die Optionsprämien bei der Gewinnermittlung des Basiswerts nicht zu berücksichtigen.[645]

Diese Auslegung geht im Ergebnis jedoch fehl, da das Optionsgeschäft und das Basisgeschäft eine wirtschaftliche Einheit bilden und die aufgewandten Optionsprämien Aufwendungen sind, die im unmittelbaren sachlichen Zusammenhang mit der Veräußerung des Basiswerts stehen. Der Begriff der Aufwendungen im Sinne des § 20 Abs. 4 Satz 1 EStG deckt sich mit dem Begriff der Aufwendungen im Sinne des § 9 Abs. 1 EStG: Beide Vorschriften umfassen alle Güter in Geld oder Geldeswert, deren Abfluss durch eine Veräußerung im Sinne des § 20 Abs. 2 Satz 1 EStG veranlasst ist.[646] Das Merkmal der Unmittelbarkeit dient dazu, die Aufwendungen

---

643 *Schmid/Renner*, DStR 2005, 2059.
644 BMF, v. 18.01.2016 – IV C 1-S 2252/08/10004:017//2015/0468306, BStBl I 2016, S. 85 (Rn. 29); *Buge*, in: Herrmann/Heuer/Raupach, EStG, § 20, Rn. 476; *Dahm/Hamacher*, DStR 2008, 1910 (1912); *Haisch*, DStZ 2007, 762 (771); *Haisch*, Derivatebesteuerung im Privatvermögen ab 2009, S. 181–182; *Haisch*, in: Haisch/Helios, Rechtshandbuch Finanzinstrumente, § 6, Rn. 129; *Hamacher/Dahm*, in: Korn/Carlé, et al., EStG, § 20, Rn. 589; *Jachmann-Michel/Lindenberg*, in: Lademann, EStG, § 20, Rn. 752; *Levedag*, in: Schmidt, 40. Aufl., EStG, § 20, Rn. 169; *Bleschick*, in: Kirchhof/Seer, Einkommensteuergesetz (EStG), § 20, Rn. 150; *Ratschow*, in: Heuermann/Brandis, Ertragsteuerrecht, § 20 EStG, Rn. 420.
645 *Schmid/Renner*, DStR 2005, 2059 (20602061).
646 Vgl. *Buge*, in: Herrmann/Heuer/Raupach, EStG, § 20, Rn. 573; *Bleschick*, in: Kirchhof/Seer, Einkommensteuergesetz (EStG), § 20, Rn. 150; vgl. zum Aufwendungsbegriff i.S.d. § 9 EStG BFH, Beschluss v. 04.07.1990 – GrS 1/89, juris,

von den allgemeinen Werbungskosten aus Kapitalvermögen abzugrenzen, die nach § 20 Abs. 9 EStG mit dem Sparer-Pauschbetrag abgegolten sind.[647] Ein sachlicher Zusammenhang liegt vor, wenn der Steuerpflichtige die Aufwendungen selbst trägt, sie inhaltlich mit dem Veräußerungsgeschäft verknüpft sind und in einem objektiven Kontext mit der Veräußerung stehen.[648] Zwar wendet der Inhaber die Optionsprämien zeitlich auf, bevor er die Option im Rahmen der Veräußerung ausübt, dennoch stehen sie mit der Veräußerung des Basiswerts in einem unmittelbaren Zusammenhang: Sie haben dem Optionsinhaber die Möglichkeit verschafft, seine Position zu einem Preis (Basispreis) zu veräußern, der über dem aktuellen Marktpreis liegt. Übt der Optionsinhaber seine Verkaufsoption aus, vollzieht sich die konkrete Veräußerung gerade aufgrund des Veräußerungsvertrags, der durch die Ausübung der Option zustande kommt. Dadurch besteht ein unmittelbarer sachlicher Zusammenhang zwischen dem Veräußerungsgeschäft auf der einen und der Option sowie den Optionsprämien, die der Inhaber aufgewandt hat, um die Option anzuschaffen, auf der anderen Seite.

Bei den aufgewandten Optionsprämien handelt es sich im Ergebnis um Aufwendungen, die im unmittelbaren sachlichen Zusammenhang mit dem Veräußerungsgeschäft stehen.

(b) Problem: „Vorteil" aufgrund besseren Verkaufspreises

Auch bei der Verkaufsoption stellt sich die Frage, ob der „Erfolg", den der Optionsinhaber dadurch erlangt hat, dass er den Basiswert zu einem Preis, der über dem aktuellen Marktpreis liegt, veräußern konnte, steuerlich separat zu behandeln ist.[649] Die Einnahmen des Optionsinhabers aus der Veräußerung sind mithin höher, als wenn er die Verkaufsoption nicht ausgeübt hätte. Zugleich ist die zeitliche Dimension bei der Ausübung einer Kaufoption nicht vergleichbar mit der Ausübung einer Verkaufsoption.

Rn. 60; Urt. v. 09.11.1993 – IX R 81/90, juris, Rn. 8; *Kreft*, in: Herrmann/Heuer/Raupach, EStG, § 9, Rn. 65; *Oertel*, in: Kirchhof/Seer, Einkommensteuergesetz (EStG), § 9, Rn. 6; *Schramm*, in: Fuhrmann/Kraeusel/Schiffers, 360° EStG eKommentar, § 9, Rn. 20.

647 Vgl. *Bleschick*, in: Kirchhof/Seer, Einkommensteuergesetz (EStG), § 20, Rn. 150.
648 *Jochum*, in: Kirchhof/Mellinghoff/Kube, EStG, § 20, F 11.
649 Vgl. zur spiegelbildlichen Thematik bei Kaufoptionen C.II.3.a)i(2): „Vorteil" wegen günstigen Kaufs des Basiswerts.

C. Einkommensteuerliche Behandlung de lege lata

Hintergrund ist, dass die gesetzliche Systematik die Frage, ob ein Gewinn steuerlich zu berücksichtigen ist, an den Veräußerungsvorgang knüpft. Da es bei der Ausübung einer Verkaufsoption unmittelbar zu einem Veräußerungsvorgang des Basiswerts kommt, ist die Überlegung einer „vorgezogenen" steuerlichen Berücksichtigung des „Erfolgs" der Optionsausübung bei Verkaufsoptionen überflüssig. Gegen eine solche steuerliche Aufspaltung spricht im Übrigen, dass es sich bei dem „Erfolg" um keinen „erlangten Vorteil" i.S.d. § 20 Abs. 2 Satz 1 Nr. 3 Buchst. a) EStG handelt.[650]

(c) Problem: Umrechnung in Euro bei in Fremdwährung aufgewandten Optionsprämien bei Verkaufsoptionen

Nach § 20 Abs. 4 Satz 1 Hs. 2 EStG sind die Einnahmen bei Geschäften, die der Steuerpflichtige nicht in Euro getätigt hat, zum Zeitpunkt der Veräußerung und die Anschaffungskosten zum Zeitpunkt der Anschaffung in Euro umzurechnen. Der Wortlaut erwähnt nur Einnahmen und Anschaffungskosten, nicht jedoch die Aufwendungen, die im unmittelbaren sachlichen Zusammenhang mit dem Veräußerungsgeschäft stehen. Die aufgewandten Optionsprämien nebst Transaktionskosten sind Aufwendungen, die im unmittelbaren Zusammenhang mit dem Veräußerungsgeschäft stehen, und als solche mithin vom Wortlaut nicht umfasst. Sie lassen sich auch nicht unter den Begriff der Einnahmen subsumieren, da der Optionsinhaber sie nicht erhalten, sondern gezahlt hat. Der Begriff der Einnahmen ist vielmehr identisch mit dem Begriff der Einnahmen in § 20 Abs. 4 Satz 1 Hs. 1 EStG – und meint alle Güter in Geld oder Geldeswert, die der Steuerpflichtige bei der Veräußerung erhält[651].

Es steht zu vermuten, dass der Gesetzgeber vergessen hat, die Aufwendungen, die im unmittelbaren sachlichen Zusammenhang mit dem Veräußerungsgeschäft stehen, in § 20 Abs. 4 Satz 1 Hs. 2 EStG zu erwähnen. Erfasst werden sollen durch § 20 Abs. 4 Satz 1 Hs. 2 EStG die sich aus den Währungsschwankungen ergebenden Gewinne.[652] Es fehlen jegliche Anhaltspunkte dafür, weshalb gerade die Aufwendungen, die der Inhaber im Zusammenhang mit der Veräußerung in Fremdwährung getätigt hat,

---

650 Vgl. Ausführungen unter Punkt C.II.3.a)i(2)(a): Separate Vorabbesteuerung des „Erfolgs" einer Kaufoption.
651 *Buge*, in: Herrmann/Heuer/Raupach, EStG, § 20, Rn. 562.
652 BT-Drs. 16/4841, S. 57.

nicht zur Gewinnermittlung zum Zeitpunkt der Veräußerung in Euro umgerechnet werden sollten und es damit zu einer unvollständigen Berücksichtigung von sich aus Währungsschwankungen ergebenden Gewinnen kommen soll. Die aufgewandten Optionsprämien nebst Transaktionskosten sind daher auch zum Veräußerungszeitpunkt in Euro umzurechnen. Bei der Ausübung einer Verkaufsoption ist damit der Zeitpunkt gemeint, zu dem die Parteien den Veräußerungsvertrag über den Basiswert dadurch abschließen, dass der Optionsinhaber die Option ausübt.[653] Da es sich um einen Fremdwährungsabfluss handelt, erfolgt die Umrechnung mit dem Devisengeldkurs.[654]

(d) Besteuerungszeitpunkt

Steuerlich sind die aufgewandten Optionsprämien samt deren Anschaffungsnebenkosten bei der Ausübung einer Verkaufsoption zum Zeitpunkt der Ausübung zu berücksichtigen. Bis dahin sind die Optionsprämien, die der Inhaber für den Erwerb der Option aufgewendet hat, steuerlich unbeachtlich.

(e) Zwischenergebnis gedeckte Position

Wenn der Inhaber eine Verkaufsoption ausübt, sind die gezahlten Optionsprämien samt deren Anschaffungsnebenkosten bei der Gewinnermittlung des Basiswerts als Veräußerungskosten abziehbar. Der wirtschaftliche „Erfolg" einer Verkaufsoption, der darin liegt, dass der Optionsinhaber den Basiswert über Marktpreis verkaufen konnte, unterliegt keiner separaten steuerlichen Behandlung. Im Falle einer Ausübung mit physischer Lieferung des Basiswerts richten sich die steuerlichen Konsequenzen also allein nach der steuerlichen Behandlung des Basiswerts.[655] Bei Optionsprämien, die der Inhaber in Fremdwährung aufgewandt hat, und deren Anschaffungsnebenkosten findet auch ohne ausdrückliche Regelung in § 20

---

653 Vgl. *Jochum*, in: Kirchhof/Mellinghoff/Kube, EStG, § 20, F 17.
654 Vgl. *Dahm/Hamacher*, DStR 2008, 1910 (1916); *Haisch*, Derivatebesteuerung im Privatvermögen ab 2009, S. 130; *Jachmann-Michel/Lindenberg*, in: Lademann, EStG, § 20, Rn. 493.
655 *Helios/Philipp*, BB 2010, 95 (100).

Abs. 4 Satz 1 Hs. 2 EStG eine Umrechnung in Euro statt – und zwar zum Devisengeldkurs am Ausübungstag der Verkaufsoption.

(2) Ungedeckte Position (Leerverkauf)

Der Optionsinhaber kann seine Verkaufsoption nicht nur im Rahmen einer gedeckten Position im Basiswert, sondern auch bei einer sogenannte ungedeckte Position ausüben. In dem Szenario hält der Optionsinhaber den Basiswert nicht im Depot. Er erfüllt seine Lieferverpflichtung durch einen sogenannten Leerverkauf.[656] An der rechtlichen Qualifizierung der aufgewandten Optionsprämien nebst dazugehöriger Transaktionskosten bestehen keine Unterschiede zu einer gedeckten Position: Die aufgewandten Optionsprämien nebst dazugehöriger Transaktionskosten sind rechtlich als Veräußerungskosten des Basiswerts zu qualifizieren.[657]

(a) Aufgewandte Optionsprämien in Fremdwährung: Umrechnung in Euro

Die Optionsprämien, die der Inhaber in Fremdwährung aufgewandt hat, sind nebst Transaktionskosten auch ohne ausdrückliche gesetzliche Regelung in § 20 Abs. 4 Satz 1 Hs. 2 EStG zum Zeitpunkt der Veräußerung in Euro umzurechnen.[658] Bei der Ausübung einer Verkaufsoption ist damit der Zeitpunkt gemeint, zu dem die Parteien den Veräußerungsvertrag über den Basiswert dadurch abschließen, dass der Optionsinhaber die Option ausübt.[659] Da es sich um einen Fremdwährungsabfluss handelt, erfolgt die Umrechnung mit dem Devisengeldkurs.[660]

---

656 Ein Leerverkauf ist eine Transaktion, bei der ein Leerverkäufer ein Finanzinstrument veräußert, das zum Zeitpunkt des Eingehens der Verkaufsvereinbarung nicht in seinem Eigentum steht. Ausführlich hierzu *Schlimbach*, Leerverkäufe, S. 9–31.
657 Vgl. Ausführungen unter Punkt C.II.3.a)ii(1)(a): Problem: Verbuchung der gezahlten Optionsprämien.
658 Vgl. Ausführungen unter Punkt C.II.3.a)ii(1)(c): Problem: Umrechnung in Euro bei in Fremdwährung aufgewandten Optionsprämien bei Verkaufsoptionen.
659 Vgl. *Jochum*, in: Kirchhof/Mellinghoff/Kube, EStG, § 20, F 7.
660 Vgl. *Dahm/Hamacher*, DStR 2008, 1910 (1916); *Haisch*, Derivatebesteuerung im Privatvermögen ab 2009, S. 130; *Jachmann-Michel/Lindenberg*, in: Lademann, EStG, § 20, Rn. 493.

(b) Besteuerungszeitpunkt

Während der Umgang mit Fremdwährungen bei gedeckten und ungedeckten Positionen gleich läuft, bestehen Unterschiede im Hinblick auf den Zeitpunkt der Besteuerung. Auch hier dient als Ausgangspunkt, dass es sich bei den aufgewandten Optionsprämien nebst Transaktionskosten um Veräußerungskosten handelt.[661]

Um den Gewinn ermitteln zu können, setzt § 20 Abs. 2 i.V.m. § 20 Abs. 4 EStG voraus, dass der Steuerpflichtige Kenntnis über die Anschaffungskosten hat. Bei einem Leerverkauf, bei dem die Veräußerung einer Anschaffung zeitlich vorausgeht, sind die Anschaffungskosten jedoch zunächst nicht bekannt. Daher ist die Veräußerung des Basiswerts auch nicht zum Zeitpunkt der Durchführung des Basisgeschäfts steuerlich zu behandeln.

Der Gesetzgeber hat diese Konstellation jedoch erkannt: In § 43a Abs. 2 Satz 7 EStG hat er für sie eine sogenannte Ersatzbemessungsgrundlage kodifiziert. Anschaffungskosten und Veräußerungsnebenkosten spielen dabei zunächst keine Rolle. Vielmehr bemisst sich der Steuerabzug für die Durchführung des Kapitalertragsteuerverfahrens nach 30 % der Einnahmen aus der Veräußerung. Nach dem Wortlaut des § 43a Abs. 2 Satz 7 EStG sind auch die aufgewandten Optionsprämien für die Verkaufsoption zunächst nicht zu berücksichtigen. Erst nachdem die Parteien das Deckungsgeschäft durchgeführt haben, kommt es zu einer Veranlagung gemäß § 32d Abs. 4 EStG.[662] Auch die aufgewandten Optionsprämien nebst Transaktionskosten finden als Veräußerungsnebenkosten in der Gewinnermittlung des Basiswerts nach § 20 Abs. 4 Satz 1 EStG erst Berücksichtigung, nachdem das sogenannte Eindeckungsgeschäft durchgeführt wurde.

Zugleich findet § 43a EStG nur bei inländischen Brokern Anwendung.[663] Handelt der Steuerpflichtige indes über einen ausländischen Broker, so sind auch im Falle des Leerverkaufs keine Einnahmen aufgrund der Ersatzbemessungsgrundlage von § 43a Abs. 2 Satz 7 EStG zu verbuchen. Entsprechend findet die steuerliche Veranlagung der kompletten Transak-

---

661 Vgl. Ausführungen unter Punkt C.II.3.a)ii(1)(a): Problem: Verbuchung der gezahlten Optionsprämien.
662 Vgl. *BMF*, v. 18.01.2016 – IV C 1-S 2252/08/10004:017//2015/0468306, BStBl I 2016, S. 85 (Rn. 196).
663 Vgl. *Hoffmann*, in: Frotscher/Geurts, EStG, § 43, Rn. 192.

tion erst statt, nachdem das Eindeckungsgeschäft durchgeführt wurde. Im Anschluss findet eine Pflichtveranlagung nach § 32d Abs. 3 EStG statt.[664]

Sowohl bei ausländischen als auch bei inländischen Brokern sind die aufgewandten Optionsprämien nebst Transaktionskosten aber stets als Veräußerungsnebenkosten im Rahmen der Veranlagung des Basisgeschäfts zu berücksichtigen.

(c) Zwischenergebnis ungedeckte Position

Wenn der Inhaber die Option ausübt, sind die gezahlten Optionsprämien samt deren Anschaffungsnebenkosten als Veräußerungskosten bei der Gewinnermittlung des Basiswerts abziehbar. Der wirtschaftliche „Erfolg" einer Verkaufsoption unterliegt dabei keiner separaten steuerlichen Behandlung. Im Falle einer Ausübung mit physischer Lieferung des Basiswerts richten sich die steuerlichen Konsequenzen also danach, wie der Basiswert steuerlich zu behandeln ist.[665] Die aufgewandten Optionsprämien nebst Transaktionskosten sind steuerlich erst zu berücksichtigen, wenn das Eindeckungsgeschäft durchgeführt wurde. Wenn der Optionsinhaber die Prämien und deren Anschaffungsnebenkosten in Fremdgewährung aufgewandt hat, findet auch ohne ausdrückliche Regelung in § 20 Abs. 4 Satz 1 Hs. 2 EStG eine Umrechnung in Euro zum Devisengeldkurs am Ausübungstag der Verkaufsoption statt.

b) Zahlung eines Differenzausgleichs

Statt das Optionsgeschäft durch physische Lieferung des Basiswerts zu beenden, können die Parteien des Optionsvertrags auch einen Differenzausgleich vereinbaren. Bei der Ausübung kommt es dann nicht zu einem Anschaffungs- oder Veräußerungsvorgang seitens des Optionsinhabers. Vielmehr zahlt ihm der Stillhalter den Differenzbetrag zwischen Basispreis und Marktpreis des Basiswerts zum Ausübungszeitpunkt. Im Gegensatz zur Optionsausübung durch physische Lieferung ist bei der steuerlichen Behandlung von auf Zahlung eines Differenzausgleichs gerichteten Optionen nicht zwischen Kauf- und Verkaufsoptionen zu unterscheiden, da

---

664 Vgl. *Redert*, in: Fuhrmann/Kraeusel/Schiffers, 360° EStG eKommentar, § 32d, Rn. 88.
665 *Helios/Philipp*, BB 2010, 95 (100).

sowohl bei *Calls* als auch bei *Puts* nur eine Zahlung des Stillhalters an den Optionsinhaber erfolgt.

i) Besteuerungstatbestand

Die Zahlung des Differenzausgleichs fällt in den Anwendungsbereich von § 20 Abs. 2 Satz 1 Nr. 3 Buchst. a) EStG.[666]

Dabei schließen die Parteien – entgegen der Ansicht von *Dahm* und *Hamacher* – konkludent kein Glattstellungsgeschäft ab.[667] Eine steuerliche Erfassung nach § 20 Abs. 2 Satz 1 Nr. 3 Buchst. b) EStG[668] erfolgt nicht. Dafür spricht, dass weder der Optionsinhaber noch der Stillhalter das Optionsgeschäft glattstellen. Vielmehr kann der Inhaber die Option je nach Optionstyp am Verfallstag oder jederzeit während der Laufzeit ausüben,[669] und genau dies macht der Optionsinhaber auch, damit es zu einer Differenzausgleichszahlung kommt. Eine Glattstellung liegt demgegenüber nur vor, wenn eine Transaktion mit dem Willen erfolgt, die ursprüngliche Optionsposition zu beenden. Dass der Optionsinhaber erklärt, dass er die Option ausübt, lässt sich insbesondere nicht dahingehend verstehen, dass er seine Optionsposition beenden, eine Wertänderung realisieren und damit die Position glattstellen möchte.

Vielmehr handelt es sich bei Optionen um Termingeschäfte, die unter § 20 Abs. 2 Satz 1 Nr. 3 Buchst. a) EStG fallen.[670] Da der Optionsinhaber einen positiven Differenzausgleich erhält, erlangt er auch einen Differenzausgleich i.S.d. Vorschrift.[671]

---

[666] *BMF*, v. 18.01.2016 – IV C 1-S 2252/08/10004:017//2015/0468306, BStBl I 2016, S. 85 (23, 30); *Haisch*, DStZ 2007, 762 (771); *Haisch*, Derivatebesteuerung im Privatvermögen ab 2009, S. 150; *Helios/Philipp*, BB 2010, 95 (96); *Jachmann-Michel/Lindenberg*, in: Lademann, EStG, § 20, Rn. 625.

[667] *Dahm/Hamacher*, DStR 2008, 1910 (1912); *Hamacher/Dahm*, in: Korn/Carlé, et al., EStG, § 20, Rn. 586.

[668] *Dahm/Hamacher*, DStR 2008, 1910 (1912); vgl. auch *Meinhardt*, in: Feyerabend, Besteuerung privater Kapitalanlagen, D. Private Veräußerungsgeschäfte, Rn. 226.

[669] Vgl. Ausführungen unter Punkt B.I.1.d: Optionsstile.

[670] Vgl. Ausführungen unter Punkt C.I.3.b)v: Bewertung und Fazit.

[671] Zur Diskussion beim Stillhalter vgl. Ausführungen unter Punkt C.I.2.d: Höhe der Abziehbarkeit.

ii) Gewinnermittlung

Der Gewinn eines Differenzausgleichs ist nach § 20 Abs. 4 Satz 5 EStG zu ermitteln. Dafür sind die Aufwendungen, die im unmittelbaren sachlichen Zusammenhang mit dem Termingeschäft stehen, von dem Differenzausgleich abzuziehen.

Unklar ist auf den ersten Blick jedoch, wie die Optionsprämien zu berücksichtigen sind, die der Inhaber aufgewandt hat, um die Option anzuschaffen. Anders als § 20 Abs. 4 Satz 1 Hs. 1 EStG verwendet dessen Satz 5 nicht den Terminus der Anschaffungskosten, sondern spricht von Aufwendungen, die im unmittelbaren sachlichen Zusammenhang mit dem Termingeschäft stehen. Unter Aufwendungen i.S.d. § 20 Abs. 4 Satz 5 EStG sind wiederum Vermögensabflüsse in Geld oder Geldeswert zu verstehen.[672] Da der Optionsinhaber den Differenzausgleich nur deshalb erlangt, weil er die Option erworben hat, besteht ein unmittelbarer sachlicher Zusammenhang zwischen den Prämien, die der Inhaber aufgewandt hat, um die Optionen zu erwerben, und dem Optionsgeschäft mit Differenzausgleichszahlung.[673] Zwar sind Optionsvereinbarung und Abwicklung des Optionsgeschäfts (Basisgeschäft) *zivilrechtlich* getrennt voneinander zu betrachten,[674] steuerlich erstreckt sich § 20 Abs. 2 Satz 1 Nr. 3 Buchst. a) EStG jedoch auch auf Konstellationen, in denen die Parteien ein Optionsgeschäft durch Differenzausgleich beenden.[675] Mit Zahlung eines Differenzausgleichs liegt dann eine Beendigungsform des Ausgangstermingeschäfts vor, die in den Anwendungsbereich des § 20 Abs. 2 Satz 1 Nr. 3 Buchst. a) EStG fällt. Auch bei den Transaktionskosten für den Erwerb der Option handelt es sich um abzugsfähige Aufwendungen.

Nach § 20 Abs. 4 Satz 5 EStG sind sämtliche Aufwendungen, die unmittelbar im Zusammenhang mit dem Termingeschäft stehen, zum Abzug

---

672 Vgl. *Buge*, in: Herrmann/Heuer/Raupach, EStG, § 20, Rn. 573; *Bleschick*, in: Kirchhof/Seer, Einkommensteuergesetz (EStG), § 20, Rn. 150; vgl. zum Aufwendungsbegriff i.S.d. § 9 EStG *BFH*, Beschluss v. 04.07.1990 – GrS 1/89, juris, Rn. 60; Urt. v. 09.11.1993 – IX R 81/90, juris, Rn. 8; *Kreft*, in: Herrmann/Heuer/Raupach, EStG, § 9, Rn. 65; *Moritz/Strohm*, in: Moritz/Strohm, Handbuch Besteuerung privater Kapitalanlagen, S. 129–297 (Rn. 253); *Oertel*, in: Kirchhof/Seer, Einkommensteuergesetz (EStG), § 9, Rn. 6; *Schramm*, in: Fuhrmann/Kraeusel/Schiffers, 360° EStG eKommentar, § 9, Rn. 20.
673 Vgl. ebenso *Haisch*, Derivatebesteuerung im Privatvermögen ab 2009, S. 183; *Heuermann*, DB 2013, 718 (719 f.); vgl. auch BT-Drs. 16/4841, S. 57.
674 Vgl. Ausführungen unter Punkt B.I.2: Grundzüge der zivilrechtlichen Einordnung des Optionsgeschäfts.
675 Vgl. *BFH*, Urt. v. 26.09.2012 – IX R 50/09, juris, Rn. 16.

zugelassen.[676] Die Vorschrift stellt – im Gegensatz zum Wortlaut von § 20 Abs. 4 Satz 1 EStG – auf einen Zusammenhang mit dem gesamten Termingeschäft ab und nicht lediglich auf den Anschaffungs- und Veräußerungsvorgang. Damit sind im Falle der Beendigung eines Optionsgeschäfts durch Differenzausgleichszahlung nicht nur Transaktionskosten abzugsfähig, sondern auch Zinsaufwendungen, die im Rahmen des Termingeschäfts (z. B. als Marginzinsen) anfallen.[677] Rechtsdogmatisch durchbricht § 20 Abs. 4 Satz 5 EStG das Verbot, Werbungskosten bei der Ermittlung der Einkünfte aus Kapitalvermögen abzuziehen (§ 20 Abs. 9 EStG) und geht diesem vor.[678]

iii) Fremdwährungen im Rahmen von § 20 Abs. 4 Satz 5 EStG

Da § 20 Abs. 4 Satz 1 Hs. 2 EStG nur für Veräußerungsgeschäfte gilt, greift er bei Differenzausgleichsgeschäften in Fremdwährung nicht. In der Rechtspraxis ist daher auf die allgemeine Regelungen in § 8 Abs. 1 i.V.m. § 2 Abs. 1 Nr. 5 EStG und § 9 Abs. 1 Satz 1 EStG zurückzugreifen.[679]

Für die gezahlten unmittelbaren Aufwendungen kommt, da es sich um Fremdwährungsabflüsse handelt, der Devisengeldkurs am Tag des Abflusses, d. h. der Zahlung der Optionsprämie, zum Einsatz.[680] Für den erhaltenen Differenzausgleich ist der Devisenbriefkurs der jeweiligen Fremdwährung, der am Tag des Zuflusses des Differenzausgleichs gilt, zu Grunde zu legen.[681]

---

676 *Jochum*, in: Kirchhof/Mellinghoff/Kube, EStG, § 20, F 25; *Bleschick*, in: Kirchhof/Seer, Einkommensteuergesetz (EStG), § 20, Rn. 155.
677 Vgl. *Jochum*, in: Kirchhof/Mellinghoff/Kube, EStG, § 20, F 25; *Bleschick*, in: Kirchhof/Seer, Einkommensteuergesetz (EStG), § 20, Rn. 155; a.A. *Haisch*, in: Haisch/Helios, Rechtshandbuch Finanzinstrumente, § 6, Rn. 64; *Moritz/Strohm*, in: Moritz/Strohm, Handbuch Besteuerung privater Kapitalanlagen, S. 129–297 (Rn. 253).
678 *Jochum*, in: Kirchhof/Mellinghoff/Kube, EStG, § 20, K 45; *Bleschick*, in: Kirchhof/Seer, Einkommensteuergesetz (EStG), § 20, Rn. 15, 186.
679 Vgl. Ausführungen unter Punkt C.I.1.b: In Fremdwährung eingenommene Stillhalterprämie.
680 Vgl. *Dahm/Hamacher*, DStR 2008, 1910 (1916); *Haisch*, Derivatebesteuerung im Privatvermögen ab 2009, S. 130; *Jachmann-Michel/Lindenberg*, in: Lademann, EStG, § 20, Rn. 493.
681 Vgl. *BMF*, v. 18.01.2016 – IV C 1-S 2252/08/10004:017//2015/0468306, BStBl I 2016, S. 85 (Rn. 247); früher wurde auch beim Zufluss der Devisengeldkurs verwendet, vgl. v. 05.11.2002 – VV DEU BMF 2002-11-05 IV C 1-S 2400-27/02,

C. Einkommensteuerliche Behandlung de lege lata

iv) Besteuerungszeitpunkt

Differenzausgleiche, Geldbeträge oder Vorteile i.S.d. § 20 Abs. 2 Satz 1 Nr. 3 Buchst. a) EStG sind im Zeitpunkt des Zuflusses steuerlich zu erfassen.[682] Die unmittelbaren Aufwendungen im Zusammenhang mit den Termingeschäften muss der Steuerpflichtige abweichend vom Abflussprinzip stets im Zeitpunkt des Zuflusses der Differenzausgleiche, Geldbeträge oder Vorteile absetzen.[683]

v) Zwischenergebnis Differenzausgleich

Den erhaltenen Differenzausgleich muss der Optionsinhaber abzüglich der Prämien, die er für die Option aufgewandt hat, sowie der Nebenkosten nach § 20 Abs. 2 Satz 1 Nr. 3 Buchst. a) i.V.m. Abs. 4 Satz 5 EStG versteuern.

c) Differenzausgleich zusätzlich zur Lieferung der Basiswerte

Aufgrund von Kapitalmaßnahmen kann es dazu kommen, dass neben der Lieferung des Basiswerts ein Differenzausgleich für nicht ganzzahlige Basiswerte durch den Stillhalter an den Optionsinhaber zu leisten ist.[684]
Fraglich ist in diesem Zusammenhang, wie die aufgewandten Optionsprämien bei der Gewinnermittlung zu behandeln sind. In Betracht kommt es zum einen, die Optionsprämien jeweils anteilig im Rahmen der Gewinnermittlung bezüglich der physischen Lieferung und der Differenzausgleichszahlung zu berücksichtigen.[685] Zum anderen könnten sie ganzheit-

---

BStBl I 2002, S. 1346 (Rn. 10); *Dahm/Hamacher*, DStR 2008, 1910 (1916); *Haisch*, Derivatebesteuerung im Privatvermögen ab 2009, S. 130; *Jachmann-Michel/Lindenberg*, in: Lademann, EStG, § 20, Rn. 493; *Moritz/Strohm*, in: Moritz/Strohm, Handbuch Besteuerung privater Kapitalanlagen, S. 129–297 (Rn. 252).

682 *Haisch*, Derivatebesteuerung im Privatvermögen ab 2009, S. 169; *Haisch*, in: Haisch/Helios, Rechtshandbuch Finanzinstrumente, § 6, Rn. 65.

683 *Haisch*, Derivatebesteuerung im Privatvermögen ab 2009, S. 171; *Haisch*, in: Haisch/Helios, Rechtshandbuch Finanzinstrumente, § 6, Rn. 65; vgl. *Moritz/Strohm*, in: Moritz/Strohm, Handbuch Besteuerung privater Kapitalanlagen, S. 129–297 (Rn. 252).

684 Vgl. Beispiel unter Punkt C.I.3.c: Differenzausgleich zusätzlich zur Lieferung der Basiswerte.

685 Vgl. *BFH*, Urt. v. 11.10.2007 – IV R 52/04, juris, Rn. 33.

lich der Gewinnermittlung bezüglich des Basiswerts oder des Differenzausgleichs zuzurechnen sein.

Wortlaut und Systematik des EStG erweisen sich insofern als unergiebig. Für eine ganzheitliche Berücksichtigung bei der Gewinnermittlung des Basiswerts spricht zum einen der Wille des Gesetzgebers, mit dem UntStReformG 2008 eine für die Praxis einfach zu handhabende einheitliche Besteuerung sämtlicher privater Finanzprodukte mit Abgeltungswirkung zu erreichen.[686] Zum anderen bildet in diesen Konstellationen die physische Lieferung den absoluten wirtschaftlichen Schwerpunkt, da die Differenzausgleichszahlung lediglich für den minimalen betragsmäßigen Bereich eines nicht ganzzahligen Basiswerts erfolgt. Im Ergebnis liegt es daher näher, die aufgewandte Stillhalterprämie ganzheitlich bei der Gewinnermittlung des Basiswerts zu berücksichtigen.

4. Beendigung eines Optionsgeschäfts durch Verfall

Die dritte Möglichkeit, ein Optionsgeschäft zu beenden, ist – neben Glattstellung und Ausübung – der Verfall. Auch hier stellt sich aus Sicht des Optionsinhabers die Frage, wie der Geschäftsvorgang steuerlich einzuordnen ist.

Ökonomisch betrachtet wird der Optionsinhaber seine Kaufoption bis zum Verfallstag nicht ausüben und verfallen lassen, wenn der Marktpreis des Basiswerts unterhalb des vereinbarten Basispreises liegt. Bei einer Verkaufsoption wird der Optionsinhaber den Verfall wählen, wenn der Marktpreis zum Verfallstag über dem vereinbarten Basispreis liegt.

a) Problem: Berücksichtigung der Optionsprämien und weiterer Nebenkosten

Auch beim Verfall stellt sich die Frage, ob und wie sowohl die Prämien, die der Optionsinhaber aufgewandt hat, um die Option zu erwerben, als auch weitere Nebenkosten steuerlich ins Gewicht fallen.

---

686 Vgl. Ausführungen unter Punkt B.II.2.a: Zweck der Abgeltungsteuer.

C. Einkommensteuerliche Behandlung de lege lata

i) Rechtliche Entwicklung seit 1999

Mit dem Besteuerungstatbestand des § 23 Abs. 1 Satz 1 Nr. 4 EStG a.F.,[687] den der Gesetzgeber mit Wirkung ab dem 01.01.1999 eingeführt hat, wollte er auch Termingeschäfte der Steuerpflicht unterwerfen, sofern der Zeitraum zwischen Erwerb und Beendigung des Rechts auf einen Differenzbetrag nicht mehr als ein Jahr betrug.[688]

Sowohl Finanzverwaltung[689] als auch Rechtsprechung[690] vertraten zu dieser Rechtslage die Auffassung, dass der wertlose Verfall einer Option steuerlich unbeachtlich sei. Sie begründeten ihr Ergebnis damit, dass es sich beim Verfall eines Optionsrechts um einen Vorgang handle, der auf der steuerlich unbeachtlichen Vermögensebene anzusiedeln sei.[691] Ohnehin sei der Tatbestand nicht erfüllt, wenn der Optionsinhaber das Basisgeschäft nicht durchführe oder keinen Gebrauch von seinem Recht auf Differenzausgleich mache.[692]

An dieser Sichtweise hat das Bundesverfassungsgericht mit mehreren Beschlüssen Kritik geübt. Mit Beschluss vom 11.10.2010 meldete das Bundesverfassungsgericht Zweifel an, ob es sich im Bereich des § 23 EStG a.F. (jedenfalls für die Rechtslage ab 1999) noch aufrecht erhalten lasse, zwischen Ertrags- und Vermögensebene zu trennen.[693] In einem Beschluss vom 12.10.2010 unterstrich das Bundesverfassungsgericht dann auch seine Rechtsprechung, dass direkte Steuern die Steuerpflichtigen nur nach Maßgabe der finanziellen Leistungsfähigkeit belasten dürfen.[694] Einige Stimmen in der Literatur folgerten daraus, dass es weder mit dem Grundsatz der Leistungsfähigkeit noch mit dem Prinzip der Folgerichtigkeit zu vereinbaren sei, die Verluste, die durch den Verfall einer Option einträten, steuerlich nicht zu berücksichtigen.[695]

---

687 Steuerentlastungsgesetz 1999/2000/2002 vom 01.01.1999, BGBl I, S. 402–496.
688 BT-Drs. 14/443, S. 29.
689 *BMF*, v. 27.11.2001 – VV DEU BMF 2001–11–27 IV C 3-S 2256–265/01, BStBl I 2001, S. 986 (Rn. 18, 23).
690 *BFH*, Urt. v. 19.12.2007 – IX R 11/06, juris; Urt. v. 09.10.2008 – IX R 69/07, juris; Beschluss v. 24.04.2012 – IX B 154/10, juris.
691 Vgl. *BFH*, Beschluss v. 24.04.2012 – IX B 154/10, juris, Rn. 25.
692 Vgl. *BFH*, Urt. v. 19.12.2007 – IX R 11/06, juris, Rn. 12; Urt. v. 09.10.2008 – IX R 69/07, juris, Rn. 2.
693 *BVerfG*, Beschluss v. 11.10.2010 – 2 BvR 1710/10, juris, Rn. 23.
694 *BVerfG*, Beschluss v. 12.10.2010 – 1 BvL 12/07, juris, Rn. 56.
695 *Dahm/Hamacher*, DStR 2014, 455 (460).

II. Optionsinhaber

Der BFH reagierte auf die Kritik mit seiner Entscheidung vom 26.09.2012: Er entschied, dass der Tatbestand des § 23 Abs. 1 Satz 1 Nr. 4 EStG a.F. auch dann erfüllt ist, wenn der Optionsinhaber einen durch das Basisgeschäft indizierten negativen Differenzausgleich dadurch vermeidet, dass er die (wertlose) Option aus dem Termingeschäft nicht ausübt.[696] Als Begründung führte das Gericht an, dass eine Besteuerung, die nur den Gewinnfall erfasse, nicht mit den Anforderungen an eine folgerichtige Belastungsentscheidung in Einklang stehe.[697] Das Gesetz verlange vom Steuerpflichtigen kein wirtschaftlich sinnloses Verhalten, sondern besteuere ihn nach dem Grundsatz der Leistungsfähigkeit. Zugleich betonte das Gericht, dass die Leistungsfähigkeit des Steuerpflichtigen um die aufgewandten Optionsprämien gemindert sei, und zwar unabhängig davon, ob es tatsächlich zu einem steuerbaren negativen Differenzausgleich kommt oder ob der Inhaber dieses Ergebnis von vornherein dadurch vermeidet, dass er – als wirtschaftlich einzig sinnvolles Verhalten – die Option nicht ausübt.[698]

Trotz der Entscheidung des BFH vom 26.09.2012 hielt die Finanzverwaltung auch für die Rechtslage nach Einführung des UntStReformG 2008 daran fest, dass die aufgewandten Optionsprämien steuerlich unbeachtlich seien, wenn ein Optionsgeschäft durch Verfall ende.[699] Die Optionsprämien, die der Inhaber aufgewandt hat, um die Option anzuschaffen, seien steuerlich nur dann zu berücksichtigen, wenn die Parteien das Optionsgeschäft mit Durchführung des Basisgeschäfts oder durch Zahlung eines Differenzausgleichs beendeten.

In der Literatur sowie der finanzgerichtlichen Rechtsprechung wurden Zweifel an der Einschätzung der Finanzverwaltung laut.

---

696 *BFH*, Urt. v. 26.09.2012 – IX R 50/09, juris.
697 *BFH*, Urt. v. 26.09.2012 – IX R 50/09, juris, Rn. 16.
698 *BFH*, Urt. v. 26.09.2012 – IX R 50/09, juris, Rn. 24–25.
699 *BMF*, v. 18.01.2016 – IV C 1-S 2252/08/10004:017//2015/0468306, BStBl I 2016, S. 85 (Rn. 27, 32).

C. Einkommensteuerliche Behandlung de lege lata

ii) Verfall als Veräußerung in Form der Rückzahlung i.S.d. § 20 Abs. 2 Satz 2, Satz 1 Nr. 3 Buchst. b) EStG

So wollen manche Autoren den Verfall von Optionen als eine Rückzahlung im Sinne des § 20 Abs. 2 Satz 2 EStG einstufen,[700] der auf alle Tatbestände des § 20 Abs. 2 EStG anzuwenden sei. Eine Rückzahlung liege vor, wenn der Gläubiger die Leistung, die als unverbriefte (bedingte) Forderung versprochen war, bei gleichzeitigem Erlöschen der Forderungen erfülle. Im Fall wertloser Forderungen könne eine Rückzahlung nach § 20 Abs. 2 EStG auch dann vorliegen, wenn die Erfüllung und das Erlöschen zu null Euro erfolge.[701] Als Bemessungsgrundlage für die Besteuerung diene gem. § 20 Abs. 4 Satz 1 EStG der Saldo zwischen dem Rückzahlungsbetrag in Höhe von null Euro und den Anschaffungskosten der Optionen.[702]

iii) Steuerliche Erfassung nach § 20 Abs. 2 Satz 1 Nr. 3 Buchst. a) EStG

Einige Finanzgerichte und zahlreiche Stimmen in der Literatur wollen den Verfall beim Optionsinhaber nicht als Rückzahlung einstufen, sondern nach § 20 Abs. 2 Satz 1 Nr. 3 Buchst. a) EStG behandeln: Bei den Optionsprämien, die der Optionsinhaber geleistet habe, handle es sich um unmittelbare Aufwendungen im Sinne des § 20 Abs. 4 Satz 5 EStG.[703] Einer Abziehbarkeit der aufgewandten Optionsprämien stehe auch nicht entgegen, dass der BFH diese in seiner Entscheidung vom 26.09.2012 als Werbungskosten deklariert habe und dass § 20 Abs. 9 EStG lediglich den Abzug eines Sparer-Pauschbetrags zulässt und der Abzug tatsächlicher Werbungskosten ansonsten ausgeschlossen ist. Denn § 20 Abs. 4 Satz 5 EStG spreche

---

700 *Haisch*, Derivatebesteuerung im Privatvermögen ab 2009, S. 163; von einer Einlösung im Sinne des § 20 Abs. 2 Satz 2 EStG sprechen *Helios/Philipp*, BB 2010, 95 (98).
701 *Haisch*, Derivatebesteuerung im Privatvermögen ab 2009, S. 163.
702 *Haisch*, in: Haisch/Helios, Rechtshandbuch Finanzinstrumente, § 6, Rn. 135.
703 *Thüringer Finanzgericht*, Urt. v. 09.10.2013 – 3 K 1059/11, juris, Rn. 32; *FG Düsseldorf*, Urt. v. 26.02.2014 – 7 K 2180/13 E, juris, Rn. 12; Urt. v. 27.06.2014 – 1 K 3740/13 E, juris, Rn. 24; *Niedersächsisches Finanzgericht*, Urt. v. 28.10.2015 – 3 K 420/14, juris, Rn. 29–30; *Buge*, in: Herrmann/Heuer/Raupach, EStG, § 20, Rn. 476; *Cornelius*, EStB 2016, 172; *Helios/Philipp*, BB 2010, 95 (97 f.); *Heuermann*, DB 2013, 718 (719 f.); *Jachmann-Michel/Lindenberg*, in: Lademann, EStG, § 20, Rn. 640; *Meinert/Helios*, DStR 2013, 508 (511); *Moritz/Strohm*, DB 2013, 603 (607); *Sagasser/Leuschner*, in: Assmann/Schütze/Buck-Heeb, Handbuch des Kapitalanlagerechts, Rn. 1079.

von Aufwendungen, die im unmittelbaren sachlichen Zusammenhang mit dem Termingeschäft stünden, und verwende damit eine andere Terminologie als § 20 Abs. 9 Satz 1 EStG: Bei genauerem Hinsehen entpuppe sich § 20 Abs. 4 Satz 5 EStG insoweit als *lex specialis* gegenüber § 20 Abs. 9 EStG.[704]

iv) Entscheidungen des BFH vom 12.01.2016

Zur Rechtslage nach dem UntStReformG 2008 äußerte sich der BFH erstmals mit seinen Urteilen vom 12.01.2016.[705] Er schloss sich der überwiegend vertretenen Auffassung an und entschied, dass der Tatbestand des § 20 Abs. 2 Satz 1 Nr. 3 Buchst. a) EStG erfüllt ist, wenn der Optionsinhaber eine Option verfallen lässt. Bei den Optionsprämien, die der Inhaber vergeblich aufgewandt habe, um die Option zu erwerben, handle es sich in diesem Zusammenhang um Aufwendungen, die im unmittelbaren sachlichen Zusammenhang mit dem Termingeschäft stünden und daher bei der Ermittlung des Gewinns (oder Verlusts) im Sinne von § 20 Abs. 4 Satz 5 EStG abzuziehen seien.[706]

Mit Einführung des UntStReformG 2008 ist es für die Frage, ob der Tatbestand des § 20 Abs. 2 Satz 1 Nr. 3 Buchst. a) EStG verwirklicht ist, aus Sicht des BFH nunmehr unerheblich, ob die Parteien das Basisgeschäft (physische Lieferung) durchführen oder ob es lediglich zu einem Differenzausgleich kommt. Mit dem Tatbestandsmerkmal „Differenzausgleich oder einen durch den Wert einer veränderlichen Bezugsgröße bestimmten Geldbetrag oder Vorteil" würde lediglich die Art der von der Vorschrift erfassten Termingeschäfte umschrieben.[707] Die Anschaffung einer Option und der Ausgang des Optionsgeschäfts seien bei der ertragsteuerlich gebotenen wirtschaftlichen Betrachtungsweise grundsätzlich als Einheit zu betrachten.[708] Einen Vorteil aus einem Termingeschäft erlange derjenige, *„der mit dem Erwerb der Option das (bedingte) Recht auf einen Barausgleich er-*

---

704 *FG Düsseldorf*, Urt. v. 27.06.2014 – 1 K 3740/13 E, juris, Rn. 41; *Helios/Philipp*, BB 2010, 95 (98); *Heuermann*, DB 2013, 718 (719 f.); *Jachmann-Michel/Lindenberg*, in: Lademann, EStG, § 20, Rn. 640; *Jochum*, in: Kirchhof/Mellinghoff/Kube, EStG, § 20, F 27; *Knoblauch*, DStR 2013, 798 (801).
705 *BFH*, Urt. v. 12.01.2016 – IX R 50/14, juris; Urt. v. 12.01.2016 – IX R 49/14, juris; Urt. v. 12.01.2016 – IX R 48/14, juris.
706 *BFH*, Urt. v. 12.01.2016 – IX R 48/14, juris, Rn. 13.
707 *BFH*, Urt. v. 12.01.2016 – IX R 48/14, juris, Rn. 15.
708 *BFH*, Urt. v. 12.01.2016 – IX R 48/14, juris, Rn. 17.

C. Einkommensteuerliche Behandlung de lege lata

wirbt, egal ob er den Barausgleich im Fall einer für ihn günstigen Wertentwicklung durchführt oder ob er im Fall einer für ihn ungünstigen Wertentwicklung das Recht verfallen lässt. Schließt der Steuerpflichtige mit der Absicht, Gewinn zu erzielen, ein Termingeschäft ab, so ist jedweder Ausgang des Geschäfts ohne zeitliche Beschränkung in vollem Umfang steuerbar".[709]

Sein Ergebnis begründete der BFH auch mit dem verfassungsrechtlichen Gebot der Besteuerung nach der finanziellen Leistungsfähigkeit sowie dem Gebot der Folgerichtigkeit. Der Gesetzgeber habe mit der Einführung der Abgeltungsteuer alle Wertzuwächse bei Termingeschäften der Besteuerung unterwerfen wollen.[710] Auch das Werbungskostenabzugsverbot des § 20 Abs. 9 EStG stehe einem Abzug der gezahlten Optionsprämien nicht entgegen: Bei § 20 Abs. 4 Satz 5 EStG handle es sich um eine Sondervorschrift, die der Regelung des § 20 Abs. 9 EStG vorgehe.[711]

Als Reaktion auf das Urteil änderte die Finanzverwaltung ihre Auffassung und schloss sich nunmehr dem BFH an.[712]

b) Stellungnahme

Im Ergebnis überzeugt die Ansicht, dass die Optionsprämien, die der Optionsinhaber beim Verfall der Option aufgewandt hat, steuerlich zu berücksichtigen sind.

Das UntStReformG 2008 verfolgt das klare Ziel, dass es im Rahmen der Kapitaleinkünfte keine Vermögensebene mehr geben soll, die nicht steuerbar ist auch nicht im Hinblick auf verfallene Optionen. Nur dadurch, dass das EStG den Verfall als steuerlich relevant einstuft, lässt sich dem Grundsatz der Besteuerung nach der wirtschaftlichen Leistungsfähigkeit und dem Prinzip der Folgerichtigkeit Rechnung tragen.

i) Anwendung von § 20 Abs. 2 Satz 1 Nr. 3 Buchst. b) EStG

Die aufgewandten Optionsprämien sind nicht nach § 20 Abs. 2 Satz 1 Nr. 3 Buchst. b) i.V.m. Abs. 4 Satz 1 Hs. 1 EStG als Veräußerung in Form der

---

709 *BFH*, Urt. v. 12.01.2016 – IX R 48/14, juris, Rn. 18.
710 *BFH*, Urt. v. 12.01.2016 – IX R 48/14, juris, Rn. 20.
711 *BFH*, Urt. v. 12.01.2016 – IX R 48/14, juris, Rn. 22.
712 *BMF*, v. 16.06.2016 – IV C 1-S 2252/14/10001:005//2016/0571060, BStBl I. 2016, S. 527 (527).

Rückzahlung oder Einlösung einzustufen. Denn beim Verfall einer Option liegt weder eine Einlösung noch eine Rückzahlung vor.

Eine Einlösung ist nur dann zu bejahen, wenn ein Wertpapier bei Fälligkeit oder am Laufzeitende gegen Zahlung der vereinbarten Leistung an den Emittenten zurückgegeben wird.[713] Börsengehandelte Optionsgeschäfte sind jedoch unverbrieft: Es liegt kein von einem Emittenten herausgegebenes Wertpapier vor, das zurückgegeben werden könnte.[714]

Auch die von *Haisch* vertretene Auffassung, dass bei Verfall eine Rückzahlung vorliege, wirkt sehr konstruiert. Damit eine Rückzahlung im Sinne des § 20 Abs. 2 Satz 2 EStG vorliegt, muss der Schuldner den geschuldeten Kapitalbetrag bei (End)fälligkeit an den Gläubiger zahlen.[715] Wenn eine Option verfällt, liegt aber gerade keine Zahlung vor, wie sie der Wortlaut erfordert. *Haisch* ist zwar insofern zuzustimmen, dass es verfassungsrechtlich geboten ist, (auch) die aufgewandten Optionsprämien steuerlich zu berücksichtigen. Das gewünschte Ergebnis lässt sich aber nicht dadurch erreichen, es in Form der Rückzahlung in § 20 Abs. 2 Satz 2 EStG hineinzulesen, obwohl der Wortlaut diesen Schluss nicht zulässt.

ii) Anwendung von § 20 Abs. 2 Satz 1 Nr. 3 Buchst. a) EStG

Dass die aufgewandten Optionsprämien unter § 20 Abs. 2 Satz 1 Nr. 3 Buchst. a) EStG i.V.m. § 20 Abs. 4 Satz 5 EStG fallen, trifft für Optionen zu, die auf einen Differenzausgleich gerichtet sind. Der Tatbestand des § 20 Abs. 2 Satz 1 Nr. 3 Buchst. a) EStG erfasst Termingeschäfte, die darauf gerichtet sind, einen Differenzausgleich zu erzielen[716] – und damit auch Optionsgeschäfte.

Überzeugend ist auch, dass § 20 Abs. 2 Satz 1 Nr. 3 Buchst. a) EStG nicht mehr nur erfordert, dass das Termingeschäft (Optionsgeschäft) sein

---

713 *Haisch*, Derivatebesteuerung im Privatvermögen ab 2009, S. 139; *Redert*, in: Fuhrmann/Kraeusel/Schiffers, 360° EStG eKommentar, § 20, Rn. 545.
714 Vgl. Ausführungen unter Punkt B.I.1.g: Abgrenzung zu verbrieften Optionen (Optionsscheine).
715 *Haisch*, Derivatebesteuerung im Privatvermögen ab 2009, S. 141; *Redert*, in: Fuhrmann/Kraeusel/Schiffers, 360° EStG eKommentar, § 20, Rn. 546.
716 Rechtsprechung fortführend *BFH*, Urt. v. 24.10.2017 – VIII R 35/15, juris, Rn. 14; Urt. v. 20.11.2018 – VIII R 37/15, juris, Rn. 11. Ebenso *Hamacher/Dahm*, in: Korn/Carlé, et al., EStG, § 20, Rn. 577; *Jachmann-Michel/Lindenberg*, in: Lademann, EStG, § 20, Rn. 898; *Bleschick*, in: Kirchhof/Seer, Einkommensteuergesetz (EStG), § 20, Rn. 130.

C. Einkommensteuerliche Behandlung de lege lata

Ende durch Ausübung findet, sondern auch, dass bereits der Erwerb eines Rechts, das auf einen Differenzausgleich gerichtet ist, vom Tatbestand umfasst ist. Bei den geleisteten Optionsprämien handelt es sich um Aufwendungen i.S.d. § 20 Abs. 4 Satz 5 EStG, die im unmittelbaren sachlichen Zusammenhang mit dem Termingeschäft (Optionsgeschäft) stehen. Im Ergebnis ist die für die Anschaffung einer auf Differenzausgleich gerichteten Option aufgewandte Optionsprämie im Falle des Verfalls der Option als negativer Gewinn (Verlust) nach § 20 Abs. 2 Satz 1 Nr. 3 Buchst. a) i.V.m. Abs. 4 Satz 5 EStG steuerlich zu erfassen.

c) Eigene Auffassung – Differenzierung zwischen auf Lieferung und auf Differenzausgleich gerichteten Optionen

i) Keine Erfassung von auf physische Lieferung gerichteten Optionen nach § 20 Abs. 2 Satz 1 Nr. 3 Buchst. a) EStG

Optionen, die auf die physische Lieferung des Basiswerts gerichtet sind, erfasst der Tatbestand des § 20 Abs. 2 Satz 1 Nr. 3 Buchst. a) EStG nicht.[717] Dafür spricht bereits der insofern eindeutige Wortlaut. Zwar handelt es sich auch bei solchen Optionen um ein Termingeschäft im Sinne der Vorschrift – jedoch ist das Termingeschäft nicht auf einen Differenzausgleich gerichtet. Durch den Erwerb der Option kann der Inhaber deshalb auch keinen Differenzausgleich erlangen, sondern nur eine physische Lieferung des Basiswerts.

Dass Termingeschäfte, die auf die physische Lieferung des Basiswerts am Ende der Laufzeit gerichtet sind, nicht unter § 20 Abs. 2 Satz 1 Nr. 3 Buchst. a) EStG fallen, hat nunmehr auch der 8. Senat des BFH in seinen Entscheidungen vom 24.10.2017[718] und 20.11.2018[719] festgestellt.

Der 9. Senat des BFH hat in seinen Entscheidungen vom 12.01.2016 den Erwerb des Rechts auf einen Differenzausgleich als Tatbestandsvoraussetzung des § 20 Abs. 2 Satz 1 Nr. 3 Buchst. a) EStG ausreichen lassen.[720]

---

717 Ebenso *Wagner*, Spekulative Optionsgeschäfte aus vertragsrechtlicher, handelsbilanzrechtlicher und steuerrechtlicher Sicht, S. 234; vgl. auch *Hamacher/Dahm*, in: Korn/Carlé, et al., EStG, § 20, Rn. 577; *Jachmann-Michel/Lindenberg*, in: Lademann, EStG, § 20, Rn. 898; *Bleschick*, in: Kirchhof/Seer, Einkommensteuergesetz (EStG), § 20, Rn. 130.
718 *BFH*, Urt. v. 24.10.2017 – VIII R 35/15, juris, Rn. 14.
719 *BFH*, Urt. v. 20.11.2018 – VIII R 37/15, juris, Rn. 11.
720 *BFH*, Urt. v. 12.01.2016 – IX R 48/14, juris, Rn. 18.

Auf Optionen, die auf Lieferung gerichtet sind, trifft dies aber nicht zu. Optionen, die darauf abzielen, den Basiswert zu liefern, fallen nicht unter das Tatbestandsmerkmal Termingeschäft, durch das der Steuerpflichtige einen Differenzausgleich erlangt.

Im Hinblick auf die drei BFH-Entscheidungen vom 12.01.2016 fällt zudem ins Auge, dass ihnen zwar unterschiedliche Sachverhalte zu Grunde liegen, die Entscheidungsgründe aber nahezu identische Textbausteine verwenden. Während es in den beiden Verfahren Az. IX R 49/14 und IX R 50/14 jeweils um Optionsgeschäfte ging, die auf einen Differenzausgleich ausgerichtet waren, lag dem Verfahren IX R 48/14 der Verfall von Aktienoptionen zu Grunde, d. h. Optionsgeschäften, die auf die Lieferung von Aktien gerichtet waren. Auf diese Besonderheit geht der BFH jedoch nicht näher ein, sondern verwendet auch in diesem Verfahren die Begründung, *„dass einen ‚Vorteil' aus einem Termingeschäft (Option) derjenige ‚erlangt', der mit dem Erwerb der Option das (bedingte) Recht auf einen Barausgleich erwirbt".*[721] Die vom BFH verwendete Begründung geht offensichtlich am zugrunde liegenden Lebenssachverhalt vorbei und nicht auf die feinen, aber entscheidenden Unterschiede hinsichtlich der Ausgestaltung der Abwicklung von börsengehandelten Optionsgeschäften ein.

Darüber hinaus fallen auf Lieferung gerichtete Optionen nicht unter das Tatbestandsmerkmal „einen durch den Wert einer veränderlichen Bezugsgröße bestimmten [...] Vorteil erlangt". Zum einen sollen Termingeschäfte, die auf Liefergeschäfte gerichtet sind, aus dem Anwendungsbereich des § 20 Abs. 2 Satz 1 Nr. 3 Buchst. a) EStG gerade herausfallen.[722] Zum anderen richtet sich das erworbene Optionsrecht auch nicht darauf, einen Vorteil im Sinne der Vorschrift zu erlangen.[723] Vielmehr ist das Optionsgeschäft bei auf physische Lieferung gerichteten Optionen darauf gerichtet, dass der Optionsinhaber den Basiswert zum vereinbarten Basispreis geliefert bekommt oder veräußern kann, wenn er das Optionsrecht ausübt. In anderen Worten: Das Optionsrecht ist auf die Lieferung des Basiswerts gerichtet.

Folglich wäre § 20 Abs. 2 Satz 1 Nr. 3 Buchst. a) EStG auch bei Ausübung der Option und Durchführung des Basisgeschäfts nicht einschlägig

---

721 *BFH*, Urt. v. 12.01.2016 – IX R 48/14, juris, Rn. 18.
722 Vgl. *BFH*, Urt. v. 24.10.2017 – VIII R 35/15, juris, Rn. 14; Urt. v. 20.11.2018 – VIII R 37/15, juris, Rn. 11; *Jachmann-Michel/Lindenberg*, in: Lademann, EStG, § 20, Rn. 576; *Jochum*, in: Kirchhof/Mellinghoff/Kube, EStG, § 20, D/3 3, D/3 19.
723 Zum Begriff des Vorteils vgl. Ausführungen unter Punkt C.I.3.b)vi(2): Eigene Auffassung.

C. Einkommensteuerliche Behandlung de lege lata

gewesen: Dann wäre es zu einer Lieferung des Basiswerts gekommen, bei der die steuerliche Behandlung der Optionsprämie derjenigen des Basiswerts folgt.[724] Vielmehr richtet sich nur die steuerliche Betrachtung bei der Ausübung eines auf einen Differenzausgleich gerichteten Optionsgeschäfts nach § 20 Abs. 2 Satz 1 Nr. 3 Buchst. a) EStG.[725] Denn steuerbare Tätigkeit des § 20 Abs. 2 Satz 1 Nr. 3 Buchst. a) EStG ist, dass der Steuerpflichtige das Basisgeschäft im Rahmen eines Termingeschäfts durchführt und dabei den Differenzausgleich vereinnahmt.[726]

Als Zwischenergebnis lässt sich daher festhalten, dass § 20 Abs. 2 Satz 1 Nr. 3 Buchst. a) EStG den Verfall nur hinsichtlich solcher Optionen steuerlich erfasst, die auf einen Differenzausgleich gerichtet sind und bei denen der angestrebte Differenzausgleich der Besteuerung nach § 20 Abs. 2 Satz 1 Nr. 3 Buchst. a) EStG unterlegen hätte.[727]

Auch scheidet die Möglichkeit aus, Optionen, die auf Lieferung gerichtet sind, nach § 20 Abs. 2 Satz 1 Nr. 3 Buchst. b) EStG zu erfassen. Da beim Verfall keine Verfügung über das Optionsrecht stattfindet, liegt keine Veräußerung i.S.d. § 20 Abs. 2 Satz 1 Nr. 3 Buchst. b) EStG vor.[728] Vielmehr erlischt das Optionsrecht aufgrund Zeitablaufs von selbst.

ii) Erfassung der aufgewandten Optionsprämien bei verfallenen, auf Lieferung gerichteten Optionen nach den Vorschriften des Basisgeschäfts

Um den Verfall einer Option in allen Einzelfällen steuerlich passgenau einordnen zu können, ist es zunächst notwendig, zwischen zwei Optionsarten zu differenzieren: Optionen, die auf einen Differenzausgleich und die auf die Lieferung des Basiswerts gerichtet sind.[729] Wie die aufgewandten Optionsprämien beim Verfall steuerlich zu berücksichtigen sind, richtet sich bei Optionen, die auf eine physische Lieferung abzielen, nach den

---

724 Vgl. Ausführungen unter Punkt C.II.3.a)i(1)(c): Stellungnahme: Berücksichtigung beim Basisgeschäft.
725 Vgl. Ausführungen unter Punkt C.II.3.b)i: Besteuerungstatbestand.
726 *Jachmann-Michel/Lindenberg*, in: Lademann, EStG, § 20, Rn. 640.
727 Vgl. im Ergebnis ebenso *Jachmann-Michel/Lindenberg*, in: Lademann, EStG, § 20, Rn. 640.
728 Vgl. auch *Haisch*, Derivatebesteuerung im Privatvermögen ab 2009, S. 163 m.w.N.
729 Im Ergebnis ebenfalls *Knoblauch*, DStR 2013, 798 (801); *Moritz/Strohm*, in: Frotscher/Geurts, EStG, § 20, Rn. 246.

Vorschriften für die Gewinnermittlung des Basisgeschäfts. Im Grundsatz gilt auch hier, dass das Basis- und das Optionsgeschäft eine zeitlich gestaffelte wirtschaftliche Einheit bilden.[730] Kommt es zur Ausübung einer Option, die auf physische Lieferung des Basiswerts gerichtet ist, sind bei der Gewinnermittlung des Basiswerts die Optionsprämien, die der Inhaber aufwendet, bei Kaufoptionen als Anschaffungsnebenkosten und bei Verkaufsoptionen als Veräußerungsnebenkosten zu berücksichtigen.[731] Da sie zur Erwerbung, Sicherung und Erhaltung von Einnahmen aus Kapitalvermögen dienen, weisen die Optionsprämien den Rechtscharakter von Werbungskosten im Sinne des § 9 Abs. 1 Satz 1 EStG auf.[732] Dabei sind auch Aufwendungen, die der Optionsinhaber tätigt, um Einnahmen zu erwerben, bei denen die spätere Einnahmeerzielung jedoch scheitert (sogenannte vergebliche Aufwendungen), steuerlich zu berücksichtigen, sofern sie eine erkennbare Beziehung zu den angestrebten Einkünften aufweisen.[733]

Auch bei den Prämien für Optionen, die darauf gerichtet sind, den Basiswert durch Lieferung zu erwerben, handelt es sich um Aufwendungen, die in einem klaren Zusammenhang mit einer bestimmten Einkunftsart stehen. Denn ein solcher Zusammenhang fehlt nur, wenn die Tätigkeit des Steuerpflichtigen in einem solch frühen Stadium stecken geblieben ist, dass für ihn noch die Möglichkeit bestand, Tätigkeiten auszuüben, die sich verschiedenen Einkunftsarten zuordnen lassen.[734] Bei einem Optionsinhaber, der im Rahmen privater Vermögensverwaltung handelt, besteht diese Möglichkeit aber von vornherein nicht: Mit börsengehandelten Optionen kann er ausschließlich Einkünfte aus Kapitalvermögen erzielen – sei es als reiner Spekulant mit der Erwartung steigender Optionspreise oder indem er die erworbene Option im Zusammenhang mit dem Basiswert nutzt, um diesen entweder zu kaufen oder zu verkaufen. Auch bei börsengehandelten Optionen, die auf Lieferung des Basiswerts abzielen, kann der Steuerpflichtige mit dem Basiswert nur Einkünfte aus Kapitalvermögen erzielen. Denn Basiswerte börsengehandelter Optionen sind Aktien und

---

730 Vgl. Ausführungen unter Punkt C.I.3.a)i(1)(a)(cc): Stellungnahme: Berücksichtigung beim Basisgeschäft.
731 Vgl. Ausführungen unter Punkt C.II.3.a)i(1)(c): Stellungnahme: Berücksichtigung beim Basisgeschäft, und Punkt C.II.3.a)ii(1)(a): Problem: Verbuchung der gezahlten Optionsprämien.
732 Vgl. nur *Meinert/Helios*, DStR 2013, 508.
733 Vgl. BFH, Beschluss v. 04.07.1990 – GrS 1/89, juris, Rn. 60; zuletzt Urt. v. 17.05.2017 – VI R 1/16, Rn. 26.
734 *Jachmann-Michel/Lindenberg*, in: Lademann, EStG, § 20, Rn. 640.

C. Einkommensteuerliche Behandlung de lege lata

Futures – und beides sind Wirtschaftsgüter, die unter § 20 Abs. 2 EStG fallen.[735] Im Ergebnis sind die aufgewandten Optionsprämien bei Optionen, die auf physische Lieferung des Basiswerts gerichtet sind, im Rahmen der Gewinnermittlung des Basiswerts als vergebliche Aufwendungen zu berücksichtigen.

Da bei Futuregeschäften unterschiedliche Ausgestaltungsvarianten existieren, ist eine getrennte Betrachtung von Aktienoptionen und Futureoptionen notwendig.

(1) Aktienoptionen

Handelt es sich um ein Optionsgeschäft, das auf den Erwerb von Aktien gerichtet ist (Kaufoption), so sind die aufgewandten Optionsprämien nebst den Transaktionskosten für den Erwerb der Option als vergebliche Anschaffungskosten nach § 20 Abs. 4 Satz 1 Hs. 1 i.V.m. § 20 Abs. 2 Satz 1 Nr. 1 EStG zu berücksichtigen.[736]

Bei Verkaufsoptionen unterfallen die aufgewandten Optionsprämien nebst Transaktionskosten als vergebliche Veräußerungskosten dem § 20 Abs. 4 Satz 1 Hs. 1 EStG i.V.m. § 20 Abs. 2 Satz 1 Nr. 1 EStG.[737]

(2) Futureoptionen

Bei Optionen, deren Basiswert ein Future ist, sind die vergeblich aufgewandten Optionsprämien nebst Transaktionskosten je nach Ausgestaltung des Futures unterschiedlich zu berücksichtigen. Handelt es sich um einen Future, der auf einen Differenzausgleich gerichtet ist, so erfolgt die steuerliche Berücksichtigung als vergebliche Aufwendung, die nach § 20 Abs. 2 Satz 1 Nr. 3 Buchst. a) i.V.m. Abs. 4 Satz 5 EStG in einem unmittelbaren sachlichen Zusammenhang mit dem Futuregeschäft steht.[738] Ist der Future auf physische Lieferung seines Basiswerts gerichtet, so ist die aufgewandte

---

735 Aktien fallen unter § 20 Abs. 2 Satz 1 Nr. 1 Satz 1 EStG; Futures unter § 20 Abs. 2 Satz 1 Nr. 3 EStG, bzgl. Futures vgl. nur *Buge*, in: Herrmann/Heuer/Raupach, EStG, § 20, Rn. 472.
736 Vgl. BFH, Urt. v. 03.05.2007 – VI R 36/05, juris, Rn. 15; *Moritz/Strohm*, in: Frotscher/Geurts, EStG, § 20, Rn. 246.
737 Vgl. *Moritz/Strohm*, in: Frotscher/Geurts, EStG, § 20, Rn. 246.
738 Vgl. zur steuerlichen Behandlung eines auf einen Differenzausgleich ausgerichteten Futures *BMF*, v. 18.01.2016 – IV C 1-S 2252/08/10004:017//2015/0468306,

Optionsprämie nebst Transaktionskosten steuerlich so zu behandeln wie der Basiswert des Futures: Sie ist also zunächst dem Futuregeschäft als dem Basisgeschäft der Option zuzuschlagen. Das Futuregeschäft wiederum wird seinem Basisgeschäft – der Lieferung des Basiswerts – zugeschlagen und ist dort steuerlich zu berücksichtigen.[739] Mit der Folge, dass schlussendlich die Optionsprämie im Rahmen des Basisgeschäfts des Futuregeschäfts berücksichtigt wird. Infolge der rechtlichen Konstruktion kann es in der Praxis zu einer komplizierten Kettenbetrachtung kommen.

d) Verlustverrechnungsbeschränkung für vergeblich aufgewandte Optionsprämien?

Vergeblich aufgewandte Prämien für Optionen, die darauf gerichtet sind, Aktien zu liefern, zählen als vergebliche Aufwendungen zum Basisgeschäft. Offen ist jedoch, ob es sich hierbei um Verluste aus Kapitalvermögen im Sinne des § 20 Abs. 2 Satz 1 Nr. 1 Satz 1 EStG handelt, die aus der Veräußerung von Aktien entstehen. Bejahte man die Frage, wären die vergeblich aufgewandten Optionsprämien für Optionen, die auf Lieferung von Aktien gerichtet sind, aufgrund des Verlustverrechnungsverbots, das der Gesetzgeber in § 20 Abs. 6 Satz 4 EStG verankert hat,[740] nur mit Gewinnen verrechenbar, die aus der Veräußerung von Aktien stammen. Sofern es zu keinem gewinnträchtigen Basisgeschäft mit Aktien kommen sollte, fänden die vergeblichen Aufwendungen dann aber keinerlei steuerliche Berücksichtigung. In Fällen, in denen ein Steuerpflichtiger mit Aktienoptionen nur zur Spekulation handelt und es dabei zu keinen Gewinnen aus Aktiengeschäften kommt, minderten die aufgelaufenen Verluste aus

---

BStBl I 2016, S. 85 (Rn. 36); *Haisch*, Derivatebesteuerung im Privatvermögen ab 2009, S. 201.
739 Vgl. zur steuerlichen Behandlung des Futuregeschäfts bei Lieferung des Basiswerts *Haisch*, Derivatebesteuerung im Privatvermögen ab 2009, S. 202–203.
740 Ob das Verlustverrechnungsverbot mit der Verfassung in Einklang steht, ist in Literatur, vgl. *Buge*, in: Herrmann/Heuer/Raupach, EStG, § 20, Rn. 620; *Englisch*, StuW 2007, 221 (237 f.); *Jachmann-Michel/Lindenberg*, in: Lademann, EStG, § 20, Rn. 112, 895–900; *Jochum*, in: Kirchhof/Mellinghoff/Kube, EStG, § 20, H 52–H 68; *Moritz/Strohm*, in: Frotscher/Geurts, EStG, § 20, Rn. 51 und Rechtsprechung, vgl. *Schleswig-Holsteinisches Finanzgericht*, Urt. v. 28.02.2018 – 5 K 69/15, juris; *BFH*, Vorlagebeschluss v. 17.11.2020 – VIII R 11/18, juris, umstritten.

C. Einkommensteuerliche Behandlung de lege lata

verfallenen Aktienoptionen dann nicht fehlende erzielte Gewinne aus veräußerten Aktienpositionen.

Der Wortlaut des § 20 Abs. 6 Satz 4 EStG spricht von „Verluste[n] aus Kapitalvermögen [...], die aus der Veräußerung von Aktien entstehen", und grenzt dadurch den Anwendungsbereich der Verlustverrechnungsbeschränkung massiv ein. Betroffen sind nur Verluste, die aus der Veräußerung von Aktien entstehen – nicht jedoch andere Wertpapiere oder Finanzmarktprodukte, wie Termingeschäfte.[741] Nach dem ausdrücklichen Willen des Gesetzgebers sollten Finanzmarktprodukte, insbesondere auch Termingeschäfte, kein Teil der speziellen Beschränkung sein, da von ihnen – aufgrund ihrer geringen Verbreitung bei Privatanlegern – kein qualifiziertes Haushaltsrisiko ausgehe.[742]

Da Optionen, die darauf gerichtet sind, Aktien zu liefern, Termingeschäfte sind,[743] fallen sie nicht unter die Verlustverrechnungsbeschränkung des § 20 Abs. 6 Satz 4 EStG. Insofern sind auch die eingenommenen Stillhalterprämien bei einer Kaufoption über Aktien nicht als Aktiengeschäfte anzusehen.[744] Nichts anderes gilt spiegelbildlich für die aufgewandten Optionsprämien beim Optionsinhaber. Zwar kommen die vergeblich aufgewandten Optionsprämien steuerlich im Rahmen der Gewinnermittlung des Basiswerts (Aktie) zum Tragen, jedoch hängt die Art der Gewinnermittlung nicht von der denklogisch anschließenden Verrechnung eines ermittelten Gewinns (oder Verlusts) ab.

Im Ergebnis sind die vergeblich aufgewandten Optionsprämien für Optionen, die auf Lieferung von Aktien gerichtet sind, keine Verluste aus Kapitalvermögen im Sinne des § 20 Abs. 2 Satz 1 Nr. 1 Satz 1 EStG, die aus der Veräußerung von Aktien entstehen. Für sie greift die Verlustverrechnungsbeschränkung des § 20 Abs. 6 Satz 4 EStG nicht. Solche Verluste sind daher mit allen Gewinnen innerhalb der Einkünfte aus Kapitalvermögen verrechenbar.

---

741 *Buge*, in: Herrmann/Heuer/Raupach, EStG, § 20, Rn. 620; *Jachmann-Michel/Lindenberg*, in: Lademann, EStG, § 20, Rn. 898; *Jochum*, in: Kirchhof/Mellinghoff/Kube, EStG, § 20, H 47; *Bleschick*, in: Kirchhof/Seer, Einkommensteuergesetz (EStG), § 20, Rn. 177; *Redert*, in: Fuhrmann/Kraeusel/Schiffers, 360° EStG eKommentar, § 20, Rn. 723.
742 BT-Drs. 16/5491, S. 19.
743 Vgl. Ausführungen unter Punkt C.I.3.b)v: Bewertung und Fazit.
744 *Buge*, in: Herrmann/Heuer/Raupach, EStG, § 20, Rn. 620.

e) Sonstige abzugsfähige Aufwendungen

§ 20 Abs. 4 Satz 5 EStG lässt sämtliche Aufwendungen zum Abzug zu, die unmittelbar im Zusammenhang mit dem Termingeschäft stehen.[745] Im Gegensatz zum Wortlaut von § 20 Abs. 4 Satz 1 EStG stellt die Vorschrift auf einen Zusammenhang mit dem gesamten Termingeschäft ab – und nicht lediglich auf den Anschaffungs- und Veräußerungsvorgang. Damit unterliegen in Konstellationen, in denen der Inhaber ein Optionsgeschäft verfallen lässt, das auf Differenzausgleich gerichtet ist, aber auch Zinsaufwendungen, die im Rahmen des Termingeschäfts (z. B. als Marginzinsen) anfallen, dem Steuerabzug.[746] Demgegenüber sind Zinsaufwendungen im Rahmen der Gewinnermittlung nach § 20 Abs. 4 Satz 1 Hs. 1 EStG für verfallene Optionen, die auf Lieferung des Basiswerts gerichtet waren, nicht berücksichtigungsfähig.

f) Behandlung von Fremdwährungen beim Verfall

Für die steuerliche Behandlung von in Fremdwährung durchgeführten Optionsgeschäften ist beim Verfall zwischen Optionen, die auf einen Differenzausgleich gerichtet sind, und solchen, die auf die Lieferung des Basiswerts gerichtet sind, zu unterscheiden.

Bei Verfall von Optionsgeschäften, die auf einen Differenzausgleich gerichtet sind, sowie bei Optionen, die auf die Lieferung eines Futures abzielen, der wiederum auf einen Differenzausgleich gerichtet ist, greift § 20 Abs. 4 Satz 1 Hs. 2 EStG nicht. Denn in diesen Fällen liegt kein Veräußerungsgeschäft vor und es läge auch im Falle der Ausübung der Option kein Veräußerungsgeschäft vor. Vielmehr ist dann auf die allgemeinen Regelungen in § 8 Abs. 1 i.V.m. § 2 Abs. 1 Nr. 5 EStG und § 9 Abs. 1 Satz 1 EStG zurückzugreifen. Es findet eine Umrechnung zum Anschaffungszeitpunkt der Option statt und für die vergeblich gezahlten Optionsprämien ist der

---

745 *Jochum*, in: Kirchhof/Mellinghoff/Kube, EStG, § 20, F 25; *Bleschick*, in: Kirchhof/Seer, Einkommensteuergesetz (EStG), § 20, Rn. 155.
746 Vgl. *Jochum*, in: Kirchhof/Mellinghoff/Kube, EStG, § 20, F 25; *Bleschick*, in: Kirchhof/Seer, Einkommensteuergesetz (EStG), § 20, Rn. 155; a.A. *Haisch*, in: Haisch/Helios, Rechtshandbuch Finanzinstrumente, § 6, Rn. 64; *Moritz/Strohm*, in: Moritz/Strohm, Handbuch Besteuerung privater Kapitalanlagen, S. 129–297 (Rn. 253).

C. Einkommensteuerliche Behandlung de lege lata

Devisengeldkurs am Tag des Abflusses der Optionsprämie zu verwenden, da es sich um Fremdwährungsabflüsse handelt.[747]

Bei Optionsgeschäften, die auf die Lieferung des Basiswerts gerichtet sind, sowie bei Optionen, die auf die Lieferung eines Futures abzielen, der wiederum auf eine Lieferung des Basiswerts gerichtet ist, kommt § 20 Abs. 4 Satz 1 Hs. 2 EStG indes zur Anwendung. Bei Geschäften, die die Parteien nicht in Euro getätigt haben, sind die Einnahmen zum Zeitpunkt der Veräußerung[748] in Euro umzurechnen, die Anschaffungskosten zum Zeitpunkt der Anschaffung[749]. Somit kommt es, wenn der Inhaber eine Option in Fremdwährung ausübt, für die Umrechnung in Euro jeweils auf den Zeitpunkt der Ausübung an.[750] Beim Verfall einer Option existieren solche Zeitpunkte aber gerade nicht. Zu welchem Zeitpunkt sind die Einnahmen beim Verfall einer Option dann aber in Euro umzurechnen?

Beim Verfall der Option könnte es dafür auf den Zeitpunkt der Anschaffung der Option und die Zahlung der Optionsprämie ankommen. Hierfür spricht ein Gleichlauf mit den auf Differenzausgleich gerichteten Optionen, gleichwohl diese nach § 8 Abs. 1 i.V.m. § 2 Abs. 1 Nr. 5 EStG und § 9 Abs. 1 Satz 1 EStG zu behandeln sind und nicht nach § 20 Abs. 4 Satz 1 Hs. 2 EStG.

Andererseits könnte beim Verfall auf den Tag des Verfalls als den letztmöglichen Ausübungszeitpunkt abzustellen sein. Für ihn spricht, dass die aufgewandten Optionsprämien nebst Transaktionskosten steuertatbestandlich erst dann als vergebliche Aufwendungen Berücksichtigung finden, wenn die Option verfällt. Die aufgewandten Optionsprämien nebst Trans-

---

747 Vgl. *Dahm/Hamacher*, DStR 2008, 1910 (1916); *Haisch*, Derivatebesteuerung im Privatvermögen ab 2009, S. 130; *Jachmann-Michel/Lindenberg*, in: Lademann, EStG, § 20, Rn. 493.
748 Also zu dem Zeitpunkt, zu dem der Veräußerungsvertrag über den Basiswert abgeschlossen wird, vgl. *Jochum*, in: Kirchhof/Mellinghoff/Kube, EStG, § 20, F 17.
749 Also zu dem Zeitpunkt, zu dem der Kaufvertrag über den Basiswert abgeschlossen wird, vgl. *BMF*, v. 18.01.2016 – IV C 1-S 2252/08/10004:017//2015/0468306, BStBl I 2016, S. 85 (Rn. 85); *Redert*, in: Fuhrmann/Kraeusel/Schiffers, 360° EStG eKommentar, § 20, Rn. 585.
750 Vgl. Ausführungen unter Punkte C.II.3.a)i(4): Aufgewandte Optionsprämien in Fremdwährung: Umrechnung in Euro, C.II.3.a)ii(1)(c): Problem: Umrechnung in Euro bei in Fremdwährung aufgewandten Optionsprämien bei Verkaufsoptionen, und Punkt C.II.3.a)ii(2)(a): Aufgewandte Optionsprämien in Fremdwährung: Umrechnung in Euro.

aktionskosten sind deshalb im Ergebnis mit dem Devisengeldkurs[751] am Tag des Verfalls umzurechnen.

g) Besteuerungszeitpunkt der vergeblich aufgewandten Optionsprämien samt Transaktionskosten

Da der Tatbestand des § 20 Abs. 2 Satz 1 Nr. 3 Buchst. a) EStG (bei auf Differenzausgleich gerichteten Optionen) bzw. § 20 Abs. 2 Satz 1 Nr. 1 EStG (bei auf physische Lieferung gerichteten Optionen) erst mit dem Verfall der angeschafften Option erfüllt ist, steht auch erst mit Verfall fest, dass die aufgewandten Optionsprämien nebst Transaktionskosten als vergebliche Aufwendungen i.S.d. § 20 Abs. 4 Satz 5 i.V.m. § 20 Abs. 2 Satz 1 Nr. 3 Buchst. a) EStG bzw. vergebliche Anschaffungs- oder Veräußerungskosten nach § 20 Abs. 4 Satz 1 Hs. 1 EStG i.V.m. § 20 Abs. 2 Satz 1 Nr. 1 EStG zu berücksichtigen sind. Dadurch findet, wie auch bei der Ausübung der Option, eine – rechtfertigbare – Durchbrechung des Zufluss- und Abflussprinzips statt.[752]

h) Zwischenergebnis zum Verfall

Wenn Optionen auf Seiten des Optionsinhabers verfallen, ist eine differenzierte Betrachtung erforderlich. Sie hängt davon ab, wie die Abwicklung der Option konkret ausgestaltet ist.
Bei Optionen, die auf einen Differenzausgleich zielen, sind die vergeblich aufgewandten Optionsprämien nebst Nebenkosten nach § 20 Abs. 2 Satz 1 Nr. 3 Buchst. a) i.V.m. Abs. 4 Satz 5 EStG steuerlich bei der Ermittlung der Einkünfte aus Kapitalvermögen zu berücksichtigen. Bei Optionen, die auf eine physische Lieferung des Basiswerts gerichtet sind, richtet sich die Antwort auf die Frage, wie die vergeblich aufgewandten Prämien und Transaktionskosten steuerlich ins Gewicht fallen, danach, wie der

---

[751] Die Umrechnung erfolgt, da es sich um einen Fremdwährungsabfluss handelt, mit dem Devisengeldkurs, vgl. *Dahm/Hamacher*, DStR 2008, 1910 (1916); *Haisch*, Derivatebesteuerung im Privatvermögen ab 2009, S. 130; *Jachmann-Michel/Lindenberg*, in: Lademann, EStG, § 20, Rn. 493.
[752] Vgl. Ausführungen unter Punkt C.II.3.a)i(5): Besteuerungszeitpunkt, und Punkt C.II.3.a)ii(1)(d): Besteuerungszeitpunkt.

C. Einkommensteuerliche Behandlung de lege lata

Basiswert steuerlich zu behandeln ist. Insofern kommt bei Aktienoptionen § 20 Abs. 2 Satz 1 Nr. 1 i.V.m. Abs. 4 Satz 1 Hs. 1 EStG zur Anwendung.

Bei Futureoptionen, deren Basiswert auf einen Differenzausgleich gerichtet ist, sind die vergeblich aufgewandten Optionsprämien nebst Nebenkosten nach § 20 Abs. 2 Satz 1 Nr. 3 Buchst. a) i.V.m. Abs. 4 Satz 5 EStG zu berücksichtigen. Bei Futureoptionen, die auf die Lieferung des Basiswerts gerichtet sind, kommt es wiederum darauf an, wie das Basisgeschäft des Futures steuerlich erfasst wird.

Da die Gewinnermittlung unterschiedlich ausgestaltet ist, ist zwischen beiden Ausgestaltungen der Option auch bei der Frage zu differenzieren, wie Optionsprämien, die der Inhaber in einer Fremdwährung aufgewandt hat, in Euro umzurechnen sind. Bei Optionen, die auf einen Differenzausgleich gerichtet sind, ist zum Anschaffungszeitpunkt der Option umzurechnen, während es bei auf Lieferung gerichteten Optionen auf den Zeitpunkt des Verfalls ankommt.

5. Zwischenergebnis zur steuerlichen Behandlung beim Optionsinhaber

Der Erwerb einer Option allein löst beim Optionsinhaber noch keine steuerlichen Folgen aus. Bei den verschiedenen Formen der Beendigung ist die Lage indes anders.

Bei einer Beendigung durch Glattstellung gilt: Im Wege der Auslegung ist die rechtliche Glattstellung als Veräußerung im Sinne des § 20 Abs. 2 Satz 1 Nr. 3 Buchst. b) EStG einzuordnen, da es bei börsengehandelten Optionsgeschäften aufgrund der Handelsbedingungen von Terminbörsen nicht möglich ist, die Option an einen Dritten zu veräußern. Stellt der Optionsinhaber eine Option hingegen ausschließlich wirtschaftlich glatt, liegt keine Veräußerung im Sinne der Vorschrift vor. Denn sowohl die ursprünglich angeschaffte als auch die zu ihrer wirtschaftlichen Glattstellung geschriebene Option bestehen bis zum jeweiligen Verfall nebeneinander fort.

Bei der Beendigung durch Ausübung einer gekauften Option mit physischer Lieferung des Basiswerts sind Option und Basisgeschäft als wirtschaftliche Einheit zu betrachten. Bei den aufgewandten Optionsprämien nebst Nebenkosten handelt es sich bei Kaufoptionen um Anschaffungsnebenkosten und bei Verkaufsoptionen um Veräußerungsnebenkosten des Basiswerts. Der „Erfolg", den der Optionsinhaber im Rahmen der Ausübung der Option dadurch erlangt hat, dass er den Basiswert unter Marktpreis anschaffen konnte (bei Kaufoptionen) bzw. über Marktpreis verkaufen konnte (bei Verkaufsoptionen), ist nicht getrennt von der Besteuerung des Basisgeschäfts zu erfassen.

Erhält der Optionsinhaber einen Differenzausgleich, so fällt der Betrag unter § 20 Abs. 2 Satz 1 Nr. 3 Buchst. a) EStG; die aufgewandten Optionsprämien finden im Rahmen der Gewinnermittlung nach § 20 Abs. 4 Satz 5 EStG Berücksichtigung.

Kommt es zu einem wertlosen Verfall der Option, sind die aufgewandten Optionsprämien – anders als nach alter Rechtslage – seit Einführung des UntStReformG 2008 steuerlich relevant. Bei der steuerlichen Einordnung ist zwischen verfallenen Optionen, die auf die Zahlung eines Differenzausgleichs abzielen, und verfallenen Optionen, die auf die Lieferung des Basiswerts gerichtet sind, zu differenzieren: Bei ersteren sind die aufgewandten Optionsprämien nebst Transaktionskosten nach § 20 Abs. 2 Satz 1 Nr. 3 Buchst. a) i.V.m. Abs. 4 Satz 5 EStG zu berücksichtigen, während sich die steuerliche Behandlung bei letzteren nach derjenigen des Basiswerts richtet. Insofern fallen die aufgewandten Optionsprämien nebst Transaktionskosten bei Aktienoptionen als vergebliche Aufwendungen unter § 20 Abs. 2 Satz 1 Nr. 1 i.V.m. Abs. 4 Satz 1 Hs. 1 EStG. Bei Futureoptionen, deren Basiswert auf einen Differenzausgleich gerichtet ist, sind die vergeblich aufgewandten Optionsprämien nebst Nebenkosten wiederum nach § 20 Abs. 2 Satz 1 Nr. 3 Buchst. a) i.V.m. Abs. 4 Satz 5 EStG zu berücksichtigen, während Futureoptionen, die auf die Lieferung des Basiswerts gerichtet sind, insofern der steuerlichen Erfassung des Basisgeschäfts des Futures folgen.

Da die Gewinnermittlung in beiden Fällen unterschiedlich ausgestaltet ist, ist auch bei der Frage, wie Optionsprämien, die der Inhaber in Fremdwährung aufgewandt hat, sowie Nebenkosten in Euro umzurechnen sind, zwischen den zwei Ausgestaltungen der Option zu unterscheiden. Bei Optionen, die auf einen Differenzausgleich gerichtet sind, erfolgt die Umrechnung zum Anschaffungszeitpunkt der Option, bei auf Lieferung gerichteten Optionen hingegen zum Zeitpunkt des Verfalls.

III. Optionsstrategien und Optionen im Zusammenspiel mit Positionen im Basiswert

Der Optionshandel zeichnet sich durch eine große Flexibilität aus: Insbesondere im Hinblick auf spekulative Geschäfte lassen sich unterschiedliche

C. Einkommensteuerliche Behandlung de lege lata

Optionsstrategien verwirklichen.[753] Optionen bieten sich aber nicht nur zur Spekulation an. Sie können auch der Absicherung[754] dienen oder zusätzliche Kapitalzuflüsse im Zusammenhang mit Basiswerten generieren[755], die der Steuerpflichtige ohnehin bereits hält oder zu erwerben beabsichtigt.

Der analytische Blick muss deshalb auch darauf fallen, ob die steuerliche Betrachtung einzelner Optionsgeschäfte anders ausfällt, wenn sie in Kombination auftreten. Die Untersuchung unterscheidet insoweit zwischen einer Kombination mehrerer Optionen als Optionsstrategie (1.) und einer Kombination aus Option und Basiswert (2.).

Aufgrund der schier unbegrenzten Möglichkeiten, mehrere Optionen miteinander zu kombinieren, beschränkt sich die Untersuchung darauf, eine abstrakte Prüfung der Sach- und Rechtslage vorzunehmen, statt konkrete Optionsstrategien zu beleuchten. Die gewonnenen Erkenntnisse aus der abstrakten Prüfung lassen sich indes auf jede konkrete Optionsstrategie übertragen.

Im Zusammenhang mit der Nutzung von Optionen mit Positionen des Basiswerts stehen indes die beiden relevantesten Kombinationen im Mittelpunkt: Optionen, die dazu dienen zusätzlichen Kapitalzufluss zu generieren (*Cashflow*), und Optionen zur Absicherung der Basiswertposition (*hedging*).

1. Kombination von Optionen als Optionsstrategie

Bei einer Optionsstrategie, die sich aus mehreren Optionen zusammensetzt, bestehen *a priori* zwei Möglichkeiten der steuerlichen Behandlung: Entweder ist jede Option, die ein Steuerpflichtiger im Rahmen einer Optionsstrategie einsetzt, einzeln der Besteuerung unterworfen oder alle gemeinsam als Besteuerungseinheit.

---

753 Vgl. Ausführungen unter Punkt B.I.7: Optionsstrategien und Kombinationsgeschäfte.
754 Vgl. Ausführungen unter Punkt B.I.5.a: Absicherungsgeschäfte.
755 Vgl. Ausführungen unter Punkt B.I.7.b: Kombination zwischen Optionsgeschäft und einer bereits im Depot gehaltenen Position zur Generierung von zusätzlichem Cashflow.

III. Optionsstrategien und Optionen im Zusammenspiel mit Positionen im Basiswert

a) Zur alten Rechtslage bis zum 31.12.2008

Die Rechtsprechung zur Rechtslage bis zum 31.12.2008 behandelte jedes einzelne Optionsgeschäft getrennt.[756] Da jedes sogenannte Kombinationsgeschäft aus rechtlich selbstständigen Grundgeschäften bestehe, seien diese auch getrennte voneinander steuerlich zu betrachten.[757] Insbesondere seien sogenannte *Spreads*[758] nicht als „einheitliche Optionsgeschäfte" einzuordnen.[759] Selbst wenn man davon ausgehe, dass gekaufte und verkaufte Optionen wirtschaftlich einheitlich zu betrachten seien, seien die für eine einheitliche steuerliche Behandlung notwendigen steuerbegründenden Merkmale des § 23 Abs. 1 Satz 1 Nr. 4 EStG a.F. nicht erfüllt: Die Regelung fordere den „Erwerb" des dort umschriebenen Rechts, woran es bei der eingeräumten Option aber gerade fehle.[760]

Die Rechtsprechung zur alten Rechtslage behandelte gekaufte Optionsrechte deshalb letztlich als privates Veräußerungsgeschäft im Sinne des § 22 Nr. 2 i.V.m. § 23 Absatz 1 Satz 1 Nr. 2 EStG. Die eingenommenen Stillhalterprämien erfasste sie als Einkünfte aus Leistungen gemäß § 22 Nr. 3 EStG a.F. Aufgrund der Verlustausgleichsbeschränkung in § 22 Nr. 3 Satz 3 EStG a.F. war es auch ausgeschlossen, eine Verrechnung (Saldierung) der Gewinne/Verluste aus gekauften und geschriebenen Optionspositionen vorzunehmen. Aus Sicht des Steuerpflichtigen bestand beim Handel von Optionsstrategien daher ein Interesse daran, dass eine Saldierung zwischen aufgewandten und vereinnahmten Prämien bereits bei der steuertatbestandlichen Erfassung innerhalb der Strategie stattfand. In diesem Sinne plädierte *Schick* dafür, jedenfalls im Rahmen von *Vertical Spreads* einen Werbungskostenabzug der gezahlten Optionsprämien bis zur Höhe der eingenommenen Stillhalterprämie zuzulassen.[761]

b) Aktuelle Rechtslage seit dem 01.01.2009

Auch das UntStReformG 2008 hat keine ausdrückliche gesetzliche Regelung in § 20 EStG eingeführt, nach der Optionsstrategien zu behandeln

---

756 *BFH*, Urt. v. 28.11.1990 – X R 197/87, juris; Urt. v. 11.02.2014 – IX R 46/12, juris; *FG Köln*, Urt. v. 31.10.2012 – 4 K 73/09, juris.
757 *BFH*, Urt. v. 11.02.2014 – IX R 46/12, juris, Rn. 26.
758 Zum Begriff vgl. Ausführungen unter Punkt B.I.7.a)i: Spreads.
759 *BFH*, Urt. v. 11.02.2014 – IX R 46/12, juris, Rn. 26.
760 *BFH*, Urt. v. 11.02.2014 – IX R 46/12, juris, Rn. 28.
761 *Schick*, Die Besteuerung von Optionsgeschäften, S. 228–229.

C. Einkommensteuerliche Behandlung de lege lata

wären. Als Anknüpfungspunkt bieten sich jedoch die Tatbestände in § 20 Abs. 2 Satz 1 Nr. 3 Buchst. a) und b) EStG an: Beide setzen voraus, dass ein Termingeschäft besteht – was bei Optionsgeschäften als bedingten Termingeschäften der Fall ist.[762] Die Optionsstrategien müssten aber auch Optionsgeschäfte sein. Ein Optionsgeschäft bedarf eines Vertrags. Insofern sind Optionsstrategien nur dann ein Optionsgeschäft, wenn ein Vertrag vorhanden ist, aus dem sich die Optionsstrategie ergibt. Einen einheitlichen zivilrechtlichen Optionsstrategievertrag bieten die Terminbörsen aber nicht an; die Börsenteilnehmer können ihn deshalb auch nicht abschließen.

Zwar bieten die Börsen eine Standardisierung in ihrem Ordersystem an, um zeitgleiche Einzelaufträge abhängig voneinander auszuführen.[763] Jedoch formulieren die Handelsbedingungen keine standardisierten Optionsstrategieverträge. Die einzelnen Optionen, die ein Inhaber im Rahmen einer standardisierten Kombinationsorder erworben hat, kann er nach Abschluss des Eröffnungsgeschäfts auch einzeln beenden. Dadurch behalten die einzelnen Optionen auch im Rahmen von Orderverknüpfungen, welche die Terminbörsen anbieten, weiterhin ihre rechtliche Selbstständigkeit bei Optionsstrategien.[764]

Als Beurteilungseinheit können mehrere selbstständige Rechtsverhältnisse aber auch dann steuerlich einheitlich zu behandeln sein, wenn sie eine sogenannte wirtschaftliche Einheit bilden.[765] Dafür muss ein qualifizierter sachlicher, zeitlicher und personeller Zusammenhang zwischen den einzelnen Finanzinstrumenten bestehen.[766] Ein solcher sachlicher Zusammenhang setzt aber voraus, dass die einzelne Option nicht ohne die jeweilige andere Option geschrieben bzw. erworben worden ist und dass die Optionen bei objektiver Betrachtungsweise darauf angelegt sind, als Einheit abgewickelt zu werden.[767]

---

762 Vgl. Ausführungen unter Punkt C.I.3.b)v: Bewertung und Fazit.
763 Vgl. *Eurex Frankfurt AG*: Bedingungen für den Handel an der Eurex Deutschland: Stand 02.05.2019, Ziff. 2.2, 2.2.4, 1.3 Abs. 4 und 3.8 Abs. 1, <www.eurexchange.com/resource/blob/311274/e2c143d82ccfdbb551262d61a7700482/data/handelsbedingungenpdf_ab-20190502.pdf>, abgerufen am 16.07.2019.
764 Vgl. auch *Haisch*, Derivatebesteuerung im Privatvermögen ab 2009, S. 51.
765 Vgl. *BFH*, Urt. v. 19.04.2005 – VIII R 80/02, juris, Rn. 13; *Haisch*, Derivatebesteuerung im Privatvermögen ab 2009, S. 86 m.w.N.
766 *Haisch*, in: Haisch/Helios, Rechtshandbuch Finanzinstrumente, § 6, Rn. 12.
767 Vgl. *BFH*, Urt. v. 19.04.2005 – VIII R 80/02, juris; *Haisch*, Derivatebesteuerung im Privatvermögen ab 2009, S. 88.

III. Optionsstrategien und Optionen im Zusammenspiel mit Positionen im Basiswert

Im Rahmen von *Vertical Spreads* könnte der Kauf einer Option zur Sicherung (Verlustbegrenzung) einen solchen sachlichen Zusammenhang darstellen. Mit seiner Entscheidung, *Vertical Spreads* als standardisierten Orderauftrag an der Terminbörse zu handeln, bringt der Steuerpflichtige zum Ausdruck, dass er die jeweilige Option nicht ohne die jeweils andere Option kaufen oder verkaufen wollte. Aus seiner Sicht ist das Kombinationsgeschäft auch darauf angelegt, als entsprechende Einheit abgewickelt zu werden.

Demgegenüber vertritt *Haisch* die Auffassung, dass bei Optionen, die der Inhaber aus Sicherungszusammenhängen abgeschlossen hat, kein ausreichender sachlicher Zusammenhang bestehen könne.[768] Auch wenn es im Rahmen von Betriebsvermögen für bilanzielle Zwecke durchaus in Betracht komme, sogenannte Bewertungseinheiten zu bilden, seien diese Grundsätze im Rahmen der Überschusseinkünfte nicht anzuwenden, da hier die Einkünfte nicht durch Betriebsvermögensvergleich zu ermitteln seien.[769] Auch entstünden keine neuen Besteuerungseinheiten, wenn man Bewertungseinheiten bilde. Ansatzpunkt für die Besteuerung bliebe vielmehr stets das einzelne Rechtsverhältnis bzw. Wirtschaftsgut.[770] Dieser Einschätzung ist im Ergebnis zuzustimmen. Auch ein Optionsgeschäft, dass der Inhaber im Rahmen eines *Vertical Spread* zur Risikoabsicherung vornimmt, ist als Sicherungsgeschäft steuerlich selbstständig und getrennt zu beurteilen.[771]

Bestimmte Optionsstrategien können darüber hinaus bereits mangels zeitlichen Zusammenhangs zwischen den einzelnen Optionen keine wirtschaftliche Einheit bilden. Ein zeitlicher Zusammenhang setzt voraus, dass die Zeitpunkte der Eingehung und Beendigung des jeweiligen Geschäfts zusammenfallen.[772] Das ist aber gerade nicht der Fall, wenn bestimmte Optionsstrategien gerade auf zeitliche Unterschiede oder Unterschiede in den Terminkursen angelegt sind.[773]

Mit Einführung des UntStReformG 2008 ist es zudem – entgegen der alten Rechtslage – nicht mehr erforderlich, bei *Vertical Spreads* eine bereits tatbestandsmäßige Saldierung vorzunehmen. Denn nunmehr ist eine Sal-

---

768 *Haisch*, Derivatebesteuerung im Privatvermögen ab 2009, S. 89.
769 *Haisch*, Derivatebesteuerung im Privatvermögen ab 2009, S. 89.
770 *Haisch*, Derivatebesteuerung im Privatvermögen ab 2009, S. 89.
771 Vgl. zum Verhältnis Sicherungsgeschäft und Grundgeschäft BFH, Urt. v. 02.04.2008 – IX R 73/04, juris, Rn. 18.
772 Ausführlich *Haisch*, Derivatebesteuerung im Privatvermögen ab 2009, S. 90–92 m.w.N.
773 Zum Beispiel *Calendar Spreads*.

C. Einkommensteuerliche Behandlung de lege lata

dierung der Einnahmen aus der *Short* Position (§ 20 Abs. 1 Nr. 11 EStG) mit der *Long* Position (§ 20 Abs. 2 Satz 1 Nr. 3 Buchst. a) oder b) EStG) nicht mehr ausgeschlossen. Vielmehr sind bei der Ermittlung der Einkünfte aus Kapitalvermögen die Einnahmen und Verluste der einzelnen Optionspositionen zu saldieren.[774]

2. Kombination von Option und Basiswert

Optionen lassen sich auch in Kombination mit dem gehaltenen oder zum Erwerb beabsichtigten Basiswert nutzen. Hierbei stehen im Wesentlichen zwei Ziele im Vordergrund. Zum einen soll das Schreiben der Optionen einen zusätzlichen Kapitalzufluss generieren (a). Zum anderen kommen Optionsgeschäfte in diesem Zusammenhang zum Einsatz, um sich gegen Kursverluste abzusichern (b).

a) Kombination mit dem Ziel, Einkünfte zu generieren

Der Inhaber einer *Long* Position des Basiswerts kann bei bereits gehaltenen Positionen des Basiswerts dadurch zusätzliche Einkünfte generieren, dass er Kaufoptionen schreibt (sogenanntes *Covered Call Writing*).[775] Für einen

---

[774] Ab dem VZ 2021 können nach § 20 Abs. 6 Satz 5 EStG Verluste aus Termingeschäften nur mit Gewinnen aus Termingeschäften und mit positiven Einkünften aus Stillhalterprämien ausgeglichen werden. Nicht verrechnete Verluste können auf Folgejahre vorgetragen werden und jeweils in Höhe von 20.000 € mit Gewinnen aus Termingeschäften oder mit Stillhalterprämien verrechnet werden, wenn nach der unterjährigen Verlustverrechnung ein verrechenbarer Gewinn verbleibt. Die Verluste können aber nicht mit anderen Kapitalerträgen verrechnet werden. Ursprünglich war die Verlustverrechnung auf 10.000 € begrenzt, jedoch hat der Gesetzgeber mit dem JStG 2020 (v. 21.12.2020, BGBl. I 2020, 3096) die Grenze vor dem erstmaligen Anwendungsbeginn auf 20.000 € angehoben. Die Verlustverrechnungsbeschränkung wird in der Literatur überwiegend kritisiert und zurecht werden erhebliche Zweifel an der Verfassungsmäßigkeit erhoben, vgl. hierzu *Bleschick*, in: Kirchhof/Seer, Einkommensteuergesetz (EStG), § 20, Rn. 177b; *Cornelius/Hoffmann*, ErbStB 2020, 225; *Dinkelbach/Briesemeister*, DB 2020, 579; *Drüen*, FR 2020, 663; *Jachmann-Michel*, BB 2020, 727; *Jachmann-Michel*, jM 2020, 120; *Redert*, in: Fuhrmann/Kraeusel/Schiffers, 360° EStG eKommentar, § 20, Rn. 725.2.

[775] Vgl. Ausführungen unter Punkt B.I.7.b)i: Covered Call Writing.

III. Optionsstrategien und Optionen im Zusammenspiel mit Positionen im Basiswert

Leerverkäufer bietet sich die spiegelbildliche Strategie des *Covered Put Writings* an.

i) Covered Call Writing

Beim *Covered Call Writing* schreibt der Stillhalter regelmäßig Kaufoptionen auf den gehaltenen Basiswert. Übt der Inhaber die geschriebene Kaufoption nicht aus, sodass sie am Laufzeitende verfällt, so behält der Stillhalter die gehaltene Position des Basiswerts und die eingenommene Stillhalterprämie.

Doch wie sind dann die eingenommenen Stillhalterprämien steuerlich zu erfassen? Entweder sind sie im Rahmen der Einkünfteermittlung der gehaltenen Position des Basiswerts zu erfassen oder selbstständig zu betrachten. Hierbei bietet es sich an, zwischen nicht ausgeübten Kaufoptionen und ausgeübten Kaufoptionen zu unterscheiden.

(1) Verfallene Kaufoptionen

Bei Aktienoptionen sind die eingenommenen Optionsprämien von verfallenen Kaufoptionen bei der Gewinnermittlung des Basiswerts nicht nach § 20 Abs. 2 Satz 1 Nr. 1 i.V.m. Abs. 4 Satz 1 EStG zu erfassen: Der Wortlaut des § 20 Abs. 4 Satz 1 EStG spricht explizit nur von „Einnahmen aus der Veräußerung". Die Vorschrift umfasst also nur Einnahmen, die einen Zusammenhang mit der Veräußerung aufweisen. Bei den verfallenen Optionen fehlt es daran, da sie gerade nicht dazu geführt haben, dass der Basiswert veräußert wurde.

Auch bilden die verfallenen Kaufoptionen und die gehaltene Position des Basiswerts keine wirtschaftliche Einheit, die dazu führen könnte, dass beide für steuerliche Zwecke einheitlich zu erfassen sind. Dafür liegt bereits kein qualifizierter sachlicher Zusammenhang zwischen der gehaltenen Position im Basiswert und den geschriebenen verfallenen Kaufoptionen vor. Denn dafür dürfte die einzelne Kaufoption nicht ohne die Position im Basiswert geschrieben worden sein und müsste die Position im Basiswert sowie die geschriebene Option bei objektiver Betrachtungsweise darauf angelegt sein, als Einheit abgewickelt zu werden.[776] Zwar ist

---

776 Vgl. *BFH*, Urt. v. 19.04.2005 – VIII R 80/02, juris; *Haisch*, Derivatebesteuerung im Privatvermögen ab 2009, S. 88.

beim *Covered Call Writing* der Schluss möglich, dass die *Call* Option nicht geschrieben worden wäre – jedoch ist es dort gerade nicht gewünscht, die beiden Geschäftsvorfälle gemeinsam abzuwickeln. Vielmehr soll es aus Sicht des Stillhalters gerade nicht zu einer Ausübung der Kaufoption kommen.

Im Ergebnis bleibt es dabei, dass die jeweils eingenommenen Optionsprämien steuerlich getrennt vom Basiswert nach § 20 Abs. 1 Nr. 11 EStG zu erfassen sind.

(2) Ausgeübte Kaufoption

Der Stillhalter will grundsätzlich nicht, dass die Kaufoption ausgeübt wird und er die Basiswertposition veräußern muss. Vielmehr will er einen zusätzlichen Kapitalzufluss generieren. Kommt es dennoch – aus welchem Grund auch immer – zu einer Ausübung, sind die Prämien anders zu behandeln als bei einer verfallenen Kaufoption.

Bei der für die konkret ausgeübte Option eingenommenen Stillhalterprämie handelt es sich um eine Einnahme aus der Veräußerung: Basisgeschäft und Optionsgeschäft bilden in diesem Fall ein zeitlich gestaffeltes, wirtschaftlich einheitliches Geschäft.[777] Bei Aktienoptionen ist die eingenommene Stillhalterprämie deshalb nach § 20 Abs. 2 Satz 1 Nr. 1 i.V.m. Abs. 4 Satz 1 EStG, bei Futureoptionen hingegen nach § 20 Abs. 2 Satz 1 Nr. 3 Buchst. b) i.V.m. Abs. 4 Satz 1 EStG als Einnahme aus der Veräußerung zu erfassen.

ii) Covered Put Writing

Beim *Covered Put Writing* schreibt der Leerverkäufer regelmäßig Verkaufsoptionen auf den leerverkauften Basiswert. Übt er die geschriebene Verkaufsoption nicht aus, sodass sie am Laufzeitende verfällt, bleibt die Leerverkaufsposition bestehen und der Leerverkäufer behält die eingenommene Stillhalterprämie.

Sind die eingenommenen Stillhalterprämien dann im Rahmen der Einkünfteermittlung der leerverkauften Position des Basiswerts zu erfassen

---

[777] Vgl. Ausführungen unter Punkt C.I.3.a)i(1)(a)(cc): Stellungnahme: Berücksichtigung beim Basisgeschäft.

III. Optionsstrategien und Optionen im Zusammenspiel mit Positionen im Basiswert

oder selbstständig zu betrachten? Auch hier bietet es sich an, zwischen nicht ausgeübten und ausgeübten Verkaufsoptionen zu unterscheiden.

(1) Verfallene Verkaufsoptionen

Bei Aktienoptionen scheidet aus, die eingenommenen Optionsprämien verfallener Verkaufsoptionen nach § 20 Abs. 2 Satz 1 Nr. 1 i.V.m. Abs. 4 Satz 1 EStG zu erfassen. Der Wortlaut des § 20 Abs. 4 Satz 1 EStG umfasst nur Anschaffungskosten. Bei den nicht ausgeübten und mithin verfallenen Verkaufsoptionen mangelt es daran aber, da eine Anschaffung des Basiswerts dort gerade nicht stattfindet.

Darüber hinaus bilden die verfallenen Verkaufsoptionen und die Leerverkaufsposition keine wirtschaftliche Einheit, die es gebieten könnte, sie für steuerliche Zwecke einheitlich zu erfassen. Dafür fehlt bereits ein qualifizierter sachlicher Zusammenhang zwischen der Leerverkaufsposition im Basiswert und den geschriebenen verfallenen Verkaufsoptionen: Im Rahmen des *Covered Put Writings* ist es gerade nicht erwünscht, die beiden Geschäftsvorfälle gemeinsam abzuwickeln. Vielmehr will der Stillhalter (Leerverkäufer) dort gerade verhindern, dass es zu einer Ausübung der Option kommt.

Im Ergebnis bleibt es dabei, dass die jeweils eingenommenen Optionsprämien getrennt vom Basiswert nach § 20 Abs. 1 Nr. 11 EStG zu berücksichtigen sind.

(2) Ausgeübte Verkaufsoption

Der Leerverkäufer und Stillhalter will grundsätzlich verhindern, dass die geschriebene Verkaufsoption zur Ausübung kommt und er seine Leerverkaufsposition beenden muss. Vielmehr liegt es in seinem Interesse, einen zusätzlichen Kapitalzufluss zu generieren. Kommt es hingegen – aus welchem Grund auch immer – dazu, dass der Optionsinhaber die Option ausübt, so gestaltet sich die steuerliche Behandlung anders als bei verfallenen Verkaufsoptionen. Die Prämie, die der Stillhalter für die konkret ausgeübte Option eingenommen hat, ist dann mindernd bei der Ermittlung der Anschaffungskosten des Basiswerts zu berücksichtigen.

C. Einkommensteuerliche Behandlung de lege lata

Das Basisgeschäft und das Optionsgeschäft bilden in diesem Fall ein zeitlich gestaffeltes, wirtschaftlich einheitliches Geschäft.[778] Bei Aktienoptionen ist die eingenommene Stillhalterprämie deshalb nach § 20 Abs. 2 Satz 1 Nr. 1 i.V.m. Abs. 4 Satz 1 EStG, bei Futureoptionen hingegen nach § 20 Abs. 2 Satz 1 Nr. 3 Buchst. b) i.V.m. Abs. 4 Satz 1 EStG zu erfassen.

b) Kombination zur Absicherung (Absicherungsgeschäfte)

Indem er eine Verkaufsoption kauft, kann sich der Inhaber wirtschaftlich dagegen absichern, dass eine Position des gehaltenen Basiswerts an Wert verliert. Im Falle einer Leerverkaufsposition kann er sich absichern, indem er eine Kaufoption erwirbt.[779] Das wirtschaftliche Ergebnis kann er sowohl durch Optionen erreichen, die auf die Lieferung des Basiswerts zielen, als auch durch solche, die auf einen Differenzausgleich zielen. Wie die Optionsprämie, die eine Partei dafür aufgewandt hat, die zur Absicherung verwendete Option anzuschaffen, sowie die Transaktionskosten hierfür steuerlich einzuordnen sind, hängt von der jeweiligen Konstellation ab. Zu unterscheiden ist danach, ob eine Option vorliegt, die auf Lieferung des Basiswerts (ii) oder auf einen Differenzausgleich (i) abzielt.

i) Absicherung mit auf Differenzausgleich ausgerichteten Optionen

Optionen, die auf einen Differenzausgleich zielen, sind grundsätzlich steuerlich getrennt von einer gegebenenfalls gehaltenen Position des Basiswerts zu behandeln, da es kein Basisgeschäft im Basiswert geben kann.[780]

Es stellt sich daher die Frage, ob die (negativen) Einkünfte, die sich aus der Absicherung aus Termingeschäft ergeben, in die Einkünftekategorie der abzusichernden Einkünfte umzuqualifizieren sind, da eine Absicherungsabsicht besteht. Sind die aufgewandten Optionsprämien dann auch bei Optionen, die auf einen Differenzausgleich gerichtet sind, steuerlich im Rahmen der Gewinnermittlung des Basiswerts zu erfassen?

Denkbar wäre es, den Gesamterfolg aus Basis- und Absicherungsposition unter dem Gesichtspunkt einer Bewertungseinheit zwischen Basiswert und

---

778 Vgl. Ausführungen unter Punkt C.I.3.a)ii(1)(c): Stellungnahme: Berücksichtigung beim Basisgeschäft.
779 Vgl. Ausführungen unter Punkt B.I.5.a: Absicherungsgeschäfte.
780 Vgl. Ausführungen unter Punkt C.II.3.b: Zahlung eines Differenzausgleichs.

III. Optionsstrategien und Optionen im Zusammenspiel mit Positionen im Basiswert

Option zu saldieren. Der Vorgang, Bewertungseinheiten zwischen Basisposition und Absicherungsposition zu bilden, ist dem Steuerrecht jedenfalls nicht fremd: Das beweist § 5 Abs. 1a Satz 2 EStG.[781] Die Vorgabe, bei Gewinneinkünften Bewertungseinheiten zu bilden, lässt sich jedoch nicht auf die Gewinnermittlung im Rahmen der Einkünfte aus Kapitalvermögen übertragen. Der Gedanke passt nicht auf die Überschusseinkunftsart der Kapitaleinkünfte nach § 20 EStG. Vielmehr handelt es sich um zwei unterschiedliche systematische Ansätze zur Gewinnermittlung. Während auf der einen Seite ein Vermögensvergleich stattfindet, liegen der Gewinnermittlung auf der anderen Seite erhaltene und geleistete Zahlungsströme zugrunde. Bei der Gewinnermittlung durch Vermögensvergleich soll die Bewertungseinheit Steuermindereinnahmen verhindern, die aus einer Einzelbewertung isolierbarer Grund- und Sicherungsgeschäfte resultieren könnten.[782] Demgegenüber bietet der Gesetzeswortlaut in § 20 EStG keinen Anknüpfungspunkt für Bewertungseinheiten im Fall der Absicherung einer gehaltenen Basisposition gegen Kursverluste im Rahmen privater Vermögensverwaltung.

Im Ergebnis scheidet die Möglichkeit aus, die Optionsprämien, die eine Partei im Rahmen von Absicherungsgeschäften mit auf einen Differenzausgleich gerichteten Optionen aufwendet, bei der Gewinnermittlung des Basiswerts generell im Wege von Bewertungseinheiten zu berücksichtigen.[783] Das Absicherungsgeschäft einerseits und das abzusichernde Geschäft andererseits sind steuerlich getrennt zu erfassen. Die aufgewandten Optionsprämien sind dabei stets auf Ebene des Optionsgeschäfts zu berücksichtigen.

Bei börsengehandelten Optionen sind nur Futureoptionen auf einen Differenzausgleich ausgerichtet, während Aktienoptionen auf Lieferung des Basiswerts (Aktie) zielen. Kommt es zur Ausübung der als Absicherung gekauften und auf Differenzausgleich gerichteten Futureoptionen, so sind die aufgewandten Optionsprämien als Aufwendungen, die im unmittelbaren sachlichen Zusammenhang mit dem Optionsgeschäft stehen, bei der Gewinnermittlung nach der Differenzausgleichszahlung nach § 20 Abs. 2 Satz 1 Nr. 3 Buchst. a) i.V.m. Abs. 4 Satz 5 EStG zu berücksichtigen.[784] Auch wenn sich der Kurs des Basiswerts (Future) nicht negativ entwickelt

---

781 Vgl. zur Einführung des § 5 Abs. 1a EStG nur *Prinz/Hick*, DStR 2006, 771.
782 Vgl. *Prinz/Hick*, DStR 2006, 771.
783 Im Ergebnis ebenso *Sagasser/Leuschner*, in: Assmann/Schütze/Buck-Heeb, Handbuch des Kapitalanlagerechts, Rn. 1104.
784 Vgl. Ausführungen unter Punkt C.II.3.b: Zahlung eines Differenzausgleichs.

C. Einkommensteuerliche Behandlung de lege lata

hat und der Inhaber die Futureoption, die er zur Absicherung erworben hat, deshalb verfallen lässt, finden die aufgewandten Optionsprämien als Aufwendungen, die im unmittelbaren sachlichen Zusammenhang mit dem Optionsgeschäft stehen, Berücksichtigung nach § 20 Abs. 2 Satz 1 Nr. 3 Buchst. a) i.V.m. Abs. 4 Satz 5 EStG.[785]

ii) Absicherung mit auf physische Lieferung gerichteten Optionen

Sofern sich der Steuerpflichtige mit Optionen absichert, die auf physische Lieferung gerichtet sind, ist zwischen Aktienoptionen und Futureoptionen zu unterscheiden.

Tritt der Sicherungsfall ein, gehören bei Aktienoptionen die aufgewandten Optionsprämien dann zu den Veräußerungskosten bzw. Anschaffungskosten bei der Gewinnermittlung des Basiswerts nach § 20 Abs. 2 Satz 1 Nr. 1 i.V.m. Abs. 4 Satz 1 EStG.[786] Bei verfallenen Aktienoptionen sind es vergebliche Veräußerungs- bzw. Anschaffungskosten des Basiswerts, § 20 Abs. 2 Satz 1 Nr. 1 i.V.m. Abs. 4 Satz 1 EStG.[787]

Will sich der Steuerpflichtige mit Futureoptionen absichern, sind die aufgewandten Optionsprämien im Falle der Ausübung als Veräußerungs- bzw. Anschaffungskosten des Basiswerts Future bei der Gewinnermittlung des Basisgeschäfts nach § 20 Abs. 2 Satz 1 Nr. 3 Buchst. b) i.V.m. Abs. 4 EStG zu berücksichtigen.[788] Verfallene Futureoptionen sind steuerlich zu erfassen wie der Basiswert des Futures. Dabei kommt es mitunter zu einer Kettenbetrachtung bis zur Ebene des Basiswerts des Futures.[789]

---

785 Vgl. Ausführungen unter Punkt C.II.4.c)ii(2): Futureoptionen.
786 Vgl. Ausführungen unter Punkt C.II.3.a)i(1)(c): Stellungnahme: Berücksichtigung beim Basisgeschäft, Punkt C.II.3.a)ii(1)(a): Problem: Verbuchung der gezahlten Optionsprämien, und Punkt C.II.3.a)ii(2): Ungedeckte Position (Leerverkauf).
787 Vgl. Ausführungen unter Punkt C.II.4.c)ii(1): Aktienoptionen.
788 Vgl. Ausführungen unter Punkt C.II.3.a)i(1)(c): Stellungnahme: Berücksichtigung beim Basisgeschäft, Punkt C.II.3.a)ii(1)(a): Problem: Verbuchung der gezahlten Optionsprämien, und Punkt C.II.3.a)ii(2): Ungedeckte Position (Leerverkauf).
789 Vgl. Ausführungen unter Punkt C.II.4.c)ii(2): Futureoptionen.

III. Optionsstrategien und Optionen im Zusammenspiel mit Positionen im Basiswert

3. Zwischenergebnis zu Optionsstrategien und Kombinationsgeschäften

Kombiniert der Steuerpflichtige mehrere Optionen im Rahmen einer Optionsstrategie, sind sie steuerlich nicht als einheitliches Geschäft zu betrachten. Vielmehr sind die einzelnen Optionsgeschäfte steuerlich getrennt voneinander zu erfassen.[790] Da die Terminbörsen lediglich standardisierte Orderaufträge anbieten, jedoch keine Vertragsbedingungen für Optionsstrategien, können auch keine einheitlichen Optionsstrategieverträge abgeschlossen werden. Vielmehr bleiben die einzelnen Optionen im Rahmen einer Optionsstrategie weiterhin getrennt handelbar. Bei Optionsstrategien liegen auch keine wirtschaftlichen Einheiten vor, die es rechtfertigen könnten, eine einheitliche steuertatbestandliche Erfassung vorzunehmen. Entgegen der früheren Rechtslage ist es seit der Einführung des UntStReformG 2008 möglich, die Einnahmen und Verluste der einzelnen Optionen aus einer Optionsstrategie im Rahmen des § 20 EStG zu verrechnen.

Kommen Optionen in Kombination mit einem Basiswert zum Einsatz, ist für die steuerliche Behandlung zu unterscheiden, ob die jeweilige Option dazu dienen soll, zusätzliche Kapitalzuflüsse zu generieren oder die Basiswertposition abzusichern.

Nutzt der Steuerpflichtige Optionen im Rahmen gehaltener Positionen bzw. Leerverkaufspositionen im Basiswert dazu, zusätzliche Kapitalzuflüsse zu generieren, so sind die eingenommenen Stillhalterprämien bei verfallenen Optionen nach § 20 Abs. 1 Nr. 11 EStG zu erfassen. Kommt es im Rahmen solcher Strategien zu einer Ausübung der Option, finden die eingenommenen Stillhalterprämien bei der Gewinnermittlung der Basiswertposition Berücksichtigung. Dort sind sie entweder Einnahmen aus der Veräußerung oder mindern die Anschaffungskosten des Basiswerts.

Bei Optionen, die der Steuerpflichtige nutzt, um eine Basiswertposition abzusichern, ist die angeschaffte Option hingegen nicht bei der Gewinnermittlung des gesicherten Geschäfts zu berücksichtigen, wenn es sich um eine Option handelt, die auf einen Differenzausgleich gerichtet ist. Bei einer solchen rein wirtschaftlichen Absicherung mit Optionen, die auf Differenzausgleich gerichtet sind, bleibt es stets dabei, dass Absicherungsgeschäft und abzusicherndes Geschäft steuerlich getrennt zu behandeln sind. Lediglich bei Optionen, die auf Lieferung des Basiswerts abzielen, sind Basisgeschäft und Absicherungsgeschäft durch die (potentielle) Liefe-

---

790 Ebenso *BMF*, v. 18.01.2016 – IV C 1-S 2252/08/10004:017//2015/0468306, BStBl I 2016, S. 85 (Rn. 35); *Dahm/Hamacher*, DStR 2008, 1910 (1914); *Jachmann-Michel/Lindenberg*, in: Lademann, EStG, § 20, Rn. 654.

C. Einkommensteuerliche Behandlung de lege lata

rung des Basiswerts derart miteinander verknüpft, dass die aufgewandten Optionsprämien in die Gewinnermittlung auf Ebene des abgesicherten Basisgeschäfts hineinwirken.

IV. Ergebnisse de lege lata

Beim Stillhalter sind im Rahmen der Einkommensteuer börsengehandelte Optionsgeschäfte im Bereich privater Vermögensverwaltung *de lege lata* wie folgt zu behandeln:

1. Der Tatbestand des § 20 Abs. 1 Nr. 11 Hs. 1 EStG ist grundsätzlich bereits dann erfüllt, wenn die Parteien das Stillhaltergeschäft abschließen (Schreiben der Option). Die Stillhalterprämie ist grundsätzlich steuerbar, sobald sie dem Stillhalter zufließt.
2. Für die Umrechnung von in Fremdwährung eingenommenen Stillhalterprämien ist mangels einer dem § 20 Abs. 4 Satz 1 Hs. 2 EStG vergleichbaren Regelung auf die allgemeinen Regelungen nach § 8 Abs. 1 i.V.m. § 2 Abs. 1 Nr. 5 EStG zurückzugreifen. Eine Umrechnung in Euro findet mit dem am Tag des Zuflusses der Prämien geltenden Devisenbriefkurs der jeweiligen Fremdwährung statt.
3. Wie die Beendigung des Optionsgeschäfts durch Glattstellung der eingegangenen Stillhalterposition steuerlich einzuordnen ist, regelt § 20 Abs. 1 Nr. 11 Hs. 2 EStG. Die Vorschrift erstreckt sich aber nicht auf die sogenannte wirtschaftliche Glattstellung, sondern nur auf ein Gegengeschäft, durch das die ursprüngliche Position rechtlich beendet wird. Ob eine solche rechtliche Glattstellung vorliegt, richtet sich danach, welche Vereinbarungen Kunde und Broker getroffen haben, um Orderaufträge auszulegen – nicht entscheidend ist indes, wie eine Terminbörse eine Order aufnimmt.
4. Bei den Glattstellungsprämien, die der Stillhalter im Rahmen des Glattstellungsgeschäfts zahlt, handelt es sich für ihn um Werbungskosten. Die in § 20 Abs. 1 Nr. 11 Hs. 2 EStG normierte Abziehbarkeit der Glattstellungsprämie von der eingenommenen Stillhalterprämie ist eine Durchbrechung des generellen Werbungskostenabzugsverbots nach § 20 Abs. 9 Satz 1 Hs. 1 EStG und verstößt gegen das Prinzip der Folgerichtigkeit in Art. 3 Abs. 1 GG. Der Verstoß ist jedoch aufgrund der Besonderheiten der Glattstellungsprämien gerechtfertigt: Zum einen lassen sie sich im Rahmen der Bruttobesteuerung nicht typisieren und zum anderen gilt das objektive Nettoprinzip als übergeordnetes Prinzip weiter.

IV. Ergebnisse de lege lata

5. Der Wortlaut des § 20 Abs. 1 Nr. 11 EStG lässt sonstige Aufwendungen, die im Zusammenhang mit dem Stillhaltergeschäft anfallen, nicht zum Abzug von der eingenommenen Stillhalterprämie zu. Indem die Vorschrift *dem Stillhalter* diese Möglichkeit verstellt, verstößt sie gegen den allgemeinen Gleichheitssatz (Art. 3 Abs. 1 GG). Denn *beim Optionsinhaber* sind sonstige Aufwendungen zum Abzug zugelassen. Anders als im Hinblick auf die Glattstellungsprämie (4.) ist der Verstoß aber verfassungsrechtlich nicht gerechtfertigt. Deshalb verstößt § 20 Abs. 1 Nr. 11 EStG *de lege lata* gegen Art. 3 Abs. 1 GG und ist insoweit verfassungswidrig.
6. Bei der Glattstellung mehrerer gleichartiger Stillhalterpositionen können Kunde und Broker vereinbaren, welche Verrechnungsmethodik (FiFo, LiFo oder Durchschnittswerte) sie anwenden möchten, um die Gewinne zu berechnen.
7. Fallen der Zufluss der Stillhalterprämie und der Abfluss einer gezahlten Glattstellungsprämie in verschiedene Veranlagungszeiträume, ist die Glattstellungsprämie im Veranlagungszeitraum des Zuflusses der Stillhalterprämie zu berücksichtigen. Ein bereits ergangener Steuerbescheid, der die eingenommene Stillhalterprämie nach § 20 Abs. 1 Nr. 11 Hs. 1 EStG berücksichtigt, ist dementsprechend nach § 175 Abs. 1 Nr. 2 AO zu ändern.
8. Beendet der Inhaber die Option durch Ausübung, sind das Options- und das Basisgeschäft sowohl bei Kauf- als auch bei Verkaufsoptionen steuerlich einheitlich zu betrachten. Optionsgeschäft und Basisgeschäft bilden ein zeitlich gestaffeltes, wirtschaftlich einheitliches Geschäft. Bei Kaufoptionen ist die eingenommene Stillhalterprämie im Rahmen der Gewinnermittlung als Einnahme aus der Veräußerung des Basiswerts zu berücksichtigen. Bei Verkaufsoptionen mindert die eingenommene Stillhalterprämie hingegen die Anschaffungskosten des Basiswerts. Bei der Ausübung von Futureoptionen mit Lieferung des Futures ergibt sich daraus aber ein Folgeproblem: Die vereinnahmte Stillhalterprämie lässt sich nach dem aktuellen Gesetzeswortlaut steuerlich nicht erfassen, wenn das Futuregeschäft glattgestellt wird oder es zur Zahlung eines Differenzausgleichs bei Fälligkeit des Futures kommt.
9. In Fremdwährungen eingenommene Stillhalterprämien sind, wenn das Optionsgeschäft mit physischer Lieferung durch Ausübung der Option beendet wird, nicht zum Zeitpunkt des Zuflusses (2.), sondern zum Zeitpunkt des Abschlusses des Basisgeschäfts mit dem Devisenbriefkurs in Euro umzurechnen.

C. Einkommensteuerliche Behandlung de lege lata

10. Übt der Optionsinhaber die Option mit einer Differenzausgleichszahlung aus, ist der Differenzausgleich, den der Stillhalter geleistet hat, steuerlich nach § 20 Abs. 2 Satz 1 Nr. 3 Buchst. a) EStG zu erfassen. Entgegen der vom BFH nicht näher begründeten Auffassung ist bei der steuerlichen Erfassung nicht zwischen Stillhaltergeschäft einerseits und Differenzausgleichszahlung andererseits zu differenzieren. Die Gewinnermittlung des gesamten Optionsgeschäfts inklusive Zahlung des Differenzausgleichs (d. h. vom Schreiben der Option bis zur Zahlung des Differenzausgleichs) richtet sich dann einheitlich nach § 20 Abs. 4 Satz 5 EStG. Da es sich bei der Differenzausgleichszahlung um kein eigenständiges Termingeschäft im Sinne des § 20 Abs. 2 Satz 1 Nr. 3 EStG handelt, hat die aktuelle Fassung des § 20 Abs. 4 Satz 5 EStG zur Folge, dass die eingenommene Stillhalterprämie bei der Gewinnermittlung nicht vom Wortlaut erfasst ist. Da § 20 Abs. 1 Nr. 11 Hs. 1 EStG im Falle der Ausübung von § 20 Abs. 2 Satz 1 Nr. 3 Buchst. a) i.V.m. Abs. 4 Satz 5 EStG verdrängt wird, unterliegt die Stillhalterprämie in solchen Konstellationen keiner Besteuerung. Seine Intention, mit Einführung des UntStReformG 2008 sämtliche Beträge, die ein Steuerpflichtiger einnimmt (insbesondere auch die Stillhalterprämie), der Besteuerung nach § 20 EStG zu unterwerfen, hat der Gesetzgeber in der konkreten Ausgestaltung des § 20 EStG – insbesondere des § 20 Abs. 4 Satz 5 EStG – aber nicht zum Ausdruck gebracht. Ein bereits ergangener Steuerbescheid, der die eingenommene Stillhalterprämie nach § 20 Abs. 1 Nr. 11 EStG berücksichtigt, ist nach § 175 Abs. 1 Nr. 2 AO zu ändern. Fallen Eröffnungsgeschäft und Differenzausgleichszahlung in unterschiedliche Veranlagungszeiträume, sind die im Rahmen des Eröffnungsgeschäfts angefallenen Aufwendungen abweichend vom Abflussprinzip stets zum Zeitpunkt der Zahlung des Differenzausgleichs abzusetzen. Hierbei sind in Fremdwährung gezahlte Differenzausgleiche und die unmittelbaren Aufwendungen mit dem am Tag des Abflusses geltenden Devisengeldkurs in Euro umzurechnen.
11. Kommt es aufgrund von Kapitalmaßnahmen beim Basiswert neben einer physischen Lieferung zu einer Differenzausgleichszahlung, ist die eingenommene Stillhalterprämie ganzheitlich bei der Gewinnermittlung des Basiswerts zu berücksichtigen.
12. Kommt es weder zu einer Ausübung noch zu einer Glattstellung der Option, sondern verfällt sie wertlos, bleibt es dabei, die eingenommene Stillhalterprämie steuerlich nach § 20 Abs. 1 Nr. 11 Hs. 1 EStG zu berücksichtigen.

IV. Ergebnisse de lege lata

Beim Optionsinhaber stellt sich die einkommensteuerliche Behandlung börsengehandelter Optionsgeschäfte im Bereich privater Vermögensverwaltung *de lege lata* folgendermaßen dar:
1. Der Erwerb einer Option löst beim Optionsinhaber keine steuerlichen Folgen aus.
2. Aufgrund der Bedingungen der Terminbörsen ist es nicht möglich, dass der Optionsinhaber eine gehaltene Optionsposition – im Sinne einer Übertragung – an einen Dritten veräußert. Deshalb ist auch die rechtliche Glattstellung als Veräußerung im Sinne des § 20 Abs. 2 Satz 1 Nr. 3 Buchst. b) EStG zu werten: Für den Optionsinhaber bildet sie den einzigen Weg, um sich von der eingenommenen Position zu trennen und damit den wirtschaftlichen Wert zu verwirklichen.
3. Kommt es zur Ausübung einer gekauften Option mit physischer Lieferung des Basiswerts sind Options- und Basisgeschäft auch beim Optionsinhaber einheitlich zu betrachten. Bei den aufgewandten Optionsprämien nebst Transaktionskosten handelt es sich bei Kaufoptionen um Anschaffungsnebenkosten und bei Verkaufsoptionen um Veräußerungsnebenkosten des Basiswerts; sie sind im Rahmen der Gewinnermittlung des Basiswerts zu berücksichtigen. Daneben führt der „Erfolg", der beim Optionsinhaber entsteht, wenn der Kauf- bzw. Verkaufskurs des Basiswerts für ihn vorteilhafter gegenüber dem Marktpreis ist, zu keiner getrennten steuerlichen Betrachtung bei der Ausübung einer Kauf- bzw. Verkaufsoption.
4. Hat der Optionsinhaber Prämien für Verkaufsoptionen nebst Transaktionskosten in Fremdwährung aufgebracht, sind sie zum Zeitpunkt der Veräußerung des Basiswerts in Euro umzurechnen. Das gilt, obwohl § 20 Abs. 4 Satz 1 Hs. 2 EStG ausdrücklich nur Einnahmen und Anschaffungskosten erwähnt, nicht aber Aufwendungen, die in einem unmittelbaren sachlichen Zusammenhang mit dem Veräußerungsgeschäft stehen. Der Gesetzgeber hat es offenbar übersehen, Aufwendungen, die im unmittelbaren sachlichen Zusammenhang mit dem Veräußerungsgeschäft stehen, (auch) in § 20 Abs. 4 Satz 1 Hs. 2 EStG explizit aufzuführen. Es sind insoweit keine Gründe ersichtlich, weshalb gerade Aufwendungen, die im Zusammenhang mit der Veräußerung in Fremdwährung anfallen, nicht zum Zeitpunkt der Veräußerung in Euro umgerechnet werden sollten, um den Gewinn zu ermitteln. Bei der Ausübung einer Verkaufsoption meint „Zeitpunkt der Veräußerung" den Moment, zu dem die Parteien den Veräußerungsvertrag über den Basiswert abschließen.

C. Einkommensteuerliche Behandlung de lege lata

5. Der Differenzausgleich, den der Optionsinhaber bei Ausübung erhält, ist steuerlich nach § 20 Abs. 2 Satz 1 Nr. 3 Buchst. a) EStG erfasst. Die aufgewandten Optionsprämien nebst Transaktionskosten sind im Rahmen der Gewinnermittlung nach § 20 Abs. 4 Satz 5 EStG zu berücksichtigen.
6. Kommt es aufgrund von Kapitalmaßnahmen beim Basiswert neben einer physischen Lieferung zu einer Differenzausgleichszahlung, ist die vom Optionsinhaber zum Erwerb der Option aufgewandte Prämie ganzheitlich bei der Gewinnermittlung des Basiswerts zu berücksichtigen.
7. Kommt es zu einem wertlosen Verfall der Option ist im Hinblick auf die aufgewandten Optionsprämien zu differenzieren: zwischen Optionen, die auf die Lieferung des Basiswerts abzielen, und solchen, die auf die Zahlung eines Differenzausgleichs gerichtet sind. Im letzteren Fall sind die aufgewandten Optionsprämien nach § 20 Abs. 2 Satz 1 Nr. 3 Buchst. a) i.V.m. Abs. 4 Satz 5 EStG erfasst. Demgegenüber sind sie für Optionen, die auf eine physische Lieferung des Basiswerts zielen, steuerlich so zu behandeln wie der Basiswert. Deshalb finden vergeblich aufgewandte Optionsprämien und Transaktionskosten bei Aktienoptionen (die nach den Bedingungen der Terminbörsen immer auf physische Lieferung gerichtet sind) steuerlich nach § 20 Abs. 2 Satz 1 Nr. 1 i.V.m. Abs. 4 Satz 1 Hs. 1 EStG Berücksichtigung – und zwar als vergebliche Anschaffungs- oder Veräußerungskosten. Bei Futureoptionen, deren Basiswert (= Future) auf einen Differenzausgleich gerichtet ist, fallen die vergeblich aufgewandten Optionsprämien nebst Transaktionskosten nach § 20 Abs. 2 Satz 1 Nr. 3 Buchst. a) i.V.m. Abs. 4 Satz 5 EStG ins Gewicht. Bei Futureoptionen, deren Basiswert (= Future) wiederum auf die Lieferung des Basiswerts zielt, erfolgt die steuerliche Erfassung der vergeblich aufgewandten Optionsprämien nebst Nebenkosten nach den Vorschriften des Basisgeschäfts des Futures.
8. Beim Verfall einer Option, die auf tatsächliche Lieferung des Basiswerts gerichtet ist, sind in Fremdwährung aufgewandte Optionsprämien nebst Transaktionskosten am Tag des Verfalls in Euro umzurechnen. Ist die Option hingegen auf einen Differenzausgleich gerichtet, findet eine Umrechnung zum Anschaffungszeitpunkt der Option statt.

Für die steuerliche Behandlung von Optionsstrategien und Kombinationsgeschäften gelten *de lege lata* folgende Grundsätze.

1. Beim Handel mit sogenannten Optionsstrategien, d. h. Kombinationen mehrerer Optionsgeschäfte, sind die jeweiligen Optionsgeschäfte steuerlich nicht gemeinsam, sondern stets getrennt zu behandeln.

2. Kommen Optionen im Zusammenspiel mit gehaltenen Positionen bzw. Leerverkaufspositionen im Basiswert zur Anwendung, um zusätzliche Kapitalzuflüsse zu generieren, sind die eingenommenen Stillhalterprämien bei verfallenen Optionen nach § 20 Abs. 1 Nr. 11 EStG zu erfassen. Wird eine Option im Rahmen derartiger Strategien ausgeübt, sind die eingenommenen Stillhalterprämien der ausgeübten Option bei der Gewinnermittlung der Basiswertposition zu berücksichtigen. Dort sind sie entweder Einnahmen aus der Veräußerung oder mindern die Anschaffungskosten des Basiswerts.
3. Dient die angeschaffte Option hingegen dazu, die Basiswertposition abzusichern, ist sie nicht generell bei der Gewinnermittlung des gesicherten Geschäfts zu berücksichtigen. Lediglich bei Optionen, die auf eine Lieferung des Basiswerts zielen, sind Basisgeschäft und Absicherungsgeschäft auf eine Weise miteinander verknüpft, dass die aufgewandten Optionsprämien als (vergebliche) Veräußerungskosten bei der Gewinnermittlung auf Ebene des abgesicherten Basisgeschäfts eine Rolle spielen. Bei einer rein wirtschaftlichen Absicherung mit Optionen, die auf einen Differenzausgleich gerichtet sind, bleibt es hingegen dabei, dass Absicherungsgeschäft und abzusicherndes Geschäft steuerlich getrennt zu behandeln sind.

D. Vorschlag de lege ferenda

Mit Ergänzungen des Wortlauts in § 20 Abs. 1 Nr. 11 und Abs. 4 Satz 5 EStG könnte der Gesetzgeber drei zentrale Probleme beheben, welche die Analyse *de lege lata* offengelegt hat:
- die teilweise Verfassungswidrigkeit des § 20 Abs. 1 Nr. 11 EStG im Hinblick darauf, dass sonstige Aufwendungen, die im unmittelbaren Zusammenhang mit dem Stillhalter- und Glattstellungsgeschäft stehen, nicht zum Abzug zugelassen sind,
- die Besteuerungslücke beim Stillhalter für die eingenommene Stillhalterprämie, sofern eine Ausübung der Option mit Differenzausgleichszahlung stattfindet,
- die Besteuerungslücke für ausgeübte Futureoptionen mit Lieferung des Futures und anschließender Glattstellung des Futures oder mit Zahlung eines Differenzausgleichs.

Zudem ließe sich in § 20 Abs. 4 Satz 1 Hs. 2 EStG klarstellen, wie in Fremdwährung getätigte Aufwendungen, die im unmittelbaren sachlichen Zusammenhang mit dem Veräußerungsgeschäft stehen, steuerlich zu behandeln sind.

I. Ergänzung des Wortlauts von § 20 Abs. 1 Nr. 11 EStG

Dem Verstoß gegen den allgemeinen Gleichheitssatz, der dadurch entsteht, dass sonstige Aufwendungen, die im unmittelbaren Zusammenhang mit dem Stillhalter- und Glattstellungsgeschäft stehen, nicht zum Abzug zugelassen sind, ließe sich durch eine Ergänzung des § 20 Abs. 1 Nr. 11 EStG abhelfen (Ergänzungen hervorgehoben).

> Stillhalterprämien, die für die Einräumung von Optionen vereinnahmt werden, *abzüglich der Aufwendungen, die mit ihnen in einem unmittelbaren sachlichen Zusammenhang stehen*; schließt der Stillhalter ein Glattstellungsgeschäft ab, mindern sich die Einnahmen aus den Stillhalterprämien um die im Glattstellungsgeschäft gezahlten Prämien *sowie die Aufwendungen, die im unmittelbaren sachlichen Zusammenhang mit dem Stillhalter- und Glattstellungsgeschäft stehen.*

II. Ergänzung des Wortlauts von § 20 Abs. 4 Satz 5 EStG

Damit Aufwendungen, die in einem unmittelbaren sachlichen Zusammenhang mit den Stillhalterprämien stehen, zum einen im Fall eines wertlosen Verfalls des Optionsgeschäfts und zum anderen im Falle eines durchgeführten Glattstellungsgeschäfts abziehbar sind, bedarf es einer Ergänzung in den beiden Halbsätzen des § 20 Abs. 1 Nr. 11 EStG.

II. Ergänzung des Wortlauts von § 20 Abs. 4 Satz 5 EStG

Der Gesetzgeber könnte den Wortlaut des § 20 Abs. 4 Satz 5 EStG mit dem Ziel ergänzen, die zwei bestehenden Besteuerungslücken beim Stillhalter zu schließen: erstens im Hinblick auf die eingenommene Stillhalterprämie, wenn es zu einer Ausübung der Option mit Differenzausgleichszahlung kommt; zweitens bei der Ausübung von Futureoptionen mit Lieferung des Futures und anschließender Glattstellung oder der Ausübung des Futures mit Zahlung eines Differenzausgleichs (Ergänzung hervorgehoben).

> Gewinn bei einem Termingeschäft ist der Differenzausgleich oder der durch den Wert einer veränderlichen Bezugsgröße bestimmte Geldbetrag oder Vorteil *zuzüglich der Einnahmen und* abzüglich der Aufwendungen, die im unmittelbaren sachlichen Zusammenhang mit dem Termingeschäft stehen.

Die Problematik, dass die Stillhalterprämie derzeit in bestimmten Konstellationen keine steuerliche Berücksichtigung findet, ließe sich auch lösen, indem der Gesetzgeber die Differenzausgleichszahlungen bei Stillhaltergeschäften gänzlich in § 20 Abs. 1 Nr. 11 EStG zieht.

Vor diesem Hintergrund schlägt *Haisch* vor, § 20 Abs. 1 Nr. 11 EStG um den folgenden Halbsatz zu ergänzen: „[...]; gleiches gilt, wenn der Stillhalter einen Differenzausgleich oder einen durch den Wert einer veränderlichen Bezugsgröße bestimmten Geldbetrag oder Vorteil leistet."[791]

Aus systematischen Gründen liegt es jedoch näher, nicht § 20 Abs. 1 Nr. 11 EStG, sondern § 20 Abs. 4 Satz 5 EStG zu ergänzen. Denn bei der Zahlung des Differenzausgleichs handelt es sich um einen Fall der Ausübung des Optionsrechts, die – wie auch im Fall der Ausübung mit physischer Lieferung – systematisch in § 20 Abs. 2 EStG zu verorten ist. Hinzu kommt, dass die Problematik im Rahmen des § 20 Abs. 4 Satz 5 EStG dann direkt auch für sonstige Termingeschäfte (z. B. Futures) einer Lösung zuge-

---

791 *Haisch*, Derivatebesteuerung im Privatvermögen ab 2009, S. 244.

D. Vorschlag de lege ferenda

führt wird. Außerdem lässt sich nur so eine Aufspaltung der steuerlichen Behandlung des Differenzausgleichs einerseits beim Optionsinhaber nach § 20 Abs. 2 Satz 1 Nr. 3 Buchst. a) EStG und andererseits beim Stillhalter nach § 20 Abs. 1 Nr. 11 EStG vermeiden.

III. Ergänzung des Wortlauts von § 20 Abs. 4 Satz 1 Hs. 2 EStG

Aufwendungen, die in einem unmittelbaren sachlichen Zusammenhang mit dem Veräußerungsgeschäft stehen, erfasst der Wortlaut des § 20 Abs. 4 Satz 1 Hs. 2 EStG bislang nicht. Der Gesetzgeber sollte den Text der Vorschrift deshalb klarstellend präzisieren (Ergänzung hervorgehoben).

> Gewinn im Sinne des Absatzes 2 ist der Unterschied zwischen den Einnahmen aus der Veräußerung nach Abzug der Aufwendungen, die im unmittelbaren sachlichen Zusammenhang mit dem Veräußerungsgeschäft stehen, und den Anschaffungskosten; bei nicht in Euro getätigten Geschäften sind die Einnahmen *und die Aufwendungen, die in einem unmittelbaren sachlichen Zusammenhang mit dem Veräußerungsgeschäft stehen,* im Zeitpunkt der Veräußerung und die Anschaffungskosten im Zeitpunkt der Anschaffung in Euro umzurechnen.

Durch die Ergänzung kommt es zu einem Gleichlauf mit Satz 1 Hs. 1 der Norm.

E. Thesenartige Zusammenfassung der Ergebnisse

I. Die Normen des Einkommensteuerrechts lassen sich im Hinblick auf die unterschiedlichen Formen der Optionsgeschäfte in ihren vielfältigen Ausprägungen zum größten Teil so auslegen, dass die steuerliche Behandlung mit verfassungsrechtlichen Grundsätzen im Einklang steht. Bei einigen Geschäftsvorfällen existieren neu eingeführte explizite gesetzliche Regelungen für Stillhalterprämien; andere Geschäftsvorfälle lassen sich nur unter Rückgriff auf allgemeine Regelungen und Grundsätze des EStG steuerlich erfassen.

II. Der § 20 Abs. 1 Nr. 11 EStG, den der Gesetzgeber mit dem UntStReformG 2008 eingeführt hat, ist im Hinblick auf die steuerliche Erfassung der Stillhalterprämien teilweise verfassungswidrig. In der praktischen Anwendung bleibt der Verstoß gegen des Prinzip der Folgerichtigkeit zwar folgenlos, weil die Finanzverwaltung einen Abzug der Transaktionskosten (noch) zulässt. Diese praktische Handhabe ist jedoch nicht vom Wortlaut des § 20 Abs. 1 Nr. 11 EStG gedeckt.[792]

III. Ein Glattstellungsgeschäft im Sinne des § 20 Abs. 1 Nr. 11 EStG liegt nur vor, wenn die Parteien das ursprüngliche Optionsgeschäft nicht nur wirtschaftlich, sondern rechtlich beenden. Wie die Orderaufträge des Kunden auszulegen sind und ob eine rechtliche Beendigung vorliegt, richtet sich nach den Vereinbarungen zwischen Kunde und Broker.[793]

IV. Eingenommene Stillhalterprämien fallen in den Anwendungsbereich des § 20 Abs. 1 Nr. 11 Hs. 1 EStG, sofern die Option wertlos verfällt oder weder ausgeübt noch glattgestellt wird.

V. Kommt es zur Ausübung der Option, bilden Optionsgeschäft und Basisgeschäft ein zeitlich gestaffeltes, wirtschaftlich einheitliches Geschäft. Die Gewinnermittlung richtet sich einheitlich nach den Vorschriften für den Basiswert.[794]

---

[792] Vgl. Ausführungen unter Punkt C.I.2.c: Abziehbarkeit von sonstigen Aufwendungen im Zusammenhang mit der Stillhaltertätigkeit.

[793] Vgl. Ausführungen unter Punkt C.I.2.a: Begriffsdefinition.

[794] Vgl. Ausführungen unter Punkt C.I.3.a)i(1)(a): Problem: Umfang der Einnahmen aus der Veräußerung des Basiswerts, und Punkt C.I.3.a)ii(1): Steuerliche Behandlung der Stillhalterprämie als Anschaffungskosten des Basiswerts?.

E. Thesenartige Zusammenfassung der Ergebnisse

VI. Beim wertlosen Verfall erworbener Optionen sind die aufgewandten Optionsprämien beim Optionsinhaber unterschiedlich steuerlich zu berücksichtigen. Es ist danach zu differenzieren, ob die Option auf die Lieferung des Basiswerts oder die Zahlung eines Differenzausgleichs gerichtet ist. Bei der Lieferung des Basiswerts ist die Optionsprämie steuerlich so zu behandeln wie der Basiswert.[795] Bei der Zahlung eines Differenzausgleichs erfolgt die Erfassung der aufgewandten Optionsprämien nach § 20 Abs. 2 Satz 1 Nr. 3 Buchst. a) i.V.m. Abs. 4 Satz 5 EStG.[796]

VII. Nicht hinreichend klar regelt das EStG, wie Geschäfte in Fremdwährungen im Rahmen der Kapitaleinkünfte im Einzelnen in Euro umzurechnen sind. Unter Rückgriff auf die allgemeinen Regelungen nach § 8 EStG lassen sich Transaktionen in Fremdwährungen aber in sämtlichen Szenarien des Börsenhandels mit Optionen steuerlich abbilden.

VIII. Unklar ist auch die ausdrückliche Regelung in § 20 Abs. 4 Satz 1 Hs. 2 EStG dazu, wie Fremdwährungen im Rahmen der Gewinnermittlung umzurechnen sind. Der Wortlaut begrenzt sich auf Einnahmen und Anschaffungskosten und berücksichtigt nicht die Aufwendungen, die im unmittelbaren sachlichen Zusammenhang mit dem Veräußerungsgeschäft stehen.[797]

IX. Auch wenn sich Steuerpflichtige bestimmter Optionsstrategien bedienen, sind die einzelnen Optionsgeschäfte steuerlich nicht als einheitliches Geschäft zu betrachten, sondern getrennt zu erfassen.[798]

X. Im aktuellen Normtext bestehen Besteuerungslücken, die der Gesetzgeber so offenbar nicht beabsichtigt hatte:
  1. Findet eine Differenzausgleichszahlung durch den Stillhalter statt, ist diese kein eigenständiges Termingeschäft im Sinne des § 20 Abs. 2 Satz 1 Nr. 3 EStG. Termingeschäft im Sinne des § 20 Abs. 2 Satz 1 Nr. 3 Buchst. a) EStG ist das gesamte Optionsgeschäft – vom Schreiben der Option und inklusive Differenzaus-

---

[795] Vgl. Ausführungen unter Punkt C.II.4.c)ii: Erfassung der aufgewandten Optionsprämien bei verfallenen, auf Lieferung gerichteten Optionen nach den Vorschriften des Basisgeschäfts.

[796] Vgl. Ausführungen unter Punkt C.II.4.b)ii: Anwendung von § 20 Abs. 2 Satz 1 Nr. 3 Buchst. a) EStG.

[797] Vgl. Ausführungen unter Punkt C.II.3.a)ii(1)(c): Problem: Umrechnung in Euro bei in Fremdwährung aufgewandten Optionsprämien bei Verkaufsoptionen.

[798] Vgl. Ausführungen unter Punkt C.III.1: Kombination von Optionen als Optionsstrategie.

gleichszahlung. Die Gewinnermittlung richtet sich einheitlich nach § 20 Abs. 4 Satz 5 EStG. Der Wortlaut macht die eingenommene Stillhalterprämie dann jedoch nicht zu einem Teil der Gewinnermittlung. Da § 20 Abs. 1 Nr. 11 Hs. 1 EStG im Fall der Ausübung verdrängt wird, unterliegt die Stillhalterprämie dann keiner Besteuerung.[799]

2. Die Stillhalterprämie, die der Stillhalter bei Futureoptionen einnimmt, findet im Falle der Ausübung dieser Optionen mit Lieferung des Futures nach dem aktuellen Gesetzeswortlaut keine steuerliche Berücksichtigung, wenn das Futuregeschäft glattgestellt wird oder wenn der Future ausgeübt wird und es zur Zahlung eines Differenzausgleichs aus dem Futuregeschäft kommt.[800]

XI. Es empfehlen sich *de lege ferenda* Ergänzungen des Wortlauts in
1. § 20 Abs. 1 Nr. 11 EStG[801],
2. § 20 Abs. 4 Satz 5 EStG[802] und
3. § 20 Abs. 4 Satz 1 Hs. 2 EStG[803].

---

799 Vgl. Ausführungen unter Punkt C.I.3.b)vi: Gewinnermittlung nach § 20 Abs. 4 Satz 5 EStG, insbesondere im Hinblick auf die Stillhalterprämie.
800 Vgl. Ausführungen unter Punkt C.I.3.a)ii(1)(c): Stellungnahme: Berücksichtigung beim Basisgeschäft, und Punkt C.I.3.b)vi: Gewinnermittlung nach § 20 Abs. 4 Satz 5 EStG, insbesondere im Hinblick auf die Stillhalterprämie.
801 Vgl. Ausführungen unter Punkt D.I: Ergänzung des Wortlauts von § 20 Abs. 1 Nr. 11 EStG.
802 Vgl. Ausführungen unter Punkt D.II: Ergänzung des Wortlauts von § 20 Abs. 4 Satz 5 EStG.
803 Vgl. Ausführungen unter Punkt D.III: Ergänzung des Wortlauts von § 20 Abs. 4 Satz 1 Hs. 2 EStG.

Literaturverzeichnis

Aatz, Alois, Die Besteuerung von Wertpapier-Optionsgeschäften von Privaten, BB 1974, S. 879.

Aigner, Philipp/Balbinot, Chiara, Die Besteuerung des Stillhalters von Optionsgeschäften nach § 20 EStG: Aufgabe der Trennungstheorie mit dem Unternehmensteuerreformgesetz 2008 (UntStRefG 2008)?, DStR 2015, S. 198–204.

Altenburg, Nadia, Die Besteuerung von Wandelschuldverschreibungen im deutschen und niederländischen Steuerrecht, Baden-Baden 2017.

Arnim, Rainer v., Die Option im Waren- und Aktienbereich (I), AG 1983, S. 29–49.

Beckenhaub, Claus, Einkommensteuerbarkeit von Optionsgeschäften: Vor und seit dem Steuerentlastungsgesetz 1999/2000/2002; zugleich eine Betrachtung zur steuerlichen Behandlung spiel- und wettähnlicher Geschäfte, Hamburg 2001.

beck-online.GROSSKOMMENTAR zum Zivilrecht, herausgegeben von Beate Gsell/Wolfgang Krüger/Stephan Lorenz/Christoph Reymann, Stand: 01.11.2021 [zitiert als: *Bearbeiter*, in: BeckOGK].

Birk, Dieter, Verfassungsfragen im Steuerrecht – Eine Zwischenbilanz nach den jüngsten Entscheidungen des BFH und des BVerfG, DStR 2009, S. 877–882.

Bloehs, Joachim, Die Abgrenzung privater Vermögensverwaltung von gewerblichen Grundstücks- und Wertpapiergeschäften, Berlin 2001.

Blum, Daniel W., Derivative Finanzinstrumente im Ertragsteuerrecht, Wien 2014.

Bösch, Martin, Derivate: Verstehen, anwenden und bewerten. 4. Aufl. München 2020.

Bossert, Thomas, Derivate im Portfoliomanagement, Wiesbaden 2017.

Bowitz, Maximilian, Das objektive Nettoprinzip als Rechtfertigungsmaßstab im Einkommensteuerrecht: Eine Untersuchung zum Verfassungsrang eines Besteuerungsprinzips und zur Rechtfertigung gesetzgeberischer Einzelentscheidungen vor der Grundentscheidung, Baden-Baden 2016.

Breinersdorfer, Stefan, Abzugsverbote und objektives Nettoprinzip – Neue Tendenzen in der verfassungsgerichtlichen Kontrolle des Gesetzgebers, DStR 2010, S. 2492–2497.

Brusch, Friedrich, Unternehmensteuerreformgesetz 2008: Abgeltungsteuer, FR 2007, S. 999–1004.

Bundessteuerberaterkammer, Stellungnahme der Bundessteuerberaterkammer zum Entwurf eines Unternehmensteuerreformgesetzes 2008 vom 20.04.2007, abrufbar unter: http://webarchiv.bundestag.de/archive/2007/0525/ausschuesse/a07/anhoerungen/056/Stellungnahmen/07-Bundessteuerberaterkammer.pdf, abgerufen am 16.07.2019.

Canaris, Claus-Wilhelm, Die Verbindlichkeit von Optionsscheingeschäften, WM. Sonderbeilage Nr. 10 (1988), S. 3–20.

Literaturverzeichnis

Casper, Matthias, Der Optionsvertrag, Tübingen 2005.

Cornelius, Eike, Steuerliche Anerkennung von Verlusten aus Wertverfall von Aktienoptionen, Indexoptionen und Optionsscheinen, EStB 2016, S. 172–173.

Cornelius, Eike/Hoffmann Sarah, Neue Verlustbeschränkungen für den Privatanleger: Anwendungsbereich und Abwicklungsfragen bei der begrenzten Ver- Anwendungsbereich und Abwicklungsfragen bei der begrenzten Verrechenbarkeit von Verlusten aus Wertverfall und Termingeschäften, ErbStB 2020, S. 225–233.

Dahm, Joachim/Hamacher, Rolfjosef, Termingeschäfte und Abgeltungsteuer, DStR 2008, S. 1910–1917.

dies., Termingeschäft im EStG – Eine Besteuerungsruine, DStR 2014, S. 455–461.

dies., Termingeschäfte im Steuerrecht: Optionsgeschäfte und Futures steuerrechtlich beraten und einordnen, 2. Aufl. Wiesbaden 2014.

Dinkelbach, Andreas/Briesemeister, Simone, Diskriminierung privater Kapitalanlagen durch Verlustausgleichsverbote: Drastische Verschärfung durch § 20 Abs. 6 Satz 5 und 6 EStG ab Vz. 2020/21, DB 2020, S. 579–584.

Dreyer, Gerhard/Broer, Frank, Besteuerung von Stillhalterprämien aus Optionsgeschäften, RIW 2002, S. 216–222.

dies., Gewinnrealisierung bei Stillhalterprämien aus Optionsgeschäften: Zugleich Besprechung der Entscheidung des FG Hamburg vom 6.12.2001, DStR 2002, S. 1590–1596.

Drüen, Klaus-Dieter, Kapitalverluste nur für „Kleinanleger"? – Zur Verfassungswidrigkeit der Kapitalverluste nur für „Kleinanleger"? – Zur Verfassungswidrigkeit der Beschränkung der Verlustverrechnung nach § 20 Abs. 6 Satz 5 f. EStG, FR 2020, S. 663–673.

Dürig/Herzog/Scholz: Grundgesetz-Kommentar, herausgegeben von Günter Dürig/Roman Herzog/Rupert Scholz, Stand: 95. Ergänzungslieferung Juli 2021 [zitiert als: *Bearbeiter*, in: Dürig/Herzog/Scholz, GG].

Ebenroth, Thomas Carsten/Einsele, Dorothee, Rechtliche Hindernisse auf dem Wege zur „Goffex", ZIP 1988, S. 205–220.

Englisch, Joachim, Verfassungsrechtliche und steuersystematische Kritik der Abgeltungssteuer, StuW 2007, S. 221–240.

Fend, Reinhold, Gewinnen mit Optionsstrategien: Erfolgreich in der Königsklasse des Terminhandels, Weinheim 2017.

Feyerabend, Hans-Jürgen A., Einführung, in: Hans-Jürgen A. Feyerabend (Hrsg.), Besteuerung privater Kapitalanlagen. Finanzinstrumente, Investmentanteile, Immobilieninvestitionen, Veräußerungsgeschäfte, Altersvorsorge; Exkurs: Erbschaft- und schenkungsteuerliche Aspekte, München 2009, S. 1–20.

ders., Finanzinstrumente, in: Hans-Jürgen A. Feyerabend (Hrsg.), Besteuerung privater Kapitalanlagen. Finanzinstrumente, Investmentanteile, Immobilieninvestitionen, Veräußerungsgeschäfte, Altersvorsorge; Exkurs: Erbschaft- und schenkungsteuerliche Aspekte, München 2009, S. 21–118.

Frotscher, Gerrit/Geurts, Matthias (Hrsg.), Kommentar zum Einkommensteuergesetz (EStG), Stand: 07.03.2019 [zitiert als: *Bearbeiter*, in: Frotscher/Geurts, EStG].

Fuhrmann, Claas/Kraeusel, Jörg/Schiffers, Joachim (Hrsg.), 360° EStG eKommentar, Stand: 03.12.2021 [zitiert als: *Bearbeiter*, in: Fuhrmann/Kraeusel/Schiffers, 360° EStG eKommentar].

Georgiades, Apostolos, Optionsvertrag und Optionsrecht, in: Gotthard Paulus (Hrsg.), Festschrift für Karl Larenz zum 70. Geburtstag, München 1973, S. 409–434.

Grashoff, Dietrich/Mach, Holger, Grundzüge des Steuerrechts: Alle wichtigen Steuerarten Internationales Steuerrecht Verfahrensrecht, 15. Aufl. München 2021.

Gstädtner, Thomas, Die Besteuerung privater Kapitalanlagen, Berlin 2008.

Hahne, Klaus D./Krause, Haiko, BFH: Barausgleich cash-settlement führt nicht zu Werbungskosten bei den Stillhalterprämien, BB 2008, S. 1100–1102.

Haisch, Martin L., Besteuerung von Finanzprodukten unter der Abgeltungsteuer, DStZ 2007, S. 762–773.

ders., Derivatebesteuerung im Privatvermögen ab 2009, Stuttgart 2010.

ders., § 1. Systematisierung, Begriffsbestimmung, zivilrechtliche und wirtschaftliche Aspekte, in: Martin L. Haisch/Marcus Helios (Hrsg.), Rechtshandbuch Finanzinstrumente, München 2011, S. 1–40.

ders., § 6. Besteuerung von Finanzinstrumenten im Privatvermögen, in: Martin L. Haisch/Marcus Helios (Hrsg.), Rechtshandbuch Finanzinstrumente, München 2011, S. 293–366.

Haisch, Martin L./Danz, Thilo, Verluste aus Termingeschäften im Betriebsvermögen: Anmerkungen zum BMF-Schreiben vom 23.9.2005, DStZ 2005, S. 850–856.

Haisch, Martin L./Helios, Marcus, Anwendung des Verlustverrechnungsverbots gemäß § 23 Abs. 3 Sätze 8 und 9 EStG auf Verluste aus Stillhaltegeschäften, FR 2011, S. 85–90.

Haisch, Martin L./Krampe, Stephan, Einzelfragen zur Abgeltungsteuer – Teil I, FR 2010, S. 311–321.

Harenberg, Friedrich E., Besteuerung von Optionsgeschäften und Financial Futures im Rahmen privater Vermögensverwaltung, NWB 2001, 2835–2846.

Harrer, Andreas, Exchange Traded Funds (ETFs): Eine ökonomische und rechtliche Analyse der Chancen Risiken und Regulierungsmöglichkeiten im Investmentrecht, Baden-Baden 2016.

Hartrott, Sebastian, Die Abgrenzung des Gewerbebetriebs von der privaten Vermögensverwaltung, FR 2008, S. 1095–1106.

Häuselmann, Holger/Wiesenbart, Thomas, Fragen zur bilanzsteuerlichen Behandlung von Geschäften an der Deutschen Terminbörse (DTB): Auswirkungen des WoBauFG auf das handelsrechtliche Wertaufholungsgebot 1990, S. 641–647.

Helios, Marcus/Philipp, Moritz, Besteuerung von Optionsgeschäften im Abgeltungsteuersystem – Gestaltungsmissbrauch bei der Veräußerung von faktisch wertlosen Optionsscheinen?, BB 2010, S. 95–100.

dies., Kein Verlustausgleich zwischen Basisgeschäften und Einkünften als Stillhalter, FR 2010, S. 1052–1055.

Literaturverzeichnis

Henrich, Dieter, Vorvertrag, Optionsvertrag, Vorrechtsvertrag: Eine dogmatisch-systematische Untersuchung der vertraglichen Bindungen vor und zu einem Vertragsschluss, Berlin 1965.

Herrmann, Carl/Heuer, Gerhard/Raupach, Arndt (Hrsg.), Einkommensteuer- und Körperschaftsteuergesetz, Stand: 307. Ergänzungslieferung November 2021 [zitiert als: *Bearbeiter*, in: Herrmann/Heuer/Raupach, EStG].

Heuermann, Bernd, EUREX II: Besteuerung von Optionsgeschäften an Terminbörsen, DB 2004, S. 1848–1852.

ders., Entwicklungslinien steuerbarer Veräußerungen von Privatvermögen: Im Spiegel höchstrichterlicher Rechtsprechung, DB 2013, S. 718–724.

Heuermann/Brandis: Ertragsteuerrecht, herausgegeben von Bernd Heuermann/Peter Brandis, Stand: 158. Ergänzungslieferung August 2021 [zitiert als: *Bearbeiter*, in: Heuermann/Brandis, Ertragsteuerrecht].

Hey, Johanna, Verletzung fundamentaler Besteuerungsprinzipien durch die Gegenfinanzierungsmaßnahmen des Unternehmensteuerreformgesetzes 2008, BB 2007, S. 1303–1309.

dies., Kap. 8 Einkommensteuer, in: Klaus Tipke/Joachim Lang/Roman Seer/Johanna Hey/Joachim Englisch/Joachim Hennrichs (Hrsg.), Steuerrecht. 24. Aufl., Köln 2021.

Hull, John C., Optionen, Futures und andere Derivate, 10. Aufl. Hallbergmoos 2019.

IDW, Stellungnahme zur Rechnungslegung: Handelsrechtliche Bilanzierung von Optionsgeschäften bei Instituten (IDW RS BFA 6) Stand: 18.08.2011.

Jachmann-Michel, Monika, Ermittlung von Vermögenseinkünften – Abgeltungsteuer, in: Johanna Hey (Hrsg.), Einkünfteermittlung. 35. Jahrestagung der Deutschen Steuerjuristischen Gesellschaft e.V., Potsdam, 13. und 14. September 2010, Köln 2011, S. 251–277.

dies., § 17 Abs. 2a EStG und § 20 Abs. 6 S. 5 und 6 EStG – neue Wege in die falsche Richtung, BB 2020, S. 727–735.

dies., Neue Verlustverrechnungsbeschränkungen bei den Einkünften aus Kapitalvermögen, jM 2020, S. 120–123.

Jung, Mathias, Einkommensteuerliche Abgrenzung des gewerblichen Grundstückshandels, Berlin 1998.

Karrenbrock, Lukas, Verfallene Optionen führen zu steuerbaren Verlusten bei den Einkünften aus Kapitalvermögen im Rahmen der Abgeltungsteuer, NWB 2016, S. 750–751.

Kirchhof, Paul/Mellinghoff, Rudolf/Kube, Hanno (Hrsg.), begründet zusammen mit Söhn, Hartmut, Einkommensteuergesetz: Kommentar, Stand: 317. Ergänzungslieferung September 2021 [zitiert als: *Bearbeiter*, in: Kirchhof/Mellinghoff/Kube, EStG].

Kirchhof, Paul/Seer, Roman (Hrsg.), Einkommensteuergesetz (EStG): Kommentar. 20. Aufl. Köln 2021 [zitiert als: *Bearbeiter*, in: Kirchhof/Seer, Einkommensteuergesetz (EStG)].

Kirsch, Hanno (Hrsg.), 360° BilR eKommentar, Stand: 01.12.2021 [zitiert als: *Bearbeiter*, in: Kirsch, 360° BilR eKommentar].

Knoblauch, Matthias, Verlustberücksichtigung bei Veräußerung „beinahe" wertloser Wertpapiere Kritische Anmerkung zur Ergänzung des Veräußerungsbegriffs in Rz. 59 des BMF-Schreibens vom 9. 10. 2012, IV C 1 – S 2252/10/10013, DStR 2013, S. 798–802.

Koenig, Ulrich (Hrsg.), Abgabenordnung: §§ 1 bis 368; Kommentar. 4. Aufl. München 2021 [zitiert als: *Bearbeiter*, in: Koenig, AO].

Konrad, Rainer, Terminbörsengeschäfte: Eine Einführung mit Praxis- und Übungsbeispielen, Wiesbaden, Köln 1992.

Korn, Klaus/Carlé, Dieter/Stahl, Rudolf/Strahl, Martin (Hrsg.), Einkommensteuergesetz: Kommentar, Stand: 133. Aktualisierung Dezember 2021 [zitiert als: *Bearbeiter*, in: Korn/Carlé/Stahl/Strahl, EStG].

Kornwachs, Leonhard, § 16 Optionsrechte – Rechtsnatur und innewohnender Wert, in: Hanno Kube/Ekkehart Reimer (Hrsg.), Heidelberger Beiträge zum Finanz- und Steuerrecht, Heidelberg 2016, S. 133–136.

Kreft, Volker, Vorab veranlasste Erwerbsaufwendungen im Einkommensteuerrecht, Berlin 2000.

ders., Studienkosten als (vorab veranlasste) Erwerbsaufwendungen, FR 2002, S. 657–667.

Lademann, Fritz (Hrsg.), Kommentar zum Einkommensteuergesetz, Stand: 263. Ergänzungslieferung Juli 2021 [zitiert als: *Bearbeiter*, in: Lademann, EStG].

Lang, Joachim/Seer, Roman, Der Betriebsausgabenabzug im Rahmen eines wirtschaftlichen Geschäftsbetriebes gemeinnütziger Körperschaften, FR 1994, S. 521–535.

Leisner-Egensperger, Anna, Grundstückshandel im Steuerrecht zwischen privater Vermögensverwaltung und gewerblicher Tätigkeit (§ 15 Abs. 2 EStG), FR 2007, S. 813–819.

Littmann, Eberhard/Bitz, Horst/Pust, Hartmut (Hrsg.), Das Einkommensteuerrecht: Kommentar zum Einkommensteuergesetz, Stand: 153. Ergänzungslieferung Oktober 2021 [zitiert als: *Bearbeiter*, in: Littmann/Bitz/Pust, EStG].

Maurer, Frank, Vorrecht in der vertraglichen Praxis, BWNotZ 2004, S. 57–67.

Meinert, Carsten/Helios, Marcus, Die Abzugsfähigkeit vergeblicher Aufwendungen bei Termingeschäften im Privatvermögen Zugleich Anmerkung zum BFH-Urteil vom 26. 9. 2012, BFH Aktenzeichen IXR5009 IX R 50/09, DStR 2013, S. 508–511.

Meinhardt, Sebastian, Private Veräußerungsgeschäfte, in: Hans-Jürgen A. Feyerabend (Hrsg.), Besteuerung privater Kapitalanlagen. Finanzinstrumente, Investmentanteile, Immobilieninvestitionen, Veräußerungsgeschäfte, Altersvorsorge; Exkurs: Erbschaft- und schenkungsteuerliche Aspekte, München 2009, S. 267–326.

Moritz, Joachim/Strohm, Joachim, Stille Revolution bei der Besteuerung privater Optionsgeschäfte i. S. des § 23 Abs. 1 Satz 1 Nr. 4 EStG a.F., DB 2013, S. 603–608.

dies., Teil 2: Einkünfte aus Kapitalvermögen i.S.d. § 20 EStG, in: Joachim Moritz/Joachim Strohm (Hrsg.), Handbuch Besteuerung privater Kapitalanlagen, Frankfurt am Main 2017, S. 129–297.

Mülbert, Peter O./Böhmer, Jörg, Ereignisbezogene Finanzprodukte: Zivil-, Kapitalmarkt-, Wertpapier-, Straf- und Öffentliches Recht, WM 2006, S. 937–984.

Münchener Kommentar zum Bürgerlichen Gesetzbuch, herausgegeben von Franz Jürgen Säcker/Roland Rixecker/Hartmut Oetker/Bettina Limperg. Band 1: Allgemeiner Teil, §§ 1–240 – AllgPersönlR – ProstG – AGG, 9. Aufl. München 2021 [zitiert als: *Bearbeiter*, in: MüKo-BGB].

Münchener Kommentar zum Bürgerlichen Gesetzbuch, herausgegeben von Franz Jürgen Säcker/Roland Rixecker/Hartmut Oetker/Bettina Limperg/Wolfgang Krüger. Band 3: Schuldrecht – Allgemeiner Teil II (§§ 311–432), 8. Aufl. München 2019 [zitiert als: *Bearbeiter*, in: MüKo-BGB].

Philipowski, Rüdiger, Stillhaltergeschäfte: Bar gezahlte Ausgleichsbeträge nicht abziehbar?, DStR 2009, S. 353–357.

ders., Vereinnahmte Stillhalterprämien: Gezahlter Barausgleich nicht abziehbar?, DStR 2010, S. 2283–2287.

ders., Die asymmetrische Besteuerung von Stillhaltergeschäften ist nicht gerechtfertigt, DStR 2011, S. 1298–1302.

ders., Stillhalterprämie – Barausgleich – Besteuerung nach Leistungsfähigkeit, DStR 2017, 1362–1368.

Prinz, Ulrich/Hick, Christian, Der neue § 5 Absatz 1a EStG – Gelungene gesetzliche Verankerung der steuerbilanziellen Bildung von Bewertungseinheiten?, DStR 2006, S. 771–775.

Reiner, Günter, Derivative Finanzinstrumente im Recht, Baden-Baden 2002.

Rhodius, Oliver/Lofing, Johannes, Kapitalertragsteuer und Abgeltungsteuer verstehen: Besteuerung von Kapitalerträgen im Privatvermögen, 5. Aufl. Wiesbaden 2019.

Rieger, Marc Oliver, Optionen, Derivate und strukturierte Produkte: Ein Praxisbuch, 2. Aufl. Stuttgart 2016.

Ritzrow, Manfred, An- und Verkauf von Wertpapieren: Private Vermögensverwaltung?: Abgrenzung zum gewerblichen Wertpapierhandel von A bis Z, EStB 2011, S. 187–191.

Ronig, Ronald, Einzelfragen zur Abgeltungsteuer, DB 2010, S. 128–137.

Sagasser, Bernd/Leuschner, Sabine, § 27 Die Besteuerung von Kapitalanlagevermögen, in: Heinz-Dieter Assmann/Rolf A. Schütze/Petra Buck-Heeb (Hrsg.), Handbuch des Kapitalanlagerechts. 5. Aufl., München 2020, S. 1231–1418.

Schick, Rainer, Die Besteuerung von Optionsgeschäften, Köln 1998.

Schlimbach, Friedrich, Leerverkäufe: Die Regulierung des gedeckten und ungedeckten Leerverkaufs in der Europäischen Union, Tübingen 2015.

Literaturverzeichnis

Schlotter, Josef/Jansen, Gabi, Abgeltungsteuer: Neustrukturierung der Besteuerung privater Kapitaleinkünfte; detaillierte Darstellung aller relevanten Anlageformen; Gestaltungsmöglichkeiten im Vorfeld und nach Einführung, Stuttgart 2008.

Schlüter, Wulff, Der Anwendungsbereich des § 23 Absatz 1 Satz 1 Nr. 4 EStG bei der Besteuerung von Optionsgeschäften, DStR 2000, S. 226–230.

Schmid, Hubert/Renner, Georg, Bilanzielle und steuerliche Behandlung einer Kaufoption (long call), DStR 2005, S. 815–818.

dies., Bilanzielle und steuerliche Behandlung einer Verkaufsoption (long put), DStR 2005, S. 2059–2061.

Schmidt, Ludwig: Einkommensteuergesetz, begründet von Ludwig Schmid, herausgegeben von Heinrich Weber-Grellet, 36. Aufl. München 2017 [zitiert als: *Bearbeiter*, in: Schmidt, 36. Aufl., EStG].

Schmidt, Ludwig: Einkommensteuergesetz, begründet von Ludwig Schmid, herausgegeben von Heinrich Weber-Grellet, 37. Aufl. München 2018 [zitiert als: *Bearbeiter*, in: Schmidt, 37. Aufl., EStG].

Schmidt, Ludwig: Einkommensteuergesetz, begründet von Ludwig Schmid, herausgegeben von Heinrich Weber-Grellet, 40. Aufl. München 2021 [zitiert als: *Bearbeiter*, in: Schmidt, 40. Aufl., EStG].

Schmidt-Liebig, Axel, Gewerbliche und private Grundstücksgeschäfte: Abgrenzung – Gestaltungsmöglichkeiten – steuerliche Folgen – Rechtsprechungsübersicht, 4. Aufl. Bielefeld 2002.

Schultze, Oliver/Grelck, Michael, Steuerpflicht bei Optionsgeschäften an der EUREX – Anmerkungen zum BFH-Urteil vom 24. 6. 2003, IX R 2/02, DStR 2003, S. 2103–2105.

Spies, Karoline, Beschwer durch zu niedrige Steuerfestsetzung; Nachweiserfordernisse bei der Anrechnung ausländischer Körperschaftsteuer; Dividenden aus Drittstaaten; Einkünfteermittlung bei Optionsgeschäften, ISR 2016, S. 138–142.

Statistisches Bundesamt, Finanzen und Steuern: Jährliche Einkommensteuerstatistik auf Basis der Geschäftsstatistik der Finanzverwaltung 15.11.2006, Fachserie 14 Reihe 7.1.1.

Tipke, Klaus, Bezüge und Abzüge im Einkommensteuerrecht: Ein kritischer Beitrag zum Aufbau und zur Terminologie des Einkommensteuergesetzes, StuW. 1980, S. 1–11.

Wagner, Siegfried, Die "verwirrende' Rechtsprechung zu den Einkünften nach § 23 EStG, DStZ 2006, S. 176–189.

ders., Die Besteuerung von Stillhalterprämien, DStZ 2007, S. 748–753.

Wagner, Suzanne, Spekulative Optionsgeschäfte aus vertragsrechtlicher, handelsbilanzrechtlicher und steuerrechtlicher Sicht, Berlin 2018.

Wenzel, Sebastian, Ist der Sparer-Pauschbetrag verfassungswidrig?, DStR 2009, S. 1182–1185.

Worgulla, Niels, Bruttobesteuerung der Einkünfte aus Kapitalvermögen und der allgemeine Gleichheitsgrundsatz, FR 2013, S. 921–931.

Literaturverzeichnis

ders., Die Bruttobesteuerung in der Schedule der Einkünfte aus Kapitalvermögen, Köln 2013.

Zacharias, Erwin/Rinnewitz, Jürgen, Die Bedeutung der Neufassung des § 15 Abs. 2 EStG (StEntlG 1984) für die Grenzziehung zwischen privater Vermögensverwaltung und gewerblicher Tätigkeit bei der Veräußerung von Immobilien, DStR 1984, S. 193–200.

Zanzinger, Dieter, Besteuerung des nicht gewerblichen Stillhalters bei Optionsgeschäften: FG München lässt beschränkte Verlustverrechnung zu, DStR 2010, S. 149–151.

Zeller, Florian, Die steuerliche Behandlung von Stillhalterprämien bei Investmentfonds nach dem InvStG, DB 2004, S. 1522–1524.

Zentraler Kreditausschuss, Stellungnahme des Zentralen Kreditausschusses vom 20. April 2007 zum Entwurf eines Unternehmensteuerreformgesetzes 2008 – Teil II: Abgeltungsteuer: Zu Art. 1 Nr. 16 a) cc) (§ 20 Abs. 1 Nr. 11 EStG-E) – Stillhalterprämien, abrufbar unter: http://webarchiv.bundestag.de/archive/2007/0525/ausschuesse/a07/anhoerungen/057/Stellungnahmen/29-Zentraler_KreditA.pdf, abgerufen am 16.07.2019.